KIRSTEN HANSER

KOSMOS UND KÖRPER

Für meine Tochter Sinah,
durch die mein Vertrauen in das Leben und den
eigenen Körper wiedererweckt wurde

KIRSTEN HANSER

KOSMOS UND KÖRPER

ASTROMEDIZIN – DAS PRAXISBUCH

IRISIANA

INHALT

VORWORT

Astrologie wirkt auf viele Menschen befremdlich. Eigentlich kein Wunder, denn das, womit sich Profi-Astrologen beschäftigen, ist der Allgemeinheit häufig nicht zugänglich, zu komplex oder es wirkt abschreckend. Wer soll schon wissen, wie wir ticken, wenn wir es selber nicht wissen? Dieses Buch gibt Ihnen einen Einblick in die Welt der Astrologie, die Verbindung zwischen Kosmos und Körper. Es beschreibt, wie uns der Zugang zur inneren Matrix gesunden lassen kann, indem wir das Horoskop als inneren Bauplan betrachten – als jahrtausendealtes Heilwissen für den Menschen von heute. Die Planeten, Ihr Sternzeichen und körperliche Symptome, die Sie begleiten, sind dabei die besten Gefährten und Ratgeber.

Dieses Buch ist für alle gedacht, die wieder mehr Eigenverantwortung für ihr Leben und ihre Gesundheit übernehmen möchten. Für Menschen, die daran interessiert sind, vollständiger zu werden. Fragen nach den Hintergründen, einfache Bewegungsübungen, Tipps zu Kräutern, Heilmitteln und Therapiemöglichkeiten helfen dabei. So gelingt es, den Zusammenhang zwischen Krankheitsursache und ihrer Auswirkung imKörper zu verstehen. Persönliche Kernthemen zum Wohlbefinden und zur Weiterentwicklung werden erläutert, innere Ressourcen gestärkt.

Mithilfe dieses praxisnahen Handbuchs finden Sie heraus, was Ihnen Ihr Körper durch eine Krankheit oder Beschwerde erzählt. Dieses Buch ist sowohl Nachschlagewerk als auch Perspektive und Wegweiser, um den Zusammenhang von Körper und Kosmos, Krankheit und Gesundheit zu verstehen, zu fühlen, zu erkennen – und anzuerkennen. Denn alles in dieser Welt, wirklich alles, befindet sich in einem ständigen Wandlungsprozess, in Bewegung und Veränderung. Alles, was aufhört, sich zu bewegen, ist tot. Deshalb ist einer der Schwerpunkte dieses Buchs die Anregung zum aktiven Tun. Körper, Geist und Seele sind in einem stetigen Austausch.

Wir sind vollkommen – in uns ist alles vorhanden

C. G. Jung sagte einmal: »Ich bin lieber ganz als gut.« Astrologie ist ein wertvoller Begleiter, um ganz zu sein oder zu werden. Um echter zu sein – mit allem, was wir mitbringen. Hier geht es nicht nur um Ihr persönliches Sternzeichen, sondern um zehn Planeten in zwölf verschiedenen Zeichen, um die vier Elemente und eine Auswahl von Gesundheitsthemen, die uns bei einem Ungleichgewicht begegnen können.

Jedes Sternzeichen hat einen dazugehörigen Planeten. Das individuelle Sonnenzeichen schreibt die Überschrift zu unserem Leben. Dieses Buch begleitet Sie zum Kern Ihrer Persönlichkeit, damit Sie ab sofort aus dem Vollen schöpfen können, anstatt sich mit etwas zu identifizieren, das Ihnen nicht entspricht. Dabei dienen gerade Krankheiten als wertvolle Wegweiser. Sobald wir lernen, Krankheit nicht als Bestrafung anzusehen, sind wir offen für die Botschaft unseres Körpers: In welcher Hinsicht können sich Geist oder Seele momentan nicht verwirklichen?

Ein persönliches Horoskop ist nicht weniger als unser inneres Kosmogramm, gleichbedeutend mit unserer Matrix. Der Körper gibt in Verbindung mit den kosmischen Gesetzen Aufschluss über die Entstehung jeder Krankheit, doch noch mehr über das, was wir brauchen, um gesund zu sein, zu werden und zu bleiben.

Weiten Sie Ihren Blick

Dieser praxisorientierte Ratgeber lädt Sie zum Stöbern und Ausprobieren ein. Auf vielfältige Art und Weise werden Sie sich in den verschiedensten Planetenprinzipien wiedererkennen – nicht nur bei Ihrem Sternzeichen. Denn die Planeten und Zeichen stehen für unsere Persönlichkeitsanteile, die in unserem Leben mitwirken wollen. Die Astrologie kann auf diese moderne und metaphysisch interpretierte Weise das Leben bereichern, den Horizont erweitern und uns öffnen für alles, was zwischen Himmel und Erde möglich ist. Dieses Buch weckt die Götter, das Universum in Ihnen.

Wir leben in einer technologisierten und zunehmend digitalisierten Welt. Wir neigen dazu, Symptome zu bekämpfen – häufig einfach, um weiterhin gut zu funktionieren. Unser Körper ist jedoch ein hochsensibles Wunderwerk, das wir nicht als funktionstüchtige Maschine ansehen können. Wir werden von allem beeinflusst, was war, was ist, was uns umgibt und beschäftigt. Das Denken dominiert bei den meisten von uns, doch der Körper ist noch in Kontakt zu unserer wahren Natur. Kopf und Bauch sind meist voneinander getrennt. Viele von uns befinden sich auch hier in einem stetigen Kampf. Symptome und Erkrankungen sind die Botschafter der Seele. Mehr Körperwahrnehmung bedeutet Einsicht und Gewinn.

Ich habe dieses Buch geschrieben, um das Interesse am eigenen Körper wieder zu wecken und ein paar Grundlagen fürs Basiswissen zu schaffen: sowohl für die Astrologie als auch für Gesundheit und Krankheit. Um Sie anzuregen, sich in Ihrer Haut wieder wohlzufühlen und bewusst wahrzunehmen, was der Körper Ihnen zeigt. Ich habe nichts gegen die Schulmedizin: Sie ist in vielen Fällen ein wahrer Segen. Doch bevor wir zu Pillen greifen und Diagnosen schlucken, gibt es immer etwas, das wir selbst tun können. Hin zu mehr Gesundheit, zu mehr Lebensgefühl, zur Lust, am Leben zu sein. Denn eins steht fest: Keiner kommt lebend hier raus – doch bis dahin kann es eine zauberhafte Reise sein.

Der Tierkreis besteht aus zwölf verschiedenen Zeichen, die sich gegenseitig ergänzen und aufeinander aufbauen. Jedem Zeichen wird ein Planet zugeordnet. Der Tierkreis beginnt bei Widder (9-Uhr-Position), dem Frühlingspunkt, und endet bei Fische. Er bewegt sich gegen den Uhrzeigersinn.

ASTROMEDIZIN – WAS IST DAS?

ASTROLOGIE UND MEDIZIN HEUTE

Astrologie ist die älteste Wissenschaft der Welt. Zwar ist der Begriff »Wissenschaft« heute etwas irreführend, weil die Auswirkungen des Universums, der Planeten und des Sonnensystems auf uns nicht feststellbar oder messbar sind. Dennoch ist die Astrologie seit Jahrtausenden die einzige Symbolsprache, die einen Bezug zwischen Mensch und Sonnensystem herstellt. Diese Symbolsprache verständlich zu »übersetzen« und mit viel individuellem Spielraum zu interpretieren – darin besteht die Kunst der Astrologen.

In den Anfängen wurden die Sterne tatsächlich einfach beobachtet und in Beziehung zur Erde gesetzt. In Griechenland, der Wiege unserer Kultur, wurde schließlich ein großer Teil der auch heute noch aktuellen intellektuellen, psychologischen und philosophischen Kunst der Deutung entwickelt: Die Planeten stellten die Wohnstätten der Götter dar, die Symbolik wurde umfassender. In Bezug auf die Tierkreiszeichen entstanden neue Deutungsspielräume, darunter auch das wichtige Prinzip der Analogie: »Wie oben, so unten«. Doch es dauerte noch einige Zeit, bevor Astrologie wirklich individuell eingesetzt wurde.

Heutzutage ist Astrologie intellektuell, psychologisch oder auch philosophisch. Als Astrologin liebe ich es, den Sternenhimmel zu beobachten, dennoch muss ich das nicht, um eine Aussage über jetzige Konstellationen zu treffen.

STERNBILDER UND STERNZEICHEN

Sternbilder und Sternzeichen sind nicht identisch. Es gibt 88 astronomische Sternbilder, die sich als abgegrenzte Regionen tatsächlich am Himmel befinden und unterschiedlich groß sind. Die zwölf astrologischen Sternzeichen haben die gleiche Größe und liegen auf der Ekliptik, der scheinbaren Bahn der Sonne um die Erde. Da die Erdachse (und mit ihr die Sternzeichen) in rund 25.800 Jahren einmal im Kreis wandert, haben sich Sternzeichen und Sternbilder voneinander getrennt.

Astromedizin war in der Geschichte ein fester Bestandteil der Astrologie, unter anderem für Hippokrates und Paracelsus. In unserer heutigen Zeit wird die Astrologie zur Behandlung von gesundheitlichen Problemen nur marginal miteinbezogen. Doch die Offenheit für eine ganzheitliche Anschauung wächst.

Astromedizin basiert auf den folgenden drei Grundlagen:

- Astromedizin setzt die Prinzipien des Himmels in Bezug zur Gesundheit und zum Körper eines Menschen.
- Körperregionen und Organe sind den Tierkreiszeichen und Planeten zugeordnet.
- Das Universum ist in uns.

Da ich uns Menschen als Teile des Universums ansehe, empfinde ich Astrologie und Astromedizin als einen nützlichen Wissens- und Erkenntnisschatz, der uns auf die Sprünge hilft, uns beim Umdenken unterstützt, unseren Blick erweitert – und der uns bestenfalls der Heilung, dem Heilsein, näherbringt: Bei einer Erkrankung bekommen wir wertvolle Hinweise, wenn wir die entsprechende Körperregion oder das erkrankte Organ mit dem jeweiligen Sternzeichen und Planeten verbinden. Da Wissen allein zwar Erkenntnis bringt, doch nicht immer weiterhilft, möchte ich mit diesem Buch einen Schritt weitergehen und Sie zum praktischen Tun einladen – und somit zur Veränderung.

Astrologie und Esoterik

Die Astrologie ist kein rigides, feststehendes System. Leider mache ich immer wieder die Erfahrung, dass heute viele Deutungsansätze veraltet sind. Dabei ist unsere gesellschaftliche Entwicklung rasant. Die Astrologie sollte sich dabei nicht wie ein eingestaubtes, vorgeschichtliches Fossil verhalten – und auch nicht die Menschen, die sie betreiben. Sobald wir den Kontakt zur jetzigen Zeit und all ihren Entwicklungen verlieren, wird die Deutung zwangsläufig altmodisch und überholt.

Als 1884 weltweit die Zeitzonen eingeführt wurden, gab es bereits einige wichtige Persönlichkeiten, die sich für neue wissenschaftliche Erkenntnisse öffneten und die Astrologie reformierten und ihr zu neuer Aktualität verhalfen. Dazu trug meiner Ansicht nach im Wesentlichen die Psychologie bei, besonders die Werke von C. G. Jung, Dane Rudhyar, Begründer der humanistischen Astrologie, Thomas Ring, Maler, Dichter und Astrologe, sowie Rudolf Steiner, Esoteriker und Begründer der Anthroposophie.

Doch was mich während meiner Laufbahn als Astrologin immer wieder beschäftigte und auch beschämte, war die verbreitete geringe Wertschätzung dieses alten, zugleich reichhaltigen und modernisierten Wissens. Bisweilen war ich fassungslos über lose aus dem Handgelenk gedeutete Prognosen meiner Zunft.

Das wachsende »Pathologisieren« der Astrologie führte dazu, dass ich mich ganz klar anders positionierte. Damit meine ich: weg von der Konzentration auf die Schwierigkeiten eines Horoskops, seiner Aspekte und Konstellationen. Ich begann schon recht früh, die Astrologie mit anderen »Techniken« zu verbinden, um all das, was wir Menschen im Gepäck haben, auszuleben und zu entfalten, anstatt uns davor zu fürchten oder es sogar als Alibi für Probleme zu sehen.

Der seit Jahrzehnten stetig wachsende Esoteriktrend verschaffte einer Vielzahl von Menschen Gehör, die mit ihren schnellen Deutungen zwar großes Interesse weckten, jedoch gleichzeitig beträchtlichen Schaden anrichteten.

Angst und Schrecken zu verbreiten hat mit der Kunst der Prognose nichts zu tun. Es stellt sich überhaupt die Frage, ob wir derartige Voraussagen brauchen, um Astromedizin und Astrologie auszuüben. Die Astrologie steht für etwas, das ich als eines ihrer wunderbaren Attribute bezeichne – das jedoch in unserer heutigen Zeit immer mehr dahinschwindet: die Wertfreiheit.

Bei der Astrologie handelt es sich um ein komplexes System. Beim Ausüben meiner Tätigkeit halte ich mich deshalb gern an den sokratischen Ansatz der drei Siebe:

- »Steckt Wahrheit in meinen Aussagen?
- Findet sich Güte in den Deutungen?
- Ist es nützlich?« (Sokrates)

Ich gebe zu, dass die Begriffe »Güte« und »Wahrheit« etwas überhöht und veraltet erscheinen. Für das Heute neu formuliert, würde ich sagen:

- Deute ich verständlich – ohne Gefahr der Fehlinterpretation?
- Bin ich mit meinem Klienten empathisch verbunden und zeitgleich mit etwas Größerem verknüpft – bin ich dazu in der Lage?
- Was nimmt meine Klientin an wertvollen Informationen und Anstößen mit, wenn sie wieder geht?

Um Astromedizin professionell auszuüben, bedarf es einer stetigen Weiterbildung und teilweise auch harter Arbeit an sich selbst, um Missbrauch und Projektion auszuschließen. Wir Berufsastrologen unterschreiben, sofern wir Mitglieder des deutschen Astrologenverbandes sind, ein Gelöbnis, das unsere Ethik manifestiert.

FLUCH UND SEGEN DER ASTROLOGIE – GEFÄHRLICHES HALBWISSEN ZWISCHEN HIOB UND HEILUNG

Sobald Sie etwas aus Leidenschaft tun, wächst Ihre Überzeugung dafür. Sie brennen dafür, beginnen, Ihre Ansichten zu verteidigen, sich von anderen abzugrenzen. So zumindest erging es mir immer wieder in all den Jahren. Heute weiß ich, dass ich vieles nicht weiß, und vor allem, dass ich es nicht besser weiß als meine Klienten. Und dass es bei der Ausübung meines Berufs, besonders bei gesundheitlichen Themen, nicht um Rechthaben oder Besserwissen gehen darf. Wachsende Orientierungslosigkeit des Klienten verleitet den Beratenden leicht zur Selbstüberschätzung.

Eines ist klar: Wenn ein Mensch in eine Beratung kommt, gibt es Themen, bei denen er Hilfe, Rat oder Unterstützung sucht. Meine langjährige Tätigkeit beim Fernsehen hilft mir sehr dabei, der Astrologie mehr Humor und Leichtigkeit einzuhauchen. Meine Deutungen musste ich auf meinem persönlichen Weg immer wieder verändern. Komplexes auf Einfachheit und Verständlichkeit herunterzubrechen ist ein wichtiger Baustein, um eine wertvolle Vermittlerin zwischen Himmel und Erde zu sein. Nicht zuletzt ist es mir wichtig, statt Hiobsbotschaften Mut, Courage und Zuversicht zu vermitteln – und dabei unterhaltsam zu sein. Ich bin ein großer Fan der positiven Psychologie. In der Körpertherapie arbeiten wir nie am Problem direkt, sondern stärken das Umliegende, damit die »kranke« Stelle gestärkt wird und heilen kann.

Meiner Erfahrung nach begleitet jene Menschen, die zur Beratung kommen, eine Mischung aus Angst und Neugier. Anhand eines Horoskops kann ich zwar Krankheitsdispositionen erkennen – doch darum geht es nicht! Zur astromedizinischen Beratung kommen schließlich Menschen mit konkreten Symptomen. Was bringt die Fokussierung auf eine Disposition überhaupt? Ohne Intuition und Neugier wird es schwer, dauerhaft mit Menschen zu arbeiten. Sobald wir in Schemata abgleiten, die wir aus Büchern entnommen haben, fällt das Niveau. Der Beratende kann sich zwar an bestimmten Hinweisen entlanghangeln, doch es kann schnell problematisch werden. Das »Hineindeuten« halte ich für gefährlich. Wir können Klienten auf diesem Weg stark verunsichern oder auf eine Fährte bringen, die sie eher vom eigenen Weg abbringt, als sie zu ihm hinzuführen. Schon auf seelischer Ebene ist »hineindeuten« grenzwertig. In der Astromedizin gilt das noch mehr. Wie würden Sie es auffassen, wenn ein Astromediziner zu Ihnen sagt, dass ein Steinbock Knieprobleme bekommt oder Fische-Geborene immer suchtgefährdet sind? Was machen Sie mit diesem ebenso zweifelhaften wie »gefährlichen« Halbwissen?

Oft reicht es aus, einem Menschen zu sagen, wie er ist, um sicherzugehen, dass er sich mit diesen Eigenschaften identifiziert oder sie bekämpft. So oder so führt beides weg von ihm selbst und seiner inneren Wahrheit und Identität.

Mir persönlich geht es um Lösungen, wachsende Leichtigkeit, Akzeptanz sowie vertieftes Verständnis. Doch vor allem geht es mir darum, dazu anzuregen, seine Potenziale zu entfalten, um vollständiger und gewappneter zu sein – für all das, was uns im Leben begegnet. Ich gehe prinzipiell vom

ASTROLOGIE BRAUCHT NEUGIER

Astrologie lernen wir nicht aus den Büchern – diese sind eine Basis dafür, um in die Deutung einzusteigen. Erst unsere echten Erfahrungen werden zu echtem Wissen, dafür braucht es Neugier, Entdeckerfreude, Offenheit, Menschenliebe, ein solides Grundwissen und den Mut, immer wieder neu zu denken und zu handeln.

Besten aus statt von einem Worst-Case-Szenario, das möglicherweise nur Ängste schürt. Und bei aller Unterstützung: Veränderung in Angriff nehmen kann jeder nur für sich. Astrologie ist ein wunderbares Hilfsmittel auf diesem Weg und die Astromedizin ein wertvoller Begleiter.

Der Unterschied zwischen Krankheitsdisposition und Symptom

Die meisten von uns suchen Erklärungen und Ursachen für ein bestimmtes Problem oder ein Ungleichgewicht, damit sie sich wieder besser orientieren können und Heilung finden. Die wachsende Bereitschaft für eine Psychotherapie beispielsweise spiegelt das deutlich. Negativ erlebte Situationen werden häufig erzählt, um sie »loszuwerden«, doch dieses Wiederholen führt nicht selten dazu, dass wir sie erneut emotional und körperlich durchleben. Wir bleiben in den Mustern und im Schmerz stecken, auch wenn sich unser Bewusstsein im therapeutischen Setting verändert.

Was ich damit sagen möchte, ist dies: Es ist zwar wunderbar, sich einiges bewusst zu machen, doch das allein verändert noch nichts. Das Reden darüber mag kurzfristig Erleichterung verschaffen, langfristig kann es jedoch im ungünstigsten Fall dazu führen, etwas zu verschlimmern.

Unsere Energie folgt der Aufmerksamkeit. Wir haben die Neigung, unsere negativen Erfahrungen dauerhafter abzuspeichern als die positiven. Das ergibt aus biologischer Sicht sogar Sinn: Das Erinnern an negativ erlebte Situationen ermöglicht, sich in Zukunft anders zu verhalten, und gewährleistet so im Zweifelsfall das Überleben. Ich erwähne dies, um nun den komplexen Bereich von Krankheitsdisposition und Symptom zu betreten.

Was bedeutet Disposition?

Vereinfacht ausgedrückt bedeutet Disposition in Zusammenhang mit Krankheiten Veranlagung. In der Astromedizin sprechen wir ebenfalls von Dispositionen. Ich würde diesen Begriff jedoch etwas abändern. Wenn ich ein Horoskop anschaue und die innere Landkarte eines Menschen in Bezug auf seine Stärken oder vorhandenen Spannungsfelder betrachte, dann übersetze ich ihm quasi seine innere Matrix, indem ich seinen verschiedenen Persönlichkeitsanteilen eine Stimme gebe. Eine Disposition muss gar nicht erwähnt werden. Denn Krankheit löst immer eine gewisse Angst in uns aus, ganz besonders dann, wenn wir krank sind oder ein Mensch aus unserer Umgebung erkrankt ist.

Doch wie wirkt es auf Sie, wenn ein Astromediziner beispielsweise zu Ihnen sagt: »Ach, Sie sind Skorpion? Haben Sie schon viele lebensbedrohliche Erkrankungen erlebt oder sind Sie anfällig für Geschlechtskrankheiten?« Das ist jetzt etwas übertrieben, dennoch – selbst wenn Sie bis dato kerngesund waren – wird Sie die eventuelle Erkrankung spätestens ab jenem Zeitpunkt beschäftigen.

Obwohl die Disposition nur eine Anlage ist, also etwas, das keineswegs eintreten muss, gibt das Wissen darum vielen Menschen das Gefühl von Unabänderlichkeit. Es kann großen Schaden anrichten, Ihnen eine Idee von etwas zu geben, das Sie bis dato nicht beschäftigte, denn noch einmal: **Energie folgt der Aufmerksamkeit.**

In der Astromedizin wird jedes Sternzeichen einer bestimmten Körperregion zugeordnet. Körperliche Beschwerden entsprechen dann dieser Region, dem Sternzeichen und Planeten.

Der Aspekt Disposition ist ein heikles Thema. Benutzen Sie dieses Buch deshalb bitte nicht mechanisch wie ein Kochbuch, nach dem Motto: »Sag mir dein Sternzeichen und ich sage dir, welche Krankheit dich erwischen wird.« Meist weiß jeder von uns, welche Organe sich bei ihm immer wieder melden, welche körperlichen Beschwerden sich häufen, wo die »Schwachstellen« sind. Schütten wir deshalb nicht zusätzlich Öl ins Feuer, sondern lassen die geschwächten Regionen wieder stärker werden und tanken die Ressourcen auf.

Was bedeutet Symptom?

Symptom ist ein anderes Wort für Anzeichen und Merkmal einer Krankheit. Der Fuß ist dick, die Leberwerte sind schlecht, die Pusteln knallrot und überall zu sehen. All das sind Beschwerde-Stimmen Ihres Körpers, der Ihnen damit etwas sagen will. Jede davon ist ein Geschenk. Natürlich: Wenn ich morgens vor dem Spiegel mit Halsschmerzen meine belegte Zunge und die dicken Mandeln betrachte, kommt mir sicher kein Jubelschrei über die Lippen. Das Geschenk gibt es meist erst danach, wenn das Krankheitszeichen überwunden, behandelt oder auch nur akzeptiert wurde. Ein Symptom ist aber immer etwas Handfestes, mit dem wir loslegen können, um uns ins Abenteuer Gesundung zu stürzen. Ein Beschwerdezeichen will entschlüsselt werden, ohne dass wir ihm zu viel Bedeutung beimessen. Dabei das richtige Maß zu finden – zwischen der aufmerksamen Wahrnehmung für Körper, Seele, Geist und hypochondrischer Selbstbezogenheit ist eine Kunst, in die wir allmählich hineinwachsen.

Als ich meiner Mutter das Konzept für dieses Buch zeigte, schrie sie bei folgendem Satz laut auf: Symptome sind Geschenke. Mit ihren über 80 Jahren konnte sie daran so gar nichts finden. Doch für uns alle, egal in welchem Alter, möchte ich diesen Satz als stille Überschrift mitführen. Lassen Sie uns positiv an unsere »Baustellen« herangehen, ohne daran vorbeizulächeln und ohne steckenzubleiben in dem Gefühl, bestraft zu werden. »Warum ausgerechnet ich?«, ist eine menschliche und normale Reaktion, doch sie hilft nicht weiter.

Gehen Sie bei einer Krankheit immer davon aus, dass kein strafender Gott und kein böses Universum seinen Zorn über Sie ausgeschüttet haben: All diese Gedanken sind für die Gesundung nicht förderlich. Nehmen Sie stattdessen das Symptom als Leitfaden, um herauszufinden, was uns die Seele sagen will. Um herauszufinden, was nun ansteht und was verändert werden will. Um festzustellen, was so nicht weitergehen kann, und noch viel mehr.

Nicht wenige von uns müssen ein Leben lang mit einer Erkrankung oder Behinderung umgehen und sie in ihr Leben integrieren. Oder sie identifizieren sich mit ihr so sehr, dass die Identität daraus besteht, krank zu sein. Symptom und Ursache, Symptom und Auslösung – in diesem Buch werden wir ausführlich die Zusammenhänge betrachten. Sobald wir erkranken, sucht der Körper einen Weg, mit einem Konflikt umzugehen, der häufig länger zurückliegt. Krankheit bedeutet also gleichzeitig auch: gesund werden wollen.

KOSMISCHE BESTIMMUNG

WO KOMME ICH HER?

Seit jeher ist der Mensch vom Sternenhimmel fasziniert. Wir stellen uns neugierig die Frage, was uns mit denen verbindet, die vor uns da waren, sowie mit denen, die nach uns kommen werden. Sobald wir astrophilosophische Herkunftsfragen auf konstruktive Art integrieren, wird unser Leben reichhaltiger. Manche von Ihnen mögen eher eine religiöse Sicht auf die Entstehung der Menschheit haben, andere sehen es rein wissenschaftlich, wiederum andere interessiert es einfach nicht.

Als Astrologin und Erdenbewohnerin vertraue ich auf die universelle und schöpferische Kraft, die sich in uns spiegelt. Unser Körper, unser Geist und unsere Seele halten die Zeitqualität in Form von Planetenständen fest: In dem Moment, in dem wir geboren werden, scheint die Zeit für einen Moment stillzustehen. Die Konstellationen am Himmel, die Planetenstände und deren Verbindungen zueinander, werden zu unserem Horoskop (übersetzt = Stundenschau). Sie bleiben durch unsere Geburt feststehend, sodass unser Horoskop zu einer Art innerem Wegweiser auf unserer Lebensreise wird.

VERBINDUNG

Astrologie ist das Bindeglied zwischen Mensch und Kosmos. Mit den Füßen auf dem Boden und der Schädelkrone Richtung Himmel. Wir sind Mittler zwischen Himmel und Erde.

Bewegen wir uns an den Anfang, denn allem Anfang wohnt ein Zauber inne. Wann genau fing alles an? Und wenn es einen Anfang gibt, was war davor?

Beginnen wir mit dem Urknall. Stattgefunden hat er, aus wissenschaftlicher Sicht, vor 13,81 Milliarden Jahren. Ausgelöst wurde er durch eine Menge Hitze, ein Übermaß an Energie und die Kollision verschiedener Atome. Die Astrophysik geht seit Langem davon aus, dass das Universum expansiv ist, sich also ausdehnt, und der Raum dementsprechend größer wird. Daraus könnten wir schlussfolgern: Ein Überschuss an Energie lässt Materie entstehen.

Doch was bitte schön verursachte diese Energie, die Kollision? Gab es da etwa eine

Art Schöpfer? Das Universum ist also expansiv. Aber wenn es expandiert: Wie klein war es dann zum Zeitpunkt des Urknalls? Und was hat das mit mir hier und heute zu tun? Interessanterweise haben auch wir Menschen meist den Wunsch zu expandieren, uns zu optimieren und zu wachsen. Weniger an Masse, sondern eher geistig, beruflich, materiell oder auch als Persönlichkeit und Mensch.

DAS UNIVERSUM IN IHNEN

Durch das Vergehen des einen entsteht das neue andere. Die faszinierende Genesis setzt sich fort. Wir sind Teil der Schöpfungsgeschichte. Alles ist in uns. Doch meist treffen wir nicht auf optimale Bedingungen, um das Potenzial, das wir mitbringen, vollständig zu entfalten. Der soziale und kulturelle Rahmen, in den wir hineingeboren werden, ist unterschiedlich. Das ändert jedoch nichts an unserer Vollkommenheit.

Das Universum in sich selbst zu erwecken ist der erste Schritt, um verloren gegangene Anteile aufzustöbern und Potenziale zu entfalten, um vollständiger zu werden. Unsere Wertfreiheit ist Voraussetzung dafür, das Gesamtpaket kennenzulernen und zu integrieren. Auf den folgenden Seiten werden die Planeten als innere Persönlichkeitsanteile beschrieben – wie wir sie leben oder wieder lebendiger werden lassen können. Jeder Mensch bringt einen inneren Bauplan in Form von verschiedenen Planetenstellungen und deren Aspekten mit. Anhand eines Horoskops zeigt sich dieser innere Plan mit unseren Anlagen, Ressourcen und Potenzialen, die verwirklicht werden wollen.

Jedes Zeichen hat einen zugehörigen Planeten. Jeder Mensch hat ein Horoskop, inklusive aller Planeten. Den inneren Bauplan nenne ich auch innere Matrix. Jeder Planet verfügt über eine Grundenergie, auf die ich nun näher eingehen werde.

WECKEN SIE DIE GÖTTER IN SICH

Jeder von uns hat eine andere Bezeichnung für das, was ich persönlich »göttlich« nenne. Ich vermute, die wenigsten von uns würden ihren momentanen Zustand als göttlich bezeichnen. Lassen Sie sich davon nicht abschrecken. Ich vertraue darauf, dass es in Ihrem Leben göttliche oder vollkommene Momente gab und geben wird. Immer wieder geht es darum, zur ursprünglichen Vollkommenheit zurückzukehren. Nicht zu verwechseln mit dem »Perfektsein«! Zwischen Vollkommenheit und Perfektion liegt ein schmaler Grat. In uns ist alles vorhanden, nur unterschiedlich verteilt. Genau das beschreibt für mich den Zustand von Vollkommenheit: Alles ist da.

Perfektionismus zeigt sich als ständiges Streben nach etwas, das noch nicht vorhanden ist. Dies setzt ein ständiges Beurteilen voraus, ein Bemessen und Bewerten. Wir leben dadurch häufig in der Vorstellung davon, wie wir sein müssten, doch nicht in der Wahrnehmung dessen, wie wir sind. Deshalb kann Perfektionismus zu viel Unglück führen. Noch dazu ist dieser Drang häufig darauf ausgerichtet, den Vorstellungen und Erwartungen unserer Umgebung gerecht zu werden. Darin können wir uns regelrecht verlieren und unsere wahren Bedürfnisse aus den Augen verlieren.

Die folgenden Informationen und Übungen sollen Ihnen einen ganz praktischen Einstieg in die Welt von Astrologie und Astromedizin geben. Es werden die Verknüpfungen sichtbar zwischen Körper, Persönlichkeitsanteilen, Astrologie und Astromedizin, um herauszufinden und auch zu spüren, was gut gelingt, wann Widerstände auftauchen oder wo der Zugang fehlt. Sie lernen die körperliche Zuordnung zu den Planeten kennen. Astrologie bietet ein komplexes und vollkommenes System, angezeigt durch Planeten und Zeichen. Alles in der Welt lässt sich ihm zuordnen. Jeder Mensch bringt mit seiner Geburt und seinem Horoskop alles mit, um vollständig zu sein bzw. zu werden.

Ich lade Sie ein, diesen ersten praktischen Teil zu dokumentieren. Legen Sie sich ein Heft zu, in dem Sie Ihre Erfahrungen festhalten. Lassen Sie sich Zeit mit jedem Planeten. Wir befassen uns mit zehn Planeten, die auf zwölf Zeichen verteilt sind. Venus und Merkur teilen sich auf.

Die Tierkreiszeichen, den dazugehörigen Planeten sowie das zugeordnete Element finden Sie in der folgenden Übersicht:

Widder	♈	**Mars**	♂	**Feuer**
Stier	♉	**Venus**	♀	**Erde**
Zwillinge	♊	**Merkur**	☿	**Luft**
Krebs	♋	**Mond**	☾	**Wasser**
Löwe	♌	**Sonne**	☉	**Feuer**
Jungfrau	♍	**Merkur**	☿	**Erde**
Waage	♎	**Venus**	♀	**Luft**
Skorpion	♏	**Pluto**	♇	**Wasser**
Schütze	♐	**Jupiter**	♃	**Feuer**
Steinbock	♑	**Saturn**	♄	**Erde**
Wassermann	♒	**Uranus**	⛢	**Luft**
Fische	♓	**Neptun**	♆	**Wasser**

WAS BEDEUTET ANALOGIE?

Bevor wir tiefer in die Welt von Astrologie und Astromedizin eintauchen, brauchen wir ein Verständnis für Analogien. Analogie bedeutet, dass wir Dinge, Vorstellungen, Themen, Ereignisse und vieles mehr in Beziehung zueinander setzen sowie Ähnlichkeiten und Übereinstimmungen finden. Kurzum: Wir verbinden ursprünglich Getrenntes.

Astrologie braucht Fantasie, um zu gelingen. Astrologie und Astromedizin brauchen eine Neugier, damit dieses komplexe System erfasst werden kann. So kann die Verbindung zwischen Seele, Geist, Körper – Mensch, Planet, Sternzeichen entstehen. Die Welt besteht aus Verbindungen, diese sind das Formgebende.

Jeder Planet repräsentiert einen Persönlichkeitsanteil.

Nutzen Sie die folgenden Informationen und beschäftigen Sie sich in Ihrem Rhythmus mit einem Planeten und den Übungen dazu. Lassen Sie Ihrer Fantasie freien Lauf, machen Sie ein Foto, eine Collage, eine Skizze! Wie sieht der jeweilige Persönlichkeitsanteil bei Ihnen aus? Das Universum entstand in Milliarden Jahren. Um es in uns wachzurufen, brauchen wir ebenfalls Zeit und Muße. Noch immer trennen wir sehr häufig Körper und Seele – oder Körper und Geist. Der Körper spielt bei vielen Menschen eine untergeordnete Rolle – vorausgesetzt, er »funktioniert«. Bei Krankheit, Schmerz oder Symptomen sind wir damit beschäftigt, diese loszuwerden. Wir fühlen uns gepeinigt, eingeschränkt oder sogar bestraft. Viele Menschen finden es peinlich, in ihren Körper hineinzuspüren. Unsere Entfremdung vom eigenen Körper ist eine Entfremdung von der Natur.

Krank zu werden oder zu sein gleicht häufig einem Makel. Ein Symptom zu entschlüsseln und damit konstruktiv und ehrlich umzugehen, kann uns jedoch sehr gut zu unserer wirklichen Natur zurückbringen. **»Geh du vor«, sagt die Seele zum Körper. »Auf mich hört er nicht.«**

DIE PLANETEN ALS PERSÖNLICHKEITSANTEILE

Bitte bedenken Sie bei allem, was Sie in diesem Buch lesen: Astrologie ist Analogie. Logos bedeutet in der antiken Philosophie: auf verstehen angelegte Sprache. Kein Planet ist der »Verursacher« von irgendetwas. Sondern er stellt ein Symbol dar, um herauszufiltern, was unsere Seele uns über unseren Körper sagen will.

Sonne ☉

In unserem Universum dreht sich alles um die Sonne. Sonne in Ihnen bedeutet: Das bin ich, das ist meine Identität, meine Schöpferkraft, meine Kreativität und meine Lebenslust. Sonne im Horoskop sagt auch etwas über das Verhältnis zu unserem Vater aus. Wie wir ihn wahrnehmen und wahrgenommen haben.

Ein Sternzeichen zu haben gehört mit zur Identitätsbildung, zur Identifikation und Individualität. Es bedeutet nichts Anderes, als dass sich zum Zeitpunkt Ihrer Geburt die Sonne im Zeichen Widder, Stier, Zwillinge oder in einem anderen Sternzeichen befand.

Die Sonne ist der wichtigste Punkt auf Ihrer Seelenkarte, Ihrer inneren Landkarte, Ihrer inneren Matrix.

Identität

Mit Ihrer eigenen Sonnenkraft verbunden zu sein bedeutet, eine klare Vorstellung davon zu haben, was Ihr Ich ist. Jeder Satz, der mit »Ich bin« beginnt, entspringt Ihrem inneren Zentralgestirn. Dieser Feuerball ist das pure Leben in Ihnen, der Kern Ihrer Schöpferkraft.

Manchmal bedarf es eines ganzen Lebens, um zu diesem inneren Kern der Persönlichkeit vorzudringen. Oder – anders gesagt – zu dem zurückzukehren, was immer schon in uns angelegt war. Aufgrund von kulturellen, gesellschaftlichen oder ethischen Rahmenbedingungen werden wir jedoch oft anders geleitet.

Astromedizinisch ist Sonne das Kernstück in Ihnen, also Ihr Herz. Diese rund 350 Gramm Fleisch halten uns am Leben – so viel wiegt unser menschliches Herz. Bei

ÜBUNG MIT GESCHLOSSENEN AUGEN

- Lege deine Hände auf dein Herz, spüre deinen Herzschlag, deinen Rhythmus. Nur spüren. Schlägt es langsam oder schnell?
- Atme bewusst und fühle, wie der frische Sauerstoff in deiner Lunge ankommt, dein angereichertes Blut durch deinen Blutkreislauf rauscht. Spüre in dieses Rauschen hinein. Mit jeder Ausatmung gibst du das Verbrauchte ab. So erneuerst du ständig deine Persönlichkeit. Fühle, wofür dein Herz schlägt.
- Du bist göttlich. Höre auf dein Herz.
- Wen hast du in dein Herz geschlossen?
- Wer bist du?

Du brauchst nicht viel Zeit am Tag, um ins Herz zu spüren.

einem Embryo bezeichnen wir das Herz als den springenden Punkt. In jeder Minute werden fünf Liter Blut durch den Körper gepumpt. Dieses Blut versorgt unseren Körper unter anderem mit Sauerstoff, bringt Nährstoffe und Hormone in die richtigen Regionen, gewährleistet den Abtransport von Abfall und Giftstoffen. Und hilft bei der Wundheilung.

Unser Herz schlägt ca. drei Milliarden Mal in einem Leben. Krankheiten des Herzens und des Kreislaufsystems haben im Kern immer eine Identitätsthematik. Dort können wir ansetzen, wenn wir gesunden wollen. Denn wir können kein richtiges Leben im falschen führen. Wenn wir mit unserer Sonnenenergie verbunden sind, können wir aus uns selbst schöpfen.

Unser Rücken und unsere Aufrichtung symbolisieren ebenfalls die Sonne: unsere Herzenergie. Das Herz symbolisiert den göttlichen Funken in uns. Ohne unser bewusstes Zutun schlägt, pulsiert und pumpt das Herz unentwegt, sodass der kleine und der große Blutkreislauf funktionieren. Unser Herz ist unser Taktgeber und gibt uns mehr Hinweise als ein Buch, Lehrer oder Guru jemals geben kann. Es meldet sich, wenn wir uns überfordern, uns freuen, uns fürchten, uns zu sehr anstrengen oder wenn wir anfangen zu lieben. Es meldet sich, wenn der Druck in unserem Leben zu stark wird, und zwingt uns, Veränderungen vorzunehmen, um gesund zu bleiben. Es fühlt sich stark und kraftvoll an, wenn wir unser Wunderwerk Körper gut pflegen und bewegen. Es kränkelt, wenn wir unsere vitalen Bedürfnisse vernachlässigen.

Das Herz ist unser Guru. Unser Leben begann mit dem springenden Punkt, bevor unser Körper entstand. Unser Herz schlug bereits, bevor wir zu denken anfingen. Sonne in Ihnen ist gleichzusetzen mit Ihrer inneren Quelle.

Gottheiten: Apollon, der Sonnengott

Apollon stammt in direkter Linie von Zeus ab. Für die Griechen – und für die Römer ihr Apollo – ist diese Gottheit schön, jung, musisch sowie auch in der Heilkunst bewandert. Apollon ist der Gott des Lichts. Die Musen begleiten ihn. Sein Charakter zeichnet sich durch Reinheit, Kreativität, Unbestechlichkeit und sein Strahlen aus. Wir können das im Sinne von Wahrhaftig-

WECKRUF FÜR SONNE

- Tanze in den Tag, lege schon morgens deine Lieblingsmusik auf. Falls Tanzen nicht dein Ding ist, genieße einfach die Musik und singe laut mit.
- Bewege dich so, dass dein Herz mindestens einmal am Tag kraftvoll schlägt, vielleicht indem du die Treppen rauf- oder runterrennst.
- Was und wer liegt dir am Herzen? Sage oder singe es laut.
- Schreibe mindestens fünf Sätze auf, die mit »Ich bin« beginnen.
- Mache ein Selfie, drucke es aus und beschreibe dich so, wie du bist, im positiven Sinne. Ausgeschmückt mit allen Attributen, die du hast oder noch entfalten wirst.
- Schreibe dir einen Liebesbrief mit den besten Wünschen.
- Verteile einen Tag lang nur Komplimente.
- Wenn du nichts Gutes sagen kannst, dann sage gar nichts.
- Werde Schöpfer deines Umfelds, genieße es ohne Einschränkungen.

keit und Authentizität übersetzen. Davon war in den letzten Jahren oft die Rede. Wie viel Apollon gibt es in Ihnen? Auch in Ihnen als Frau. Oder als Mann. Kennen Sie Menschen, die mit dem Herzen als Taktgeber leben? Oder gehören Sie selber zu den Herzmenschen? Sobald Sie sich in der Nähe von Herzmenschen aufhalten, fühlen Sie sich richtig und angenommen, es wird warm und wohlig. Kurzum: Es geht uns gut in solcher Gesellschaft.

Mond ☾

Mond ist gleichzusetzen mit Mutter Erde. Astrologisch gesehen spiegelt Mond Ihr Verhältnis zu Ihrer Mutter, zu Ihrer Familie und Ihren Kindern. Mond bedeutet: Mutter, weibliche Kraft, Geburt, Zuhause, Familie, Bedürfnisse, inneres Kind, Gefühle, Emotionen, Wahrnehmung, Geborgenheit, Heimat, Beheimatung, Nahrung, Wasserhaushalt, Fürsorge, Unterbewusstsein, Schattenseiten, Dunkelheit.

Gefühle

Wie fühlen Sie sich jetzt im Moment? Nicht denken, sondern fühlen und spüren.

Gefühle begleiten uns unentwegt. Doch meist dominiert unser Verstand. Gefühle sind fließend, sie sind in ständiger Veränderung. Der Mond, unser Erdtrabant, wird genau wie die Sonne, der Fixstern, in der Astrologie als Planet angesehen. Astromedizinisch werden ihm vor allem der Magen, der Wasserhaushalt und das Unterbewusstsein zugeordnet. Was nährt uns im Leben? Darüber gibt uns der Mond in einem Horoskop Aufschluss (siehe auch die Informationen zur Ernährung ab Seite 126).

Ein lunares Temperament zu haben wird häufig damit gleichgesetzt, launisch zu sein. Ein Gegenbeispiel: Kleine Kinder sind lunare Wesen, hier wirkt der Mond noch stärker als die Sonne und alle anderen Planeten. Kinder drücken ihre Bedürfnisse direkt aus. Leider verlernen wir dies als Erwachsene häufig. Bei manchen von uns geht dies sogar so weit, dass wir unsere Bedürfnisse noch nicht einmal mehr wahrnehmen können. Doch wer soll sich darum kümmern, wenn nicht wir? »Das geht nicht«, sagen mir dann viele Menschen. Es sei im »normalen« Alltag nicht möglich, auf eigene Bedürfnisse zu achten, und fürs erwachsene Leben sei es wichtig, sie zurückstellen zu können. Ist das wirklich so?

Die gesamte vordere Faszienbahn kann dem Zeichen Krebs und dem Mond zugeordnet werden. Alles in unserem Körper ist von Faszien umhüllt, 80 Prozent der Nervenenden verlaufen in den Faszien (siehe Seite 129 f.). Faszien sind Informationsträger und wir können behaupten: Faszien transportieren auch Gefühle. Negative Emotionen werden der Vorderseite unseres Körpers zugeordnet.

Alles, was Ihnen auf den Magen schlägt, hat mit Mond zu tun, mit einer Dysbalance Ihrer Gefühlswelt. Wir leben phasenweise mit Ambivalenzen, doch auf Dauer verursachen sie Stress und nicht selten Magenprobleme, Geschwüre, Erbrechen, Schleimhautentzündungen, Essstörungen oder andere Erkrankungen. Im weitesten Sinne nennen wir das Bauchweh – all das steht in engem Kontakt zu Mond. Wir alle lieben es, den Himmel bei Vollmond zu bestaunen. Viele Frauen stellen einen Zusammenhang zwischen Mondphasen und ihrem Zyklus fest. Die Mondphasen beeinflussen bei einigen Menschen den Schlaf. Vollmond fasziniert uns seit jeher – Werwölfe, Vampire oder Vollmond-Märchen spiegeln sehr viel von der Gefühlsintensität, die dieser Erdtrabant mit sich bringt.

Neben der Sonne ist der Mond das Gestirn, zu dem wir die engste Verbindung haben: Mond verbindet uns mit unseren Ahnen – als Symbol für unsere Familie, unsere Sippe.

Die Phasen von Neu- bis Vollmond ähneln unseren Gefühlen: Gefühle gleichen den Gezeiten des Meeres. Gefühle können sich stabilisieren, doch sie sind nie gleichbleibend. Bei unseren Gefühlen gibt es kein gut oder schlecht. Mit Ihren Gefühlen in Verbindung zu sein bedeutet auch mit sich in Verbindung zu sein und entsprechend auch ehrlicher und besser für sich sorgen zu können. Wenn wir uns gut um uns selbst kümmern, ist für alle gesorgt.

Mond ist die Mondgöttin in uns selbst und ganz praktisch gesehen sowohl unsere innere Mutter als auch unser kindlicher Anteil, das innere Kind. Unsere Erinnerungen sind in den Zellen gespeichert. Alles, was wir erlebt haben, ist in unserem Körper gespeichert. Wir haben ein sogenanntes Körpergedächtnis.

Mond ist die Verbindung zu unserer Natur – und die Verbindung zu unserem Planeten Erde. Mond ist das, was beginnt, wenn wir beginnen – nach der Befruchtung, wenn die Zellen anfangen sich zu teilen.

ÜBUNG MIT GESCHLOSSENEN AUGEN

- Schüttle zunächst Arme, Beine und den ganzen Körper aus.
- Lege die Hände auf den Bauch. Fühle in dich hinein, Schicht für Schicht. Was erzählt dir dein Magen? Hunger? Worauf? Auch wenn du jetzt nichts fühlst, lass deine Hände dort. Spüre die Wärme, verlasse für eine Weile dein Denken.
- Fühle, was ist.
- Was auch immer aufsteigt, nimm es einfach nur wahr, bewerte nichts. Vielleicht taucht auch ein Mensch vor deinem inneren Auge auf.
- Fühlen, was ist – das ist dein erster Schritt, um deinen Gefühlen und deinen Bedürfnissen näherzukommen.
- Bleibe für eine Weile so und atme – sonst nichts. Lege deine Hände dann auf die Körperregion, die du jetzt im Moment am stärksten fühlst. Und dann öffne die Augen und überlege:
- Kennst du deine Bedürfnisse?
- Sorgst du gut für dich?
- Wie erwachsen fühlst du dich?
- Wie frech, wie wild, wie wunderbar?
- Wie viel Kind kannst du sein?

Seine Mondpotenziale zu leben bedeutet, sich mit sich selbst wohl zu fühlen. Und natürlich auch mit all jenen Menschen, die für uns die Familie bedeuten. Mond erzählt viel darüber, wie wir die Familie wahrgenommen haben, aus der wir stammen. Mond ist dabei das Symbol unserer Herkunftsfamilie sowie auch jener, die wir selber gründen können.

Gottheiten

In der römischen Mythologie finden wir den Mond unter dem Namen Luna. Sie ist die Hüterin der Nacht, das Licht der Nacht. Sie spiegelt das Unbewusste und befindet sich in ständigem Wandel, wie uns Vollmond und Neumond zeigen. Ebbe und Flut stehen in direktem Zusammenhang zu ihr. Unsere inneren Gezeiten ebenso. Die Akzeptanz der verschiedenen Gezeiten in unserem Leben würde für viele von uns einiges erleichtern. Es ist eben nicht immer Vollmond, nicht gleichbleibend Flut …

Die römische Luna ist ein wundervolles Symbol. Zusammen mit ihrem Bruder Sol, der Sonne, steht sie für Ganzheit und Ewigkeit. Sie ist Teil der magischen Göttinnen-Triade:

- Luna, die Himmelsgöttin
- Diana, die Erdgöttin
- Hekate, Göttin der Unterwelt

Im Griechischen steht Demeter für Mutter Erde. Sie ist dem Weiblichen sehr verbunden und auch eine lunare Gottheit. Magna Mater (lat. = Große Mutter) ebenso.

Wir werden, bei aller Bewusstheit, zu 90 Prozent von unserem Unbewussten geleitet. Bewusstsein beträgt umgerechnet dementsprechend 10 Prozent. Unsere Rückseite spiegelt unser Unbewusstes eins zu eins. Rückenschmerz ist ein Dilemma vieler Menschen. Sobald sich der Rücken meldet, meldet sich auch etwas, was wir nicht sehen oder nicht sehen wollen.

WECKRUF FÜR MOND

- Verbringe mehr Zeit mit deiner Familie.
- Geh auf den Spielplatz und buddle, schaukle, tue, was immer dir Spaß macht.
- Wenn du mit deiner Mutter zusammen sein kannst, dann mach es und mach das Allerbeste daraus. Es ist nie zu spät für eine glückliche Kindheit.
- Stöbere in alten Fotos, nimm Kontakt zu dem Kind in dir auf. Und bleibe gleichmütig und wohlwollend dabei. Was war, ist vorbei. Die Vergangenheit ist in dir und du kannst gut mit ihr sein.
- Stelle deine Ernährung so um, dass sie dir wirklich guttut.
- Spiele für einen Tag die weltbeste Mutti für dich, mit allem Drum und Dran.
- Geh in den Wald oder irgendwohin in die Natur und sei ganz still. Du musst nicht gleich die Bäume umarmen, um Teil davon zu sein.
- Bereite ein Festmahl für deine besten Freunde und deine Familie zu.

GEFÜHLE VON ANFANG AN
Wir Menschen kommen, im Unterschied zu vielen Tieren, bei unserer Geburt vollkommen hilflos auf dieser Erde an. Dennoch sind wir bereits mit Grundemotionen ausgestattet und auch in der Lage, diese bei anderen zu erkennen, ohne sie erlernen zu müssen.

Merkur ☿

Merkur ist unser innerer Kommunikator, unser Botschafter. Durch ihn übermitteln wir, was wir wollen, fühlen und denken. Er transportiert nicht nur Worte, sondern drückt in Gestik und Mimik aus, was in uns vorgeht. Merkur ist das Symbol für die Art, wie und was Sie denken und wie Sie kommunizieren. Gut zu kommunizieren, gut zu sprechen bedeutet auch, verstanden zu werden. Die Wichtigkeit dieses sprachlichen »Austauschs« wird häufig unterschätzt. Andererseits ist unsere Welt sehr auf den Verstand fokussiert und voller Worte. Viele Menschen denken unentwegt, ohne ihr Denken zu lenken. Nicht zu denken erscheint vielen Menschen als absurd, wenn nicht als unmöglich.

Merkur nimmt in der Astrologie eine Sonderstellung ein. Wir passen uns häufig über Worte an unsere Umgebung an und versuchen, etwas darzustellen, was wir gar nicht sind. Es fällt uns schwer, wirklich ehrlich zu sein. Beim sozialen Miteinander gehört es dazu, zu schwindeln und zu verschweigen, um gesellschaftskompatibel zu sein und zu bleiben.

Was Ihnen über die Lippen kommt oder auch nicht, das hat mit Merkur zu tun. Merkur wird im Tierkreis zwei verschiedenen Sternzeichen zugeordnet: dem Zeichen Zwillinge und dem Zeichen Jungfrau. In Zwillinge drückt er die Qualität des Informationssammelns und der Kommunikation aus, in Jungfrau bringt er die Qualität des Sortierens und der Meinungsbildung über die Informationen mit. Die Fähigkeit, zu unterscheiden und zu filtern, ist eher Merkur-Jungfrau zuzuschreiben. Das ist sozusagen unser Spamfilter in der Welt der Informationsfluten.

Merkur bedeutet: Kommunikation. Wir sprechen, denken, schreiben, tauschen uns aus. Dem Planeten Merkur können wir Folgendes zuordnen: Sprache, Atmung, Rhetorik, Beweglichkeit (körperlich und geistig), Synapsen, Kontaktaufnahme, Wissen, Neugier, Lernfähigkeit, Flexibilität, Aufnahmebereitschaft, Hören, Wahrnehmung über Worte, alles Auditive.

Dank Merkur gehen wir in Verbindung zu unserem Denken und zum Austausch mit unserer Umwelt:

* Sagen Sie immer, was Sie denken? Wie denken Sie? Wir befinden uns die meiste Zeit des Tages in den gleichen Denkschleifen. Welche sind Ihre? Sind Sie in der Lage, Ihr Denken zu lenken? Atmung und Denken sind miteinander verknüpft: Wir können über unseren Atem unser Denken verändern und andersherum. Und nicht nur das – auch unsere Körperhaltung hat direkten Einfluss auf unsere Stimmung.
* Erkältungskrankheiten werden unter anderem Merkur zugeordnet. Bronchitis, Husten und Lungenentzündungen finden ihren Auslöser oft in ungesagten Worten, im Nicht-zu-Wort-Kommen oder Sich-unverstanden-Fühlen. Alles rund um die Lunge gehört zu Merkur. Schultern und Schulterregion, Arme und Hände, die Extremitäten ebenso.
* Das Gesamtpaket Beweglichkeit ist Merkur zugeordnet. Steifheit durch Arthrose hat nicht selten damit zu tun, dass wir aufgrund von Schmerzen Schonhaltungen einnehmen, die dann wiederum die Verkalkungen in den Gelenken verstärken. Ein Teufelskreis, den wir nur durch Bewegung aufbrechen können. Anhand der Schultern lässt sich zum Beispiel erkennen, welche Meinung ein Mensch vertritt, wie flexibel er ist. Feste Schultern = feste Meinung.

Wie erwähnt, teilt sich Merkur auf zwei Tierkreiszeichen auf. Dem Merkur des Jungfrau-Zeichens werden der Dünndarm und die Bauchspeicheldrüse zugeordnet. Beide sind wichtig für die Aufspaltung und Aufnahme der Nährstoffe sowie eine stabile Darmgesundheit. Durchfallerkrankungen, akut und chronisch, sind deshalb ebenfalls eine merkurische, sprich kommunikative Angelegenheit. Das enterische Nervensystem (ENS) entspricht einem eigenständigen Nervensystem innerhalb der Darmwand. Vereinfacht ausgedrückt ist es ein Darmnervensystem, das oft auch als Bauchhirn bezeichnet wird. Die Art, wie wir kommunizieren, steht somit auch in Verbindung mit Erkrankungen rund um die Verdauung (Zuckerkrankheit/Diabetes) und Erkrankungen der Bauchspeicheldrüse. Dabei spielt auch eine Rolle, wie wir Informationen verarbeiten, reflektieren und uns als Gesamtperson ausdrücken.

Der Planet Merkur gehört, genauso wie Venus und Mars, zu den terrestrischen Planeten. Das heißt übersetzt: erdähnlich. Diese Planeten haben, ganz vereinfacht ausgedrückt, einen inneren festen Kern, einen flüssigen äußeren Kern, einen Mantel und eine Kruste: eine schöne Analogie, mit der wir uns selber betrachten könnten. Merkur ist der Sonne ganz nah und am schnellsten von allen Planeten, entsprechend kurz ist seine Umlaufzeit. Wenn Sonne dem Kern unserer Persönlichkeit, dem Ich, entspricht, dann stellt Merkur ihren Botschafter dar.

ÜBUNG MIT GESCHLOSSENEN AUGEN

- Kreise langsam deine Schultern und nimm währenddessen einen kompletten Atemzug. Einatmen beim Rollen nach oben und hinten, ausatmen auf dem Weg nach unten und vorne. Dann wechsle.
- Wiederhole dies mehrfach, solange es dir guttut. Konzentriere dich nur auf deinen Atem, sonst nichts. Nimm wahr, wie tief oder wie flach er ist. Wenn du eher in den Brustkorb hineinatmest, vertiefe deine Atmung in den Bauch. Lege deine Hände auf den Bauch: Mit der Einatmung wird dein Bauch rund, der Atem strömt ein, und mit der Ausatmung wird dein Bauch flach, der Atem strömt aus. Atme ein paarmal bewusst ein und aus. Spür nach, wie sich deine Stimmung dadurch verändert.
- Hast du ein offenes Ohr?
- Kannst du gut zuhören?
- Kommunizierst du gern?
- Befriedigt dich der geistige Austausch, den du pflegst?
- Fühlst du dich geistig wach, oder begleiten dich Verständigungsprobleme?

Er ist der Botschafter für Ihren innersten Kern. Er bringt nach außen, was Sie fühlen, denken, wahrnehmen und in die Welt einbringen möchten. Gleichzeitig filtert er, was an Informationen hereinkommt, an Geschichten und Wahrnehmungen. Merkur ist der Guide am Tor zu Ihnen – Ihr Türsteher und Kontaktmann.

Wenn Merkurpotenziale entfaltet sind, fällt es uns leicht, dem Ausdruck zu verleihen, was uns am Herzen liegt (Sonne/Merkur), was uns auf der Seele brennt (Mond/Merkur), was wir lieben (Venus/Merkur) oder uns ärgert (Mars/Merkur). Wir füttern unseren Geist mit dem, was er braucht, um sich fit zu fühlen. Wir pflegen den Austausch, der uns guttut, wir bewegen unseren Körper so, dass seine Beweglichkeit erhalten bleibt. Wir lenken unser Denken und lassen uns nicht mehr denken. Wir lösen uns aus dieser Fremdbestimmung und vollständigen Identifikation mit unserem Denken.

Der Atem fließt frei, unsere Gedanken erfahren mehr Weite. Sauerstoff ist Lebensstoff – Prana ist Lebensenergie. Um gut kommunizieren zu können, ist es auch wichtig, anderen gut zuzuhören. Um glücklich zu sein und sich in Verbindung zu fühlen, brauchen wir das gute Zuhören – nicht nur mit den Ohren, sondern auch mit der ganzen Seele und dem Körper.

Gottheiten

Der römische Gott Merkur ist gleichzusetzen mit dem griechischen Götterboten Hermes. In der griechischen Mythologie ist er einer der zwölf Götter des Olymps. Er ist ebenso der Gott der Reisenden, der Kaufleute und der Diebe wie der Redekunst und des Verkehrs.

Eine der lustigsten Hermes-Geschichten stammt aus seiner Kindheit. Schon aus der Wiege stahl er sich davon (Neugier). Baute eine Leier, ein Musikinstrument, stahl die Kühe des Apollon und leugnete anschließend, es gewesen zu sein (Schwindel). Zeus wurde eingeschaltet. Damit Hermes die Kühe zurückgeben konnte, bekam er geflügelte Schuhe, später auch den geflügelten Helm (Geschwindigkeit). Er bot Apollon die selbst gebaute Leier als Tauschgeschäft an (Einfallsreichtum) und behielt so die Kühe. Apollon, von Musik sehr angetan, konnte nicht widerstehen (Verhandeln und Geschäfte machen). In der griechischen Mythologie war es Hermes, der Pandora eine bezaubernde Sprache verlieh.

ÜBUNGEN: WECKRUF FÜR MERKUR

- Dehne und strecke dich lang.
- Checke deine Social-Media-Accounts und erneuere deine Profilbilder oder Untertitel. Poste etwas, das dir hier und heute als neuer Gedanke kam. Versuche, einen ganzen Tag immer wieder ganz bewusst deine Atmung zu lenken. Versuche, einen Tag lang deine Gedanken zu beobachten.
- Small-Talk-Übung: Sobald du unterwegs bist, geh in den Austausch. Mit der Kassiererin im Supermarkt, mit Menschen an der Bushaltestelle, im Fahrstuhl. Kurze Small-Talks mit Menschen, die du nicht kennst.
- Stöbere in den Angeboten für Weiterbildungen und Kurse. Statte die Angebote mit Sternchen aus, um herauszufinden, was dich am meisten interessiert. Melde dich vielleicht sogar an!
- Besuche eine geistreiche Veranstaltung wie zum Beispiel einen Poetry Slam oder eine Philosophenrunde.
- Erfinde einen Aphorismus.
- Bewege dich einen Tag lang anders und viel mehr als sonst.

Venus ♀

Die Venus ist unser Liebesplanet! Zumindest verbinden die meisten Menschen die Venus mit der Liebe und der Liebesgöttin Aphrodite. Die Venus steht für Glück, kurzum für etwas Positives. Venus ist die Kraft der Verbindung zu uns selbst, denn sie steht für den Selbstwert – und zugleich für die Beziehung zu anderen Menschen.

Auch Geben und Nehmen werden von Venus symbolisiert. Wie Sie lieben, was Sie lieben, wie Sie Liebe annehmen und leben. Venus bedeutet: Verbindung, Beziehung, Partnerschaft, Schönheit, Kunst, Genuss, Weiblichkeit, Liebe, Hingabe, Talente, Ressourcen, Selbstwert, Werte, Geben und Nehmen, Kontakt, Bereitschaft, Frieden, Wertschätzung und Aufmerksamkeit, Verbindlichkeit, Reaktion, Annahme, Sein.

Verbindung

Wie fühlen Sie sich in Ihrer Haut? Venus ist Ihre Aphrodite, Ihre innere Geliebte, Ihre Anima, Ihre Verführerin, Ihre Liebe. Venus wird ebenfalls zwei verschiedenen Tierkreiszeichen zugeordnet: Stier und Waage. Die Haut, unser größtes Sinnesorgan, wird unter anderem der Venus zugeordnet. Sie ist auch unser Kontaktorgan. Da die Faszien im Körper alles miteinander verbinden, ordne ich sie sowohl dem Mond zu, im Sinne der Versorgung mit Nährstoffen, der Venus, denn sie schafft Verbindung und trennt nicht, sowie Neptun, der Grenzen aufhebt. Blase, Niere, Schilddrüse, Faszien, Venen (Rückfluss zum Herzen) und die Haut werden Venus zugeordnet und damit den Tierkreiszeichen Stier und Waage. Der Hüftbereich, im Sinne der Balance, zum Beispiel dem Zeichen Waage und somit auch der Venus.

Die Venus ist der zweitinnerste und drittkleinste Planet. Sie begleitet uns als heller Morgen- oder Abendstern. Als erdähnlicher Planet kommt sie der Erde sehr nah. Ihre Bahnbewegungen bilden mit denen der Erde ein Pentagramm. Haben Sie schon einmal etwas vom Goldenen Schnitt gehört? In der Mathematik, Architektur, Kunst und der Natur finden wir den Goldenen Schnitt, den Inbegriff von Balance und Schönheit. Die Venus zieht die gleichmäßigste Bahn von allen Planeten, hat jedoch eine starke Neigung. Sie strahlt vom Himmel, weil sie beschienen wird. Sie streut das Licht der Sonne, denn ihre Wolkendecke ist dick. Wir strahlen auch, wenn wir beschienen werden. Aber unsere persönliche »Wolkendecke« kann so dick sein, dass wir gar kein Licht mehr aufnehmen und nichts mehr annehmen können.

KLEINE ZWISCHENÜBUNG:
BITTE EINMAL BREIT LÄCHELN

- Mit einem Lächeln erreichen wir nicht nur andere Menschen, sondern verändern auch unsere Stimmung. Je nachdem, welche Mimik wir haben, werden entsprechend Botenstoffe angekurbelt, die wiederum unser Befinden verändern. Nachweislich verbessert Lächeln unsere Stimmung.

Um Venus in uns zu erwecken, neigen wir oft dazu, nach jemandem Ausschau zu halten, der uns ein gutes Gefühl gibt, uns Komplimente macht oder uns liebt. Die Welt besteht aus Verbindungen und wir brauchen sie auf jeden Fall. Dennoch: **Die wirklich wichtigste Beziehung ist die Beziehung zu sich selbst.**

Lösen Sie sich von Idealvorstellungen Ihrer selbst. Hören Sie auf, zu warten. Fangen Sie hier und heute mit der Erweckung Ihrer Venus an, indem Sie sich immer wieder exzellente Momente ins Gedächtnis rufen und sich mit »Ihren« Menschen verbinden. Lassen Sie die Verbindung zu sich erblühen, indem Sie sich guttun!

Gottheiten

Die Griechen nannten Ihre Liebesgöttin Aphrodite, die Römer übernahmen alle ihre Attribute und nannten sie Venus. Die Herkunft von Aphrodite ist, wie bei so zahlreichen Gestalten in der griechischen Mythologie, etwas unklar. Mal wird Zeus als Vater genannt, doch häufiger Uranos, der Gott des Himmels. Als er von seinem Sohn Kronos entmannt wurde und seine Genitalien ins

ÜBUNG MIT GESCHLOSSENEN AUGEN

- Setz dich bequem hin. Die Welt besteht aus Verbindungen, du bist ein Teil von ihr. Reibe deine Hände aneinander und lege sie auf deine Nierenregion. Wärme durchströmt die Nierenregion. Die Nieren regulieren unseren Wärmehaushalt.
- Rufe dir die schönen exzellenten Momente vor Augen, in denen du ganz stark Liebe spürtest oder auch genau jetzt spürst. Lass rosarote Bänder in alle Richtungen von dir weg flattern und verbinde sie mit den Menschen, mit denen du dich verbunden fühlst. Immer wieder von den Nieren ausgehend. Lass dir alle Zeit der Welt. Wenn alle Bänder verbunden sind, dann lass deine Verbundenen etwas zu dir sagen.
- Dies ist eine Venus-Meditation. Ab jetzt und heute sage dir jeden Tag etwas Aufbauendes, etwas Wertvolles, etwas, das dir wirklich etwas gibt.

ÜBUNG: WECKRUF FÜR VENUS

- Beginne den Tag damit, dein Spiegelbild anzulächeln.
- Gönne dir etwas, was du dir schon länger gewünscht hast.
- Verteile einen Tag lang nur Komplimente.
- Begegne jedem Menschen mit einem Lächeln.
- Nimm dir Zeit für ein neues Styling – nicht als Ersatzbefriedigung, sondern als Geschenk an dich. Denke währenddessen nicht darüber nach, wie es anderen gefällt, sondern nur daran, ob es dir gefällt.
- Wenn du über Mitmenschen nichts Freundliches sagen kannst, sag gar nichts.
- Sage deinen Freunden, Kollegen oder deinem Partner und deiner Familie, was du alles schön und toll an ihnen findest.
- Sei eine Optimistin.
- Singe oder tanze deinen Lieblingssong.
- Schreibe ein Gedicht.
- Fertige eine Collage aus alten Zeitungen an. Zaubere ein Selbstbild von dir: so, wie du dich siehst, mit dem, was du an dir magst. Am besten alles!
- Lass das Leben auf dich regnen. Sitz einfach irgendwo und tue nichts, außer Menschen zu beobachten, ohne sie zu bewerten.
- Geh in eine Kunstausstellung oder ein Museum und studiere die Bilder und dein Verständnis von Schönheit.
- Schreibe alles auf, was du an dir liebst.
- Schreibe alles auf, was du am Leben liebst.
- Wiederhole einen Wunsch 108-mal an einem Tag, wie ein Mantra.

WARUM 108?

Die Zahl 108 ist in verschiedenen Kulturen und Religionen eine besondere heilige Zahl. Im Buddhismus kann die Zahl 108 auch für die 108 irdischen Leidenschaften und Sehnsüchte der Menschen sowie die 108 Störgefühle stehen.

Meer geworfen wurden, entstand daraus Aphrodite als Schaumgeborene.

Aphrodite ist das absolute Sinnbild für Schönheit, die Schönste unter allen Göttinnen. Sie symbolisiert die Liebe und Sinneslust, die sie sehr freizügig und genussvoll auslebte – weniger mit Ihrem Ehemann Hephaistos als mit vielen verschiedenen Liebhabern. Unter anderem mit dem Kriegsgott Ares. Sie hatten eine fruchtbare Verbindung mit vielen Kindern.

Aphrodite steht sowohl für die himmlische als auch für die sinnliche Liebe. Ihre Geschichten amüsieren und zeugen von einer kraftvollen, doch sanftmütigen herzlichen Göttin, die sich auslebte und keinerlei Selbstzweifel hegte. Sie wurde geliebt, geschätzt und liebte den, der ihr gefiel.

Mars ♂

Mars ist die urtümlichste Feuerkraft. Er symbolisiert die rudimentären Überlebensinstinkte – gleichzusetzen mit den atavistischen Funktionen unseres Stammhirns. Mars bedeutet demzufolge: Wille, Kraft, Durchsetzung, Kampf, Wut, Mut, Aggression, Impuls, Trieb, Eroberung, Schnelligkeit, Fluchtimpuls, Aktion.

Trial and Error

Welche Muskeln können Sie spüren? Mars ist Ihr innerer Pionier, Ihr Krieger, Ihre Kriegerin. Die Muskeln gehören zu Mars. 650 Muskeln halten Sie täglich auf Trab. Auch unsere Sinnesorgane werden unter anderem Mars zugeordnet. Alles, was in Ihrem Körper »Krieg« verursacht, zählt zu Mars und seinem zugehörigen Sternzeichen Widder, zum Beispiel Infekte, Infektionen, Stürze, Knochenbrüche, Unfälle, Schnitte oder Entzündungen. All das ist aus astromedizinischer Sicht einer unbändigen Marskraft zuzuschreiben, die sich durch Hitze und mit Plötzlichkeit schnell ihren Weg bahnt. Astromedizinisch geht einer »Mars-Erkrankung« meist ein heftiger Konflikt voraus.

Mars ist, von der Sonne aus gesehen, der vierte Planet in unserem Sonnensystem und damit der äußere Nachbar der Erde. Als erdähnlicher Planet zählt er, wie Merkur und Venus, zu den terrestrischen Planeten. Mars fasziniert uns wegen seiner Farbe und wird ihretwegen der rote Planet genannt. Seine auffallend rote Färbung entsteht durch den hohen Eisengehalt des Gesteins an seiner Oberfläche.

ÜBUNG MIT GESCHLOSSENEN AUGEN

- Steh aufrecht und spanne möglichst alle Muskeln an.
- Knautsche das Gesicht zusammen, atme dabei ein und halte den Atem kurz an. Dann reiß die Augen auf, streck die Zunge raus und rufe dabei laut »Ah«.
- Wiederhole die Übung so lange, bis du überflüssige Spannungen wirklich losgeworden bist.
- Wie setzt du dich durch?
- Wofür kämpfst du?
- Wogegen kämpfst du?
- Wie setzt du um, was du willst?
- Lebst du deine Impulse?

Wenn einem Eisen fehlt, fühlt man sich schlapp, müde, antriebslos. Sind wir in unserer Marsenergie, packen wir Dinge an. Wir sind Macher und in Action. Mars ist der Gegenspieler zu Venus, Agonist und Antagonist. Ausführend und nachgebend. Alles, was wir uns im Leben geschaffen haben, entstand mit unserer Marsenergie. Mars ist der Anfang, der erste Spatenstich. Mars zu leben bedeutet auch, immer wieder Anfänger zu sein. Wir alle haben einen Macher in uns und einen Mars in unserem kosmischen Bauplan. Falls wir nicht die aktiven Macher sind, dann sind wir eben »Mitmacher«. Planet Mars sagt auch etwas darüber aus, ob wir autonom sind. Trotzdem: **Es gibt kein besser und schlechter in der Astrologie. Wichtig ist lediglich zu wissen, wer wir sind und was wir brauchen, um in unserer Kraft zu sein.**

Gottheiten: Ares

Bei den Griechen hieß der Kriegsgott Ares, bei den Römern Mars. Bei den Göttern war er unbeliebt, wegen seines Kampfgeists, seiner Lust am Morden und Plündern. Stets umgaben ihn Unfriede, unbändige Kraft und Kampfeswille. Einzige Ausnahme: seine Liebschaft mit Aphrodite, die ihn zu ihrem Lieblingsliebhaber machte. Ares war ebenfalls ein Sohn des Zeus, verbreitete Angst und Schrecken, nur nicht bei Aphrodite. Angst und Schrecken sind übrigens Kinder der beiden und tragen die griechischen Namen Phobos (Angst) und Deimos (Schrecken). Phobos wird uns nochmals begegnen bei den Phobien, die nicht selten auf ungelösten Konflikten (Mars) basieren. Im Tierkreis stehen Venus und Mars einander gegenüber, ebenso Ares und Aphrodite. Sie werden durch die Zeichen Widder und Waage symbolisiert. Hier spielt sich auch unser Eros ab: die erotische Liebe und Sexualität. Eros, der Gott der Liebe, ist übrigens auch ein Kind dieser beiden.

Wenn wir unsere Marskraft wecken, nehmen wir unser Leben wieder selber in die Hand. Wir lassen nicht entscheiden, sondern entscheiden selbst, auch wenn wir sonst Mitmacher sind. Wir vertrauen wieder mehr unseren Instinkten. Wenn wir Mars erwecken, müssen wir tatsächlich mit unseren Muskeln spielen.

Depressionen sind oft verdrängte Emotionen. Wut gehört dazu. Sobald wir wieder mehr Marskraft haben – das ist bei einer befriedigend gelebten Sexualität ebenfalls der Fall –, packen wir unser Leben stärker an, lösen uns aus der wartenden Position, werden aktive Gestalter und kommen wieder mehr in die eigene Schöpferkraft.

WECKRUF FÜR MARS

- Bewege dich einen Tag lang schneller als sonst.
- Gehe keinem aus dem Weg, der dir entgegenkommt.
- Steh zu dir und verteidige deinen Standpunkt.
- Sei mutig, wenn du einen Konflikt auszutragen hast.
- Sei laut – stampfe mit den Füßen, schrei mal laut, mach Geräusche, johle oder singe. Such dir dafür einen Platz, an dem du es wirklich »rauslassen« kannst.
- Trau dich, eine Sache anzugehen, die dir Muffensausen bereitet.
- Frag dich einen ganzen Tag lang: Was will ich? Unabhängig von anderen.
- Tue einen Tag lang kompromisslos, was du willst.
- Zeige dein Begehren, erobere dir etwas.
- Wenn du Wut hast, geh in die Natur und halte einen Monolog, sprich alles aus. Schimpfe, beleidige – lass es raus. Vergiss deinen ganzen Verhaltenskodex, sodass eine Urenergie freigesetzt wird, die dich wieder lebendiger macht.

Jupiter ♃

Der Jupiter ist expansive Feuerkraft, das planetarische Schwergewicht unseres ganzen Sonnensystems. Er reguliert das Massegleichgewicht: Jupiter und Saturn bilden zusammen etwa 90 Prozent des gesamten Planetengewichts. Auch in Ihnen stellt Jupiter einen sehr wichtigen Persönlichkeitsanteil dar: Er repräsentiert Sinn, Perspektive, Glaube, Optimismus, Zuversicht, Glaubenssätze, Horizonterweiterung, Weltoffenheit, Mut und Übermut, Weisheit, Großzügigkeit, Übertreibung, Gerechtigkeit, Freiheit, Fülle, Ausrichtung, Ihren inneren Mentor, den Guru in Ihnen.

Weite

Die Leber ist eines der größten Organe im Körper und vor allem zuständig für die Entgiftung. Es gibt einen sehr engen Zusammenhang zwischen Sinnsuche und Sucht – bzw. dem fehlenden Sinn und der Sucht. Die Oberschenkel als Körperregion werden Jupiter und dem Schütze-Sternzeichen zugeordnet. Eine uralte Volksweisheit stellt die Frage, ob einem eine Laus über die Leber gelaufen sei. In der alten Astromedizin wurden der Leber die schwarze Galle und damit auch die Schwermut und Melancholie zugeordnet. Lebererkrankungen sind tatsächlich oft von starken depressiven Verstimmungen begleitet. Um ein befriedigendes Leben zu führen, brauchen wir Sinn und Perspektive.

Die Leber hält eine ganze Menge aus, dennoch kann sie durch Missbrauch große Schädigungen erfahren. In unserer Gesellschaft ist Alkoholmissbrauch noch immer ein Tabuthema. Ganz abgesehen von den vielen Abhängigkeiten von legalen Medikamenten und illegalen Drogen. Auch Wachstum ist eine Droge.

All dies steht in Verbindung zu Jupiter. »Seine« Erkrankungen entstehen meist aus einem Zuviel. Alles, was zusätzlich und harmlos im Körper wächst, entsteht aus einem Grundbedürfnis nach Wachstum.

Wenn Sie mit Ihrem Jupiter in einem guten Kontakt stehen, mit Ihrem inneren Zeus/Göttervater, dann haben Sie Spaß bei dem, was Sie tun, ein dickes Fell bei Rückschlägen (in der Fachsprache Resilienz genannt) und eine gute Motivation. Sie können großzügig sein – sich selbst und anderen Menschen gegenüber. Mit Jupiter gelingt es Ihnen immer wieder, aus einer anderen Perspektive zu schauen. Es bleibt licht und

ÜBUNG MIT GESCHLOSSENEN AUGEN

- Spüre zwischen deine Schulterblätter. Hier befindet sich der Ausstrahlungspunkt der Leber.
- Wenn du dich hineingefühlt hast, dann geh mit deiner Aufmerksamkeit zu deinen Schulterblättern. Nun ist deine Fantasie gefragt. Lass dir aus den Schulterblättern Flügel wachsen.
- Stell dir vor, ein kraftvoller Flügelschlag lässt dich abheben, du schwebst nach oben, wie von unsichtbaren Bändern gezogen, und dein ganzes Leben liegt unter dir. Nun kannst du aus einer ganz anderen Perspektive auf alles schauen: auf das Haus, in dem du wohnst, auf die Stadt, das Land, in dem du lebst. Wenn du dir einen Überblick geschaffen hast, dann fliege an den Ort, der für dich Freiheit bedeutet. Lass dich überraschen, wohin die Reise geht.
- Fühle in die Weite und nimm sie mit allen Sinnen wahr. Wie riecht es an diesem Freiheitsort, ist es warm oder kalt? Welche Gefühle begleiten dich, welche Menschen? Verweile und bleibe dort, solange es dir guttut.
- Mache dir bewusst, dass du immer, in jedem Moment den Zoom aufziehen und aus einer anderen Perspektive schauen kannst. Vor allem dann, wenn es eng und drückend wird.

leicht. Jupiter ist das Wachstumsprinzip. Wir wollen wachsen.

Sobald wir dieses Prinzip nur nach außen verlagern, nimmt zwar unser Besitz zu, nicht aber unser inneres Wachsen. Oder wir essen viel und werden einfach dick und schaffen uns so die Fülle, die anders nicht zu bekommen ist.

Jupiter schafft Masse. Wir spüren Jupiter, zum Beispiel wenn wir lachen, voll von praller Lebensfreude unterwegs sind oder wenn wir genau das leben, wovon wir überzeugt sind. Jede Reise, ob in ein anderes Land oder zu neuen Wissensgebieten, bedeutet einen Zuwachs an Jupiterenergie. Alles, was wir lernen, stärkt Jupiter.

Frag dich selbst

- Bist du ein Guru, Lehrer, Leitwolf?
- Welche Gurus gibt es in deinem Leben? Das können auch Kinder, Tiere oder sonstige Lebewesen sein, von denen du etwas lernst.
- Wovon bist du überzeugt?
- Was stärkt deine Zuversicht?
- Glaubst du an etwas?
- Was und wer geben dir Perspektive in deinem Leben?

Gottheiten: Zeus/Jupiter

Zeus ist der Göttervater, der Mächtigste in der griechischen Mythologie. Alle anderen Götter, selbst der Sonnengott Apollon, sind sein Gefolge. Mit seinen Brüdern Hades (Unterwelt) und Poseidon (Meer) teilt er sich die Welt und heiratet seine Schwester Hera. Zeus ist Herrscher des Himmels und des Olymps. Sein Umgang mit dieser Macht ist jedoch weise. Meist ist er um Gerechtig-

WECKRUF FÜR JUPITER

- Erinnere dich an deinen letzten wirklich glücklichen Moment. Lass dir dabei alle Zeit der Welt. Rufe dieses Ereignis noch einmal mit allen Sinnen wach: Wie hat es gerochen, welche Geräusche umgaben dich, was hast du gesehen, wer war dabei, wie genau hat es sich angefühlt?
- Wen bewunderst du? Schreib auf, wofür. Das steckt auch in dir! Jetzt überlege: Wofür bewunderst du dich?
- Beschäftige dich mit dem Thema Gerechtigkeit, indem du zum Beispiel die Menschenrechte liest. Inwieweit trägst du in deinem Umfeld dazu bei, dass es gerecht zugeht?
- Studiere etwas, worüber du wirklich nichts weißt.
- Trau dich etwas wirklich Mutiges, JETZT!
- Geh in den nächsten Tagen an den höchsten Punkt in deiner Umgebung, verschaffe dir einen Überblick. Bleibe hier und betrachte die Welt aus einer anderen Perspektive.

keit bemüht. Götter und Menschen bitten ihn meist um Rat oder Hilfe. Seine Frauengeschichten sind zahlreich, seine Liebschaften vielfältig, Ehefrauen gibt es einige. Dementsprechend zahlreich ist natürlich seine Nachkommenschaft. Zeus ist derjenige, der das letzte Wort hat und Urteile spricht. Hier spiegelt sich der Wunsch eines jeden Schütze-Menschen wider, Gerechtigkeit zu erleben.

Saturn ♄

Jupiter stellt den Mentor, den Unterstützer und Prediger in Ihnen dar. Saturn hingegen ist unser Kritiker – und den kennen die meisten von uns besser. Saturn und Jupiter sind Gegenspieler. Hier greift wieder das Gesetz der Polarität. Jupiter stellt in erster Linie unsere inneren Gesetze dar. Richtlinien, die wir in uns entwickeln, um einzuordnen, was für uns stimmig ist.

Saturn konfrontiert uns mit dem Äußeren. In jungen Jahren erleben wir ihn zum Beispiel durch unsere Eltern, Lehrer, die Schule und später den Chef. Saturn begegnet uns in allen Autoritäten, in Menschen, die uns Aufgaben geben und uns herausfordern. In Menschen, die an unserer Entwicklung beteiligt sind, uns prägen. Und die gleichzeitig die gesellschaftlichen Normen, Regeln und Gesetze repräsentieren. Saturn konfrontiert uns auch mit dem, was noch fehlt. Saturn fordert Reife und Verantwortung, die wir jedoch erst durch gewisse Erfahrung entwickeln können. **Die beste Möglichkeit, Autoritätsprobleme zu lösen, ist es, selber eine Autorität zu sein.**

Saturn gilt als Hüter der Schwelle zum kosmischen Bewusstsein. Er stellt auf unserem inneren Bauplan den Plan selber dar. Er ist die Matrix selbst. Und auch die Regeln, die Normen und Gesetze, die wir einhalten müssen, die uns auferlegt werden oder die wir uns selber schaffen. Saturn ist einerseits Wegweiser, andererseits auch Grenzsetzer. Je nachdem, wie eng oder weit die Grenzen gezogen werden, geben sie uns Halt und Sicherheit oder schränken uns ein. Saturn vermittelt Strenge.

Mal kurz nachgefühlt: Wer ist stärker in Ihnen? Ihr Prediger oder Ihr Kritiker?

Verantwortung

Dank Saturn kommen wir zu der Einsicht, dass nur wir unser Leben kreieren und kein anderer. Saturn lehrt uns, Verantwortung zu übernehmen, und repräsentiert Regeln und Gesetze, also verbindliche Normen. Disziplin und Durchhaltevermögen sind notwendig, um die eigenen Gesetze zu schaffen und einzuhalten. Um ein Wertesystem aufzubauen, an dem wir uns orientieren können. Lebensprüfungen und Belastbarkeit gehören bei der Entwicklung dieser inneren Anteile dazu.

Auch unser Körper hat seine Grenzen. Er braucht allein schon Grenzen, um überhaupt als Körper definiert zu sein. Jeder von uns kennt auch die Grenzen der eigenen Belastbarkeit. Im Lauf des Lebens verändern sie sich. Diese immer wieder neu auszuloten, ist ein ständiger Prozess. Ihr innerer Saturn fordert viel und fördert viel zutage. Dank dieser Kraft in sich können Sie zu Ihrer Bestimmung finden. Wenn wir uns zu sehr auf andere Autoritäten verlassen, finden wir uns oft an einem Platz voller Pflichten und Fleißübungen wieder, der uns gar nicht entspricht.

Astromedizinisch werden Saturn die Knochen, Haare, Zähne und Nägel zugeordnet und die Haut als Abgrenzungsorgan sowie alle Erkrankungen, die mit Verhärtungen (zum Beispiel Gallensteine) einhergehen. Krankheiten, die mit Saturn zu tun haben, sind oft Folge eines Mangels. Erstarrung, unbeweglich werden, alles rund ums Altern wird Saturn und seinem Zeichen Steinbock zugeordnet. Gelenkerkrankungen, die auf fehlgeleiteten Spannungszuständen im Körper beruhen, stehen mit der Saturnenergie in Verbindung: vor allem das schmerzende Knie, die Hüfte und der Rücken. Alles, was im Körper stockt, hat mit Saturn zutun.

Saturn kann sehr fruchtbar sein, doch dafür braucht er Wasser. Sobald wir Jupiter und Saturn in uns erwecken, die Persönlichkeitsanteile ausfindig gemacht haben und zu unseren Verbündeten werden lassen, sind wir den gesellschaftlichen Aufgaben gewachsen und bringen uns ein – unseren eigenen Potenzialen entsprechend. Jupiter schöpft aus der Philosophie und den Theorien und Thesen, Saturn aus der Geschichte, den Erfahrungen und Fakten. Beide sind Gurus, der eine zeigt sich wohlwollend, der andere fordernd.

Frag dich selbst:

- Worauf kannst du wirklich bauen?
- Was ist dein Fundament?
- Wie viel Verantwortung trägst du?
- Auf wen und was ist Verlass?

Gottheiten: Kronos/Saturn

Kronos ist der Sohn von Uranos, dem Gott des Himmels, und von Gaia, der Mutter Erde. Uranos eignet sich für die Vaterrolle ausgesprochen mäßig: Er sperrt seine Kinder in den Tartaros, den tiefsten Teil der Unterwelt. Gaia bringt ihre nächsten zwölf Kinder daraufhin in ein Versteck. Sie sind die Titanen, vorzustellen wie Riesen in Menschengestalt. Der jüngste von ihnen ist Kronos. Später bittet Gaia ihn darum, den Vater zu entmachten und zu entmannen. Kronos tut, was seine Mutter sich wünscht. Zu diesem Zeitpunkt übernimmt Kronos die Herrschaft – das Goldene Zeitalter beginnt. Kronos ist das Symbol für Ernte und weise Führung. Dennoch, wie in vielen Familiengeschichten, wiederholt sich die Thematik der Entmachtung des Vaters. Aufgrund einer Prophezeiung heißt es, dass Kronos ebenfalls von einem seiner Söhne entmachtet werden würde. Daraufhin verschlingt er seine Kinder – bis auf Zeus, der von seiner Mutter Rhea versteckt wird. Zeus wächst wohlbehütet, verwöhnt und gut versorgt

ÜBUNG MIT GESCHLOSSENEN AUGEN

- Steh aufrecht, die Füße fest auf dem Boden. Schließe die Augen. Spüre deine Knochen, deine Wirbelsäule, deinen Schädel und Kiefer. Dreh deine Hände etwas nach außen und richte dich vollständig auf.
- Stelle dir vor, dass du deine Wirbelsäule mit jeder Ausatmung verlängerst. Du besitzt 206 Knochen: Versuche, diese Skelett-Struktur aufzustöbern. Kannst du dich als Knochenmensch sehen, ohne dass es dich gruselt?
- Spüre noch mal ganz fest in deine Füße und stelle dir vor, wie du über sie Aufrichtung und Standfestigkeit in deinen Körper transportierst. Entlang der Beine, über den Po und Rücken hinauf, über die Halswirbelsäule in den Kopf hin zur Schädelkrone.
- Bleib fest verwurzelt wie eine alte Eiche stehen. Nimm ein paar Atemzüge. Öffne dann die Augen und bleib so für den Rest des Tages: aufrecht.

WECKRUF FÜR SATURN

- Sei einen Tag lang Vorbild. Starte damit morgens und halte durch bis zum Schlafen. Es geht um deine Handlungen, deine Worte und deine Gedanken.
- Ähnlich wie in der Jupiter-Übung suche dir wieder einen Platz, an dem du nach oben steigen kannst. (Falls es keine Berge gibt, geh in die höchste Etage eines Hochhauses.) Welche Gedanken kommen dir beim Aufstieg und später, wenn du dir den Überblick von oben verschaffst?
- Was sind deine Werte? Schreibe sie auf, unterteile in beruflich und privat. (Beispiele: Toleranz, Humor, Verlässlichkeit)
- Lass dir Zeit dafür und hänge sie an die Wand, denke immer wieder daran.
- Kannst du deine Werte im Berufs- und Beziehungsleben verwirklichen? Schau, ob du die Möglichkeit hast, diese auch zu leben.
- Steck dir ein Ziel. Es kann etwas ganz Kleines sein. Beginne in den nächsten drei Tagen mit dem ersten Schritt. Was ist dieser erste Schritt?

auf. Seine Mutter bittet ihn um Hilfe, er entmachtet seinen Vater Kronos, indem er ihn auf die Insel der Seligen verbannt. Nun übernimmt er die Herrschaft über Himmel, Erde und Wasser – zusammen mit seinen Geschwistern, die vom Vater wieder ausgespuckt wurden.

Neptun ♆

Neptun ist der Planet, der uns mit allem verbindet. Von den Römern Poseidon genannt, ist er der Gott des Meeres und aller fließenden Gewässer. Neptun ist also gleichzeitig das, was unseren Körper zu 70 Prozent ausmacht: Wasser.

Wir kommen aus dem Wasser, gedeihen im Fruchtwasser in Symbiose mit unserer Mutter. Als Menschen sind wir stetig auf der Suche nach Verbindung – zu all dem, was uns umgibt. Neptun steht für diese Sehnsucht und allumfassende Liebe, für Hingabe und Vertrauen.

In körperlicher Hinsicht sind unsere Füße und die Faszien sowie das Lymph- und Immunsystem Neptun zugeordnet.

ÜBUNG MIT GESCHLOSSENEN AUGEN

- Steh aufrecht und spüre in deine Füße. Wie stehst du auf dem Boden? Schwankend, stabil? Wie ist es mit geschlossenen Augen?
- Öffne die Augen und hebe deine Zehen vom Boden ab, ohne den Körper zu bewegen. Lege deine Zehen breit gespreizt wieder auf dem Boden ab. Komm hoch auf die Zehen, lauf genau so – groß und majestätisch – ein Stück rückwärts und dann wieder nach vorne. Und wie fühlst du dich?
- Lauf auf den Außenkanten der Füße nach hinten und wieder nach vorne. Wie hat sich das angefühlt? Und jetzt auf den Fersen nach hinten und nach vorne.
- Lauf zum Schluss auf den Fußinnenkanten nach hinten und nach vorne.
- Jede Gangart verändert deine innere Haltung! Vielleicht wird dir spätestens jetzt klar, wie stark dein Körper einen Einfluss auf deine Stimmung hat, doch noch wichtiger, wie du deine Stimmung dadurch verändern kannst.

Vertrauen

Neptun ist der Anteil, der uns durchlässig macht für das, was uns umgibt. Wir sind beeindruckbar. Saturn repräsentiert die Grenze, Neptun dagegen die Grenzenlosigkeit. Neptun steht astromedizinisch in enger Verbindung zu Suchterkrankungen, psychischen Störungen, die unsere Realität eintrüben, Parasiten, Immunschwäche, Virenerkrankungen, Vergiftungen. Jede Form der Schwächung, jede Form der Abhängigkeit und Vernebelung kann mit Neptun in Verbindung gebracht werden.

Neptun ist ein sehr weit entfernter Planet. Metaphorisch zeigt er uns, wie weit wir uns von dem entfernen, was uns ein Gefühl für Verbindung gibt. Oft fühlen wir uns eher verstrickt als verbunden.

Neptun bedeutet auch Illusion, Fantasie und repräsentiert unsere Wünsche und Träume. Er ist der Grund Ihres tiefsten Unterbewusstseins, der Träumer in Ihnen, zuständig für Kreativität und Märchenwelt. Um unsere Wünsche und Träume zu verwirklichen, brauchen wir Bodenkontakt. Doch ohne Neptun fehlt uns der Glitzer auf dem Boden der Realität.

Frag dich selbst:

- Wovon träumst du?
- Wie viel Göttliches kannst du in dir spüren?
- Gibt es so etwas wie ein höheres Selbst? Etwas, was dich leitet?
- Hast du Spirit im Leben?

Neptun lernen wir dann kennen, wenn wir uns etwas wünschen und sich Wünsche realisieren. Wenn wir uns zum Beispiel in der Musik verlieren, tiefe Meditationserfahrungen machen, Naturerlebnisse genießen, verliebt sind oder bei einer kreativen Tätigkeit alles um uns herum vergessen. **Es tut so gut, dem Verstand ab und zu den Hocker unter dem Po wegzuziehen, damit er einfach ins Herz hineinplumpst.**

Neptun in uns fühlt sich ganz zauberhaft an, aber manchmal auch leer und orientierungslos. Wenn es uns schwerfällt, einen Lebensbereich zu finden, in dem wir diese Kraft ausleben können, kann es passieren, dass wir uns in Situationen wiederfinden, in denen wir keinen Halt mehr haben und das Gefühl der Ohnmacht und Hilflosigkeit in uns aufsteigt. Dies passiert häufig beim Beginn einer Erkrankung. Aber sobald wir uns dem Ist-Zustand hingeben, die Erkrankung also annehmen und akzeptieren, tritt schon die erste Linderung ein. Vielen Menschen hilft der Glaube an Heilung. Der Glaube lässt das Vertrauen in uns wachsen und damit auch unsere Selbstheilungskräfte. Neptun hat sehr viel mit Heilung zu tun. Meiner Ansicht nach spielt er eine der Hauptrollen in diesem Prozess.

Gottheiten: Poseidon

Die Eltern Poseidons sind Rhea und Kronos. Mit seinen Geschwistern wird er vom Vater verschlungen und erlangt erst wieder die Freiheit, als Zeus sie alle rettet. Daraufhin wird er der Gott des Meeres und der fließenden Gewässer, denn die Brüder teilen sich die Herrschaftsgebiete auf. Gleich den hohen Wellen, Stürmen und Überschwemmungen zeigt sich Neptun als Symbol für die gewaltigen Emotionen, die wir erleben können (Wasser = Emotion). Er gilt als unberechenbar und launisch. Seine Kinder sind Mischwesen, so zum Beispiel Pegasus, das geflügelte Pferd, das er mit Medusa zeugt. Das Meer und seine Bewohner sind ein passendes Symbol für die Vielfalt unserer Gefühle: Wunderschön bis grauenhaft – alles ist möglich.

WECKRUF FÜR NEPTUN

- Geh zum Schwimmen oder genieße Wasserspiele irgendwelcher Art.
- Verzichte einen Tag lang auf alles, was du als suchtgefährdend einstufen würdest: Fernsehen, Computerspiele, Rauchen, Süßigkeiten oder Alkohol.
- Lass dich überraschen, welche Gefühle an diesem einen Tag auftauchen – wunderschön bis grauenhaft.
- Besuche einen Tempel oder eine Kirche, am besten inklusive Gottesdienst. Falls du Kirchen gar nicht magst, dann nimm an einem buddhistischen Abend teil oder an einem religiösen Abend.
- Bist du ein Sucher oder ein Finder?
- Widme dich einen Tag lang komplett einem Menschen, der dich braucht, bedingungslos, voller Hingabe.
- Schenke dir Bummelzeit zum Träumen. Musik hören oder machen, malen, rumliegen, Time-out – unbegrenzt. Fernsehen und Internet gilt nicht!

Uranus ⛢

Uranus steht für Veränderung. In uns spiegelt er den Teil, der Unruhe verursacht, Grenzen sprengt, Normen bricht, uns schlaflos werden lässt, rebelliert oder reformiert. Ich kenne nichts und niemanden, der bei starken Uranusstellungen im Horoskop ein ganz »normales« Leben führt. Uranos (der Gott schreibt sich mit »o«) ist der Himmelsgott. Er lässt uns abheben, bringt sehr viel Ruhelosigkeit ins Leben, raubt uns bisweilen den Schlaf und aktiviert unser Nervensystem auf vielerlei Weise. Anregend und nervig: Uranus gleicht einem universellen Wake-up-Call. Mit Uranus betreten wir Neuland, laufen keinen ausgetretenen Weg weiter. Denn Langeweile kommt hier nicht schnell auf. Uranus ist Ihr Rhythmus – der echte Rhythmus, der bei vielen von uns vollkommen anders tickt, als vorgegeben. Und nicht selten »ticken« wir aus, weil wir anders ticken. Uranus ist das Funkenfeuerwerk unseres Nervensystems.

Veränderung

Uranus schafft Bewusstsein darüber, welche Einzigartigkeit in uns steckt. Uranus hält nichts von angepasster Gemütlichkeit. Astromedizinisch werden dem Uranus das gesamte Nervensystem und alle Erkrankungen in diesen Bereichen zugeordnet. Sprunggelenke und Waden ebenfalls. Alles Plötzliche, wie zum Beispiel Unfälle, haben eine starke Verbindung zu Uranus. Doch nicht jeder hat einen Unfall, wenn er seinen Uranus lebt. Uranus ist nicht planbar. Dennoch – viele Menschen verändern nach einem Crash ihr Leben radikal, häufig wird es besser als vorher.

Uranus wirkt dann stark in Ihnen, wenn Sie gegen den Strom schwimmen, wenn Sie neue Wege suchen und couragiert sind. Wenn Sie es vorziehen, Regeln zu brechen, die Ihnen nicht mehr sinnvoll erscheinen, anstatt sich weiterhin anzupassen.

ÜBUNG MIT OFFENEN AUGEN

- Uranus ist anders, diese Übung auch. Da Uranus einen starken Bezug zum Nervensystem hat, schaffen wir nun eine Art Entladung. Bei Hunden können wir dies täglich beobachten: Wenn sie aufstehen, strecken sie sich. Falls sie eine aufregende Situation erlebt haben, schütteln sie danach ihre Aufregung aus dem Körper. Sie schütteln die Aufregung sozusagen ab, und schon weicht die Spannung aus dem Körper. Schütteln befreit sehr: Also los!
- Beginne langsam und steigere dich: Arme, Beine, Gesicht, Oberkörper, vor allem die Schultern und der Unterkörper – gerne mit Ton!
- Wenn du das Gefühl hast, wirklich etwas abgeschüttelt zu haben, dann fang an zu hüpfen, kleine Hüpfer auf den Zehen, bis du so elastisch bist, dass deine Sprungkraft wächst und du richtig auf- und abspringen kannst.
- Und dann fühl in dich hinein – was verändert sich im Körper?
- Fühlst du dich frei?
- Lebst du Freiheit?

Uranus ist der Punk in uns. Der sich einerseits nirgends anpassen will, sich andererseits jedoch nach der passenden Gemeinschaft sehnt. Bei einem starken Uranus im Horoskop fühlen Sie sich manchmal wie ein Außerirdischer, der seinen Heimatplaneten verlassen hat.

Uranus hat etwa den vierfachen Durchmesser der Erde. Er ist blassgrün, seine Achse stark geneigt: Wenn wir im Leben unserer Zeit voraus sind, laufen wir auch neben der Spur. Auf der astromedizinischen Ebene entfernen wir uns mit Uranus oft von unseren körperlichen Bedürfnissen. Uranus bedeutet Geist, eine der Nebenwirkungen: Vergeistigung. Wenn wir Zelte abbrechen, verändern, etwas anderes ausprobieren: All das entspringt der Uranusqualität. Wenn wir Sicherheiten aufgeben, unseren Job kündigen oder etwas Verrücktes angehen: Meist agiert der Uranus in uns. Uranus ist Rebellion. Auf der körperlichen Ebene kann sich diese Energie auch gegen uns richten – in Form von Autoimmunerkrankungen.

Uranus in Ihnen ist Ihre persönliche Sprungfeder, die Sie aus Gewohntem he-

WECKRUF FÜR URANUS

- Was ist verrückt an dir? Schreib es auf.
- Wann war deine letzte große Veränderung (Umzug, Trennung, neue Liebe, Jobwechsel, Ausbildungen ...)?
- Hole dir alte Zeitungen und nimm dir einen Abend Zeit, um eine Collage aus Bildern oder Texten zu schaffen – zum Thema Veränderung. Die linke Seite ist die jetzige Situation – die rechte Seite jene, die zeigt, wie es nach deiner Veränderung aussieht.
- Beginne den morgigen Tag mal anders als sonst und dann bleibe dabei: Wenn du Kaffee trinkst, trink Tee, verändere dein Frühstück, geh den Weg zur Arbeit anders, trage andere Kleidung als sonst, gestalte deine Mittagspause anders. Mach so viel wie möglich anders.
- Und – wie geht es dir am Abend?

rausspringen lässt. Und die Sie ins Unbekannte hineinspringen lässt.

Stress erzeugt in unserem Körper Spannungen. Wenn diese aus der Balance kommen, entstehen oft Schmerzen aufgrund von Stress (siehe ab Seite 132). Besondere Bedeutung kommt dabei den Faszien zu. Denn 80 Prozent aller Nervenenden befinden sich in den Faszien.

Gottheiten: Uranos

Bei Uranus geht es drunter und drüber. Der Gott heißt Uranos, der Planet Uranus. Dennoch stehen sie für einen und denselben Gott. Bevor die Götter entstanden, herrschte das Chaos. Gaia, die Urmutter aller Götter und die Göttin der Erde, gebar aus diesem Chaos mehrere Gottheiten. So auch Uranos, den sie mit dem Chaos des Himmels gebar. Dementsprechend wurde er der Gott des Himmels.

Die Götter brachten Ordnung ins Chaos. Uranos wiederum zeugte mit seiner Mutter Gaia die zwölf Titanen der ersten Generation, halb Mensch, halb schlangenartige riesige Gestalten. Seine Kinder sind ihm keine Freude, er sperrt sie in den Tartaros.

Frag dich selbst:

* Was ist Freiheit für dich?
* Welche verrückte Aktion wolltest du schon immer mal machen? Und was wäre dafür der erste Schritt?
* Stell dir vor, du bist der Initiator für eine Demonstration: Was würde auf deinem Plakat stehen?
* Mal ein Plakat, mit dem du gerne durch die Straßen ziehen würdest.
* Wenn du hier und jetzt sofort etwas verändern könntest in deinem Leben, was wäre das? Dann knöpf es dir vor: kein Aber, kein Kontra, keine Vetos. Beginne jetzt!

Pluto ♇

Pluto ist astrologisch gesehen ein planetarisches Schwergewicht mit transformatorischer Wirkung. Im Jahre 2006 wurde Pluto jedoch von der Astronomischen Union aus unserem Sonnensystem wegdefiniert, weil seine Abmessungen für seine Anerkennung als vollwertiger Planet nicht mehr ausreichend erschienen. Nun wird er Kleinstplanet genannt. Für uns Astrologen gehört Pluto aber nach wie vor dazu.

Der Planet Pluto zählt in der Astrologie zu den kollektiven Gestirnen, die die Themen einer ganzen Generation repräsentieren. Pluto symbolisiert das kollektive Unbewusste. Die dazugehörige mythologische Gestalt ist Hades, der griechische Gott der Unterwelt, des Totenreichs, der Schatten. Sohn des Kronos.

Pluto repräsentiert unser individuelles Schicksal, das wir aufgrund unserer Ahnengalerie mitbringen. Pluto symbolisiert das Sammelbecken all dessen, was wir verdrängen, deshalb ist er ebenfalls ein Symbol unserer Ängste.

Pluto ist eng mit Tabus und Geheimnissen verknüpft. C. G. Jung fragte einmal: Wollen Sie gut sein oder ganz? Wir sind nicht nur gut. Unsere Schattenteile werden durch Pluto repräsentiert. Diese zu leben und zu integrieren erscheint mir eine lohnende, wenn auch anstrengende Aufgabe. Ihre Schattenanteile werden durchs Verdrängen nicht kleiner oder verschwinden gar, sondern sie werden größer und mächtiger. Je mehr wir sie verdrängen, desto stärker tauchen sie im Außen auf, als Projektion, Druck, Krankheit und vieles mehr.

ENERGIE BLEIBT

Energie geht nie verloren – sie verändert nur ihre Form. Es geht nicht darum, unsere Probleme zu verstehen, sondern darum, den Ort in unserem Inneren aufzuspüren, von wo aus wir unsere Probleme wandeln können.

Wandlung

Pluto steht mit tiefen Wandlungskrisen in Verbindung. Oft sind wir gerade in schweren Krisen mit unserer Endlichkeit konfrontiert. Plutos Motto: Ohne Ende gibt es keinen Neubeginn.

ÜBUNG MIT GESCHLOSSENEN AUGEN

- Lege dich entspannt auf den Boden. Deck dich gerne zu. Liege auf dem Rücken, spüre in die Rückseite deines Körpers und nimm Kontakt zum Boden auf. Spüre genau hin, welche Körperregionen aufliegen, welche nicht. Aktiviere deine Vorstellungskraft und stelle dir vor, wirklich auf der Erde zu liegen. Ein Teil der Erde zu sein. Dein Blick richtet sich eher nach innen, du ziehst deine Aufmerksamkeit aus dem Umfeld ab. Alles ist still.
- Mit jeder Ausatmung gibst du mehr Gewicht an den Boden ab. Der Atem strömt durch dich hindurch. Einatmen bedeutet frische Lebensenergie, Ausatmen lässt verbrauchte Energie aus dem Körper raus. Die Energie strömt ein und aus. Ein ständiges Werden und Vergehen.
- Begib dich tief in diesen Prozess von Werden und Vergehen, mit jedem Atemzug. Bleib, solange du willst – falls du einschlafen solltest, kein Problem. Falls du unruhig bist, bleib! Halte aus, lass aufsteigen, was tief aus deinem Inneren kommt.

Pluto konfrontiert uns mit unseren Tabu- und Schattenthemen. In unserem Kulturkreis stellt der Umgang mit dem Tod immer noch ein großes Tabuthema dar. Pluto ist Zerstörer und Erneuerer zugleich. Pluto ist unter anderem Symbol für: Wandlung, Vorstellung, Tod, Krise, Wachstum, Manipulation, Machenschaften, Schatten, Über-sich-Hinauswachsen, Das-Letzte-aus-sich-und-anderen-Herausholen, Sexualität, Obsession, kollektives Unbewusstes, Schicksal, Abhängigkeit, Schaffensdrang, Leidenschaft, Druck, Verdrängung, Angst, Phobien, Geheimnisse, Wahrhaftigkeit, Regeneration. Erkrankungen, die im Zusammenhang mit Pluto stehen, haben meist einen langsamen, aber bedrohlichen Verlauf.

Auf der psychischen Ebene zählen Phobien und Angststörungen zu Pluto. Pluto ist der Schatten, der blinde Fleck.

Pluto steht in sehr engem Kontakt zu unserer Sexualität und damit der Hingabe, dem tiefen Sicheinlassen. Erkrankungen an den Sexualorganen oder im Intimbereich tragen eine Pluto-Überschrift. Astromedizinisch begegnen wir dem Pluto in uns auch, wenn wir zum Beispiel mit einer lebensbedrohlichen Erkrankung konfrontiert sind, etwa mit Krebs.

Ähnlich dem Jupiter erzeugt unser innerer Pluto eine kraftvolle und radikale Energie, die verwirklicht werden will. Ein Ehrgeiz, der wirklich alles aus uns herausholt: Das ist Pluto. Pluto gleicht der manischen Phase, in der wir über unsere Kräfte hinausgehen und unseren Vorstellungen folgen. Rücksichtslos, kompromisslos und oft uns selbst gegenüber gnadenlos. Krebs bedeutet auch Wachstum, nur eben an der falschen Stelle und uns selbst schadend. Auch psychische Erkrankungen wie zum Beispiel Zwangsstörungen können wir dem Themenbereich Pluto zuordnen.

Unser Körper repariert sich ununterbrochen selbst. Zellerneuerung und Zellabsterben sind nur ein Teil davon. Wir befinden uns in stetiger Wandlung. Davon bekommen wir aber meist gar nichts mit. Pluto-Kraft schafft das Unmögliche und kann uns zu wirklich großem Schaffensdrang verhelfen, wenn diese Energie frei fließt. Planet Pluto wandert sehr langsam, seine Prozesse gehen über mehrere Jahre.

Gottheiten: Hades/Pluto

Bei den alten Griechen ist Hades, bei den Römern Pluto der Gott der Unterwelt. Hier finden die Toten ihr neues Zuhause, gleichzusetzen mit unserem Unbewussten und allen Schattenanteilen.

Hades ist jedoch auch der Hüter der Bodenschätze und Reichtümer der Erde. Eine Tarnkappe verhilft ihm in Notsituationen zur Unsichtbarkeit. Sein Höllentor wird von Kerberos bewacht, einem Höllenhund. Der negativ besetzte Begriff »Hölle« ist in diesem Zusammenhang allerdings umstritten, denn er hat einen christlichen Hintergrund. Hades gilt auch nicht als Ungeheuer oder Dämon, sondern führt ein Schattendasein im Schattenreich mit viel Verantwortung. Jeder hat Respekt vor ihm. Wer möchte schon gerne dort wohnen?

Pluto bedeutet in vielen Fällen die direkte Konfrontation mit tief sitzenden Ängsten. Pluto-Themen fordern uns dazu auf, hindurchzugehen, anstatt weiterhin auszuweichen. Denn dies ist irgendwann gar nicht mehr möglich. Es gibt viele wundervolle Ereignisse, denen Angst vorausgeht, wie zum Beispiel die Geburt eines Kindes. Wenn wir mit unserer Pluto-Energie verbunden sind und die Schatten nicht bekämpfen, sondern anschauen und integrieren, sind wir stark mit der Schöpferenergie verbunden. Erschaffen und zerstören liegen dicht beieinander. Oft sind diese Prozesse, in denen wir etwas erschaffen, auch mit gewissen Opfern verbunden. Zum Beispiel Mutterschaft = Ende der Solozeit.

WECKRUF FÜR PLUTO

- Besuche einen Friedhof und verbringe dort ein bisschen Zeit.
- Welche Wirkung hat der Ort auf dich?
- Wann wurdest du das erste Mal mit dem Tod konfrontiert?
- Falls dir dieses Thema sehr viel Angst macht: Sprich mit deinem Partner, deinen Freunden oder auch Fachleuten darüber.
- Schreibe ein Testament, um herauszufinden, was du hinterlassen willst.
- Angenommen, du hättest nur noch ein Jahr zu leben – was würdest du als Allererstes tun?
- Und jetzt: Was hindert dich daran, es zu tun – auch wenn deine Lebenszeit zum Glück noch viel länger dauert?

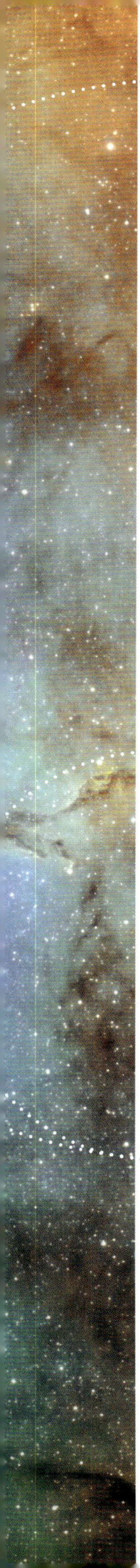

BODYSPIRIT, STERNZEICHEN UND KÖRPER

PLANET UND STERNZEICHEN

Wir können die Planeten als Persönlichkeitsanteile in uns wecken und neugierig schauen, wann sie in unserem »normalen« Leben aktiv sind. Ganzheitlich zu leben bedeutet, jeden unserer Anteile zu leben oder die Verbindung zwischen Körper, Symptomen und der Natur wiederherzustellen.

Krankheit entsteht durch ein Ungleichgewicht. Gedanken und Gefühle stehen im permanenten biochemischen Austausch. Alles, was in und um uns herum vorgeht, ist verbunden – unser emotionales, spirituelles, psychisches und physisches Sein. Ein Symptom fordert uns auf, der inneren Stimme zu lauschen. Es gibt Anteile in uns, mit denen wir uns mehr identifizieren können als mit anderen. Einige Züge sind daher stark ausgeprägt und werden entfaltet, während sich andere über den Körper melden, etwa durch Erkrankungen.

Zu jedem Sternzeichen gehört ein Planet. In diesem Kapitel geht es darum, die Unterscheidung zwischen Sternzeichen und den Planeten, sprich Persönlichkeitsanteilen, zu erkennen. Das Horoskop mit allen Planeten in den verschiedenen Tierkreiszeichen ist sehr komplex. Bei der Erstellung eines sogenannten Radix-Horoskops oder Geburtshoroskops brauchen wir Geburtsdatum, -uhrzeit und -ort. Dieses zeigt dann genau Ihren Aszendenten und in welchen Zeichen sich die Planeten aufhalten und wie sie in Verbindung zueinander stehen. Planeten wandern umher, ihr sogenanntes Sternzeichen bedeutet lediglich, dass die Sonne sich im jeweiligen Zeichen aufhält. Alle anderen Planeten können sich in vollkommen unterschiedlichen Zeichen aufhalten. Dies ergibt dann einen bunten Mix, Ihre Matrix, Ihr Horoskop.

Eine Erkrankung ist jedoch deutlich und kann sowohl einem Sternzeichen als auch einem Planeten zugeordnet werden. Um Anregungen und Übungen auf geistiger, seelischer und körperlicher Ebene zu finden, braucht es »nur« das Symptom und die anschließende Suche nach der Zuordnung. Zum Beispiel:

- Fiebrige Erkältung = Mars/Widder – Durchsetzung, Aggression, Aktivität
- Bronchitis = Merkur/Zwillinge – Kommunikation, Sprache, Information
- Planet = Eigenschaft
- Sternzeichen = Körperregion

ES IST ALLES IN UNS

Lassen Sie sich jetzt nicht verwirren. Wenn wir von unserem Sternzeichen sprechen, bedeutet dies, dass sich die Sonne zum Zeitpunkt der Geburt in dem genannten Tierkreiszeichen befand. In Ihrem Horoskop sind jedoch alle zehn Planeten als Persönlichkeitsanteile präsent (siehe voriges Kapitel). Diese zehn Planeten befinden sich jedoch (auch bei Ihnen) in verschiedenen Tierkreiszeichen. In unserem Leben stellt die Sonne das Kernstück dar, von dem aus wir agieren.

DIE SONNE IM HOROSKOP – ANMERKUNGEN ZUM ZENTRALGESTIRN

Um die Sonne als Fixstern und Zentralgestirn kreist alles. Wir kreisen auch um uns, um unsere Bedürfnisse, Wünsche, Pläne, Ziele, Lebensart, unser Aussehen, um unser Befinden und vieles mehr. Die Sonne ist der Punkt, von dem aus alles Weitere geschieht. Stellen wir uns das Universum ohne die Sonne vor, so wird klar, dass es kein Universum mehr gäbe.

Astromedizinisch symbolisiert das Herz unsere Sonne und die Sonne das Herz. Ihr Auftrag ist es, zu strahlen. Unser Auftrag ist es, uns und unsere Potenziale zu entfalten.

Häufig leben Menschen an ihrem inneren Selbst, ihrer Sonne, vorbei. Doch wenn das Zentralgestirn nicht strahlen kann, fallen alle anderen Anteile auch etwas dunkler aus. Das innere Gefühl, nicht richtig zu sein, führt in eine endlose Schleife des Suchens und des Vergleichens mit anderen. Zufriedenheit ist dann schwer zu erreichen, Ersatzbefriedigungen werden gesucht.

Sonne bedeutet Identität. Ich bin. Was ich damit sagen will, ist dies: Die Sonne im Horoskop will strahlen. Egal, in welchem Zeichen sie sich befindet. Es ist so, als würde man genau in diesem Sternzeichen das Licht anknipsen, damit all die mitgebrachten Potenziale leichter zu finden und zu entfalten sind.

Je nachdem, in welcher Gesellschaft wir leben, erhalten wir für ein bestimmtes Auftreten oder eine bestimmte Leistung Anerkennung oder Missgunst. In unserer Gesellschaft zum Beispiel wollen alle erfolgreich sein, doch bei vielen von uns führt genau dies zu einer Stresssituation, die wiederum Krankheit erzeugt.

Um uns in unserer Welt zurechtzufinden, brauchen wir einen Ankerpunkt, von dem aus wir agieren. Jedes Sternzeichen bringt seine eigenen Attribute mit. Und somit auch wir, weil sich unser Ich in diesem Tierkreiszeichen befindet.

In der Natur gedeihen dank der Sonne die Pflanzen. Selbst wenn wir unermüdlich den Acker bestellen – ohne Sonne kann nichts gedeihen. Solange wir unsere Sonne nicht strahlen lassen, kann sich nichts entfalten. Falls doch, dann nur durch erhöhte Anstrengung, oft auch viel Angst, jede Menge Nebenwirkungen und zu guter Letzt auch noch ohne Genuss über das, was wir erschaffen haben.

Herzerkrankungen, in welcher Form auch immer, haben immer mit Herzensangelegenheiten zu tun und nicht zuletzt mit der Identität. In der Umgangssprache erwähnen wir das Herz sehr oft:

- Das ist mir zu Herzen gegangen.
- Das Herz ist ihm in die Hose gerutscht.
- Wir haben Menschen im Herzen.
- Uns liegt etwas am Herzen.
- Sie ist herzlich.

Natürlich zählen bei Herzerkrankungen auch genetische Dispositionen. In diesem Fall handelt es sich um ein Herzthema unserer Vorfahren, das ungelöst blieb.

Das Herz steht in enger Verbindung zur Liebe. Doch wie sollen wir jemanden lieben, der nichts oder nur wenig von sich zeigt? Von dem unklar bleibt, wer er ist? Der sich vielleicht mit Attributen ausstattet, die ihm nicht wirklich entsprechen?

Um dem Herzen und der Liebe näherzukommen, um ein starkes Herz zu haben, brauchen wir Zugang zu uns selbst. Der nächste Schritt ist die Selbstliebe. Astrologie ist ein guter und ehrlicher Wegweiser, um zu diesem Kernstück vorzudringen.

Deshalb bin ich auch eine Befürworterin der »reinen« Sonnenastrologie, wie wir sie aus den Medien kennen. Im Kernstück sind beispielsweise Steinböcke, Stiere oder Widder gleich. Die Bedingungen, die jedes Sternzeichen vorfindet, sind jedoch ganz unterschiedlich: die Aszendenten sowie Planeten in den verschiedenen Zeichen. Doch

ÜBUNG: SONNE FINDEN

- Schreiben Sie fünf positive Sätze, alle beginnend mit den Worten: Ich bin …
- Jetzt lesen Sie sich alles noch einmal durch.
- Korrigieren Sie eventuell.
- Gehen Sie vom Jetzt-Zustand aus.
- Herzlichen Glückwunsch! Hier sind schon fünf Anhaltspunkte, mit denen Sie Ihrer Sonne und damit Ihrem eigenen Ich näherkommen können.
- Gehen Sie die fünf Sätze noch mal durch und überprüfen Sie, ob das eher andere von Ihnen sagen (dann bitte streichen) oder Sie selbst. Falls es nun weniger Punkte sind, beginnen Sie von vorne. Nicht lange überlegen.

es findet sich ein gemeinsamer Nenner beim gemeinsamen »Sternzeichen«, der da heißt: Ich, Selbst, Identität.

Die Sonne will unentwegt strahlen, egal wo sie steht. Depressionserkrankungen werden häufig von einem Zustand der inneren Dunkelheit und Leere begleitet. Falsche Identifikationen oder übernommene, nicht zu uns passende Rollenmuster können wesentlich zu einem unguten Zustand beitragen. Deshalb ergibt das Generalisieren der Erkennungsmerkmale eines Zeichens durchaus Sinn. Denn es bietet den Wegweiser zu uns, es ebnet den Weg zu mehr Wohlbefinden und zu unserem Kernstück, das uns Halt und Sicherheit gibt sowie die Gesundheit fördert.

Ein bestimmter Lebenswandel, der unser Herz und unsere Gesundheit schwächt, kann erschwerend dazukommen. Es steht außer Frage, dass zum Beispiel ein starker Raucher ein erhöhtes Herzinfarkt-Risiko hat. Doch die Frage ist: »Was führt ihn dazu, so stark zu rauchen?« Je stärker unsere Identitätsebene ist, je tiefer wir bei uns ankommen und wissen, wer wir sind, desto weniger empfänglich sind wir für alles, was uns davon abbringt, wir selbst zu sein.

Sobald wir uns einem anderen Wissen öffnen, uns ganzheitlicher betrachten, spiritueller unterwegs sind, begegnen wir oft dem Hinweis: »Ego bitte draußen lassen.« Doch bevor wir etwas loslassen, aufgeben oder transformieren können, ist es hilfreich, es zunächst zu kennen. Lassen Sie uns der Klarheit zuliebe kurz ein paar Begriffe differenzieren:

Identität: Um zu wissen, wer wir sind, brauchen wir Orientierung. Die Identität beschreibt unser Selbstbild, das wir uns im Lauf der Zeit zimmern. Wir identifizieren uns mit einem Beruf, Partnerstatus, Land, Kontinent oder mit Tätigkeiten, um unser Ichbewusstsein zu festigen. Für mich sind das zum Beispiel: Astrologin, Mutter, Deutsche, Reisende, Yogalehrerin ...

Ich: Kinder verstehen und verwenden erst relativ spät den Begriff »ich«. Sie nennen sich in ihrer Sprachentwicklung eine ganze Zeit mit ihrem eigenen Namen. Sie reden also von sich selbst in der dritten Person. Astrologisch kommt das Sonnenzeichen erst zur Entfaltung, wenn wir das Ich als Beschreibung hinzufügen. »Ich« beschreibt die eigene Person in allen Dimensionen: sowohl in der Vergangenheit als auch in der Zukunft. Bezüglich der eigenen Charaktereigenschaften, Tätigkeiten, Gefühle, Zustände, Wünsche, Pläne, dem Empfinden und vielem mehr. Das Ich wird sehr wesentlich von den Beurteilungen des Du, also der anderen Menschen, beeinflusst. In dem Moment, in dem ein Kind von »Ich« spricht, reden wir Astrologen von der Ausbildung der Sonne in einem Horoskop.

Ego: Das lateinische Wort für »Ich« ist allgemein negativ besetzt. Es wird meist in Verbindung mit Narzissmus, also Ichbezogenheit, genannt. Es gilt, zwischen gesundem Egoismus, Narzissmus und der krankhaften Ichbezogenheit zu unterscheiden. In der Astrologie und Esoterik ist das Ego sowohl mit dem dritten Chakra (Wille, Durchsetzung; Seite 165), als auch mit der Identifikation des Ichs (Denken, René Descartes: »Ich denke – also bin ich«) gleichzusetzen.

Selbst: Das Selbst ist das, was uns in Stille und Unabhängigkeit begegnet – ohne Identifikationen und Ichbezogenheit. Vor allem durch den spirituellen Lehrer Eckhart Tolle und auch durch die Yogaphilosophie bekam der Begriff in den letzten Jahrzehnten eine neue Bedeutung. Das Selbst braucht kein Denken mehr, keinen Spiegel. Es zeigt sich, wenn wir im Zustand vom Jetzt ankommen. Das Selbst steht dann in Verbindung zum sogenannten »Core«-Zustand: in Ruhe sein. In Frieden. Frei von Anhaftungen an das, was wir mögen, und das, was wir nicht mögen. Der Zustand des reinen Seins, wie es unter anderem auch die Buddhisten beschreiben. Zeitlos.

ASTROZEN – STERNZEICHEN, KÖRPERÜBUNG UND KÖRPERREGION

In diesem Kapitel geht es um die Sternzeichen, ihre Eigenschaften und darum, wie Sie sie durch AstroZEN stärken können. AstroZEN ist meine Wort-Erfindung. Dahinter verbirgt sich die Verbindung zwischen Yoga und Astrologie, die Verbindung von Kosmos und Körper. In der Astromedizin werden die Körperregionen und Organe verschiedenen Sternzeichen zugeordnet.

Asanas und Pranayama, die Körper- und Atemübungen aus dem Yoga, bewirken Unterschiedliches beim Übenden. Deshalb begann ich, die Yogastunden mit den verschiedenen astrologischen Phasen zu kombinieren: Vollmond, Neumond, dem Stand der Planeten, mit den Jahreszeiten oder den astrologischen Themen, um die es gerade geht. Bei den Übungen beziehe ich auch die Meridiane mit ein.

Es gibt zehn Hauptmeridianlinien, die den Organen zugeordnet werden (siehe Illustration nächste Seite). Meridiane beschreiben die Leitbahnen im Körper. In der traditionellen chinesischen Medizin (TCM) sind sie für die Akupunktur entscheidend sowie für den Energiefluss. In der Astromedizin können wir sie wiederum bestimmten Sternzeichen zuordnen.

Beim AstroZEN arbeiten wir selten therapeutisch an der erkrankten Stelle. Sobald Sie merken, dass sich eine Übung nicht gut anfühlt, versuchen Sie es mit einer anderen. Stärken Sie das, was sich gut anfühlt, und kehren Sie dann mit dieser Energie in die betroffene Region zurück. Bleiben Sie nicht in Ihrer Komfortzone, wo Sie alles gut kennen, sprich: Belassen Sie nicht alles beim Alten. Beschäftigen Sie sich ruhig mit allen Übungen. Wie bereits erwähnt, können sich Planeten auch in einem anderen Tierkreiszeichen befinden als in Ihrem Sternzeichen. Denken Sie daran: In uns ist alles vorhanden, falls Sie zum Beispiel unter Eisenmangel leiden, bedeutet dies eine geschwächte Widderenergie, sodass Sie anhand der entsprechenden Übungen oder anhand des Beschwerden-Registers (ab Seite 121) wieder mehr Widderkraft in Ihren Organismus integrieren können. Oder anhand der vorgeschlagenen Mittel.

Die Mythologien zu den Sternzeichen sind spannend und bieten zahlreiche Analogien zu Ihrem jetzigen Leben, Ihrer Situation und Ihrer Gesundheit. Überlieferte Mythen bilden seit Urzeiten bestimmte kulturelle Muster ab, anhand derer wir uns in dieser immer komplexer werdenden Welt zurechtfinden können.

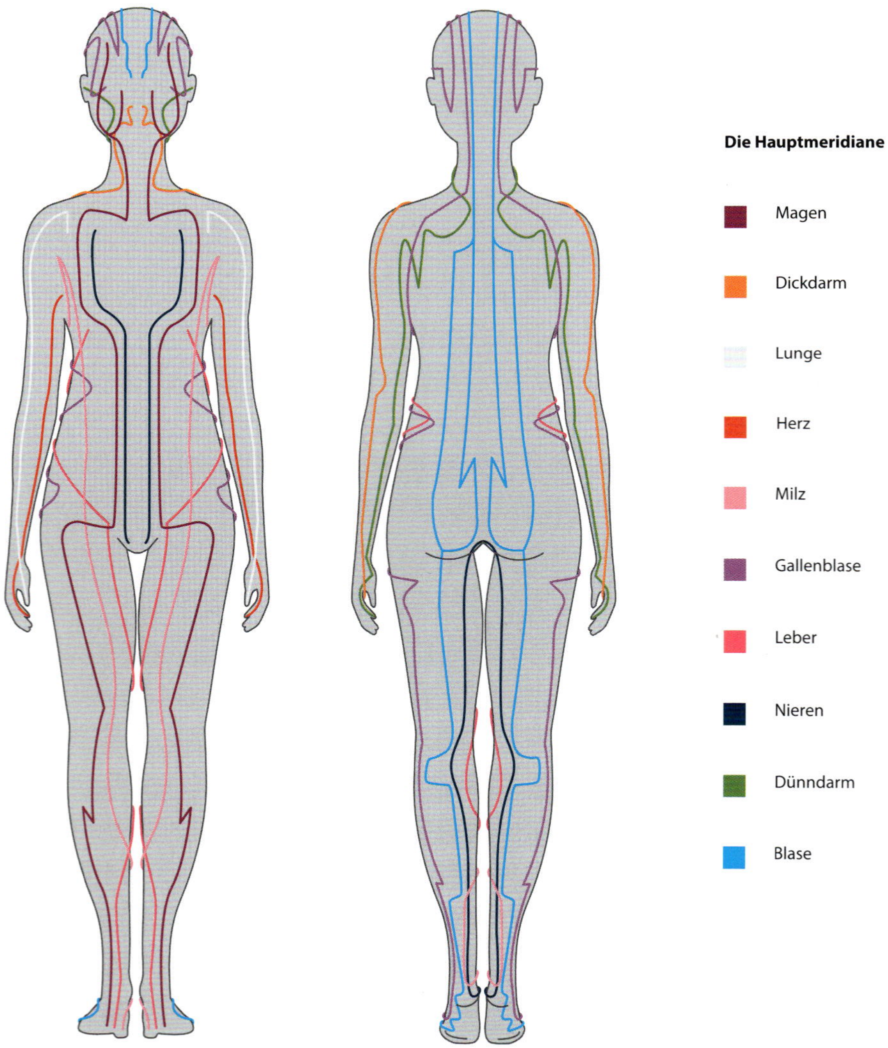

Widder – Anfang und Neubeginn ♈

Planet:	Mars
Element:	Feuer
Motto:	So einfach wie möglich
Körperregion:	Kopf, Muskeln, Mund, Ohren, Nase, Augen, Schädel und Gesichtsknochen
Organe:	Galle

Der Tierkreis beginnt beim Sternzeichen Widder. Dazu gehört Mars, der unter anderem für unseren inneren Anteil an Schaffenskraft steht. Feuer ist sein Element.

Wenn der Boden noch hart gefroren ist, arbeitet sich die erste Blüte durch den Frost und kündigt den Frühling an: Ein gutes Symbol für die Kraft, die Widder mit sich bringt. Mit dem Frühlingsbeginn, um den 21. März, bricht sich diese Kraft Bahn und eine neue Reise durch den Tierkreis beginnt. Diese Urkraft des Neubeginns wohnt in jedem Widder.

Befindet sich die Sonne – das Ich, unser Kernstück – im Zeichen Widder, brauchen wir Neuentdeckungen, Neuanfänge, Initiationen und vor allem Selbstbestimmung. Ein Widder muss laut sein können, sagen dürfen, was er meint, schwitzen, sich verausgaben, antreiben, Impulse geben.

Durchhaltevermögen ist diesem Zeichen jedoch nicht zugeordnet, Stille und Sitzen schon gar nicht. Mit dem Kopf durch die Wand geht der Widder aber nur, wenn er sich eingeschränkt fühlt. Widder ist stets von etwas Aggressivität begleitet, die viele Menschen missverstehen. Wut ist der Treiber von Widder. Er regt sich auf, aber ebenso schnell ab. Einen »echten« Widder sehen und hören Sie sofort. Körperliche »Baustellen« nerven ihn und er versucht, sie so lange heldenhaft zu ignorieren, bis es nicht mehr geht. Langfristige Therapien sind eine große Herausforderung für ihn, denn Tempo ist das, womit er sich identifizieren kann und will. Als Anfangszeichen des Tierkreises umgibt ihn meist ein gewisser Stolz. Den Zauber des Anfangs nimmt er allerdings im Sturm. Das eigene Tempo verhindert häufig Achtsamkeit.

In den Jahren 2011 bis 2018 stand Uranus im Zeichen Widder. In dieser Zeit wurde Widder revolutioniert, das Männerbild reformiert, Heldentum wurde fragwürdig. Doch selten war die Konflikt- und Kriegsbereitschaft so stark wie in dieser Zeit.

Mythologie zu Widder

Das königliche Geschwisterpaar Helle und Phrixos floh vor der »bösen« Stiefmutter auf einem geflügelten goldenen Widder, gesponsert von den Göttern. Helle, die Schwester, rutschte ab, stürzte in die Tiefe und die Meerenge Hellespont entstand.

Ihr Bruder Phrixos schaffte die Flucht, er kam sicher in Kolchis an und opferte, in gegenseitigem Einverständnis, den Widder im Tempel des Zeus. Zu Ehren des Widders wurde sein Sternbild am Himmel verankert. Das Goldene Vlies (das goldene Fell des Widders) wurde im heiligen Hain des Ares von einem nie schlafenden Drachen bewacht. Doch später wurde es geraubt und vielfach umkämpft.

Dieser Mythos enthält vieles von dem, was Widder ausmacht:

- Es ist ein rein männliches Zeichen.
- Schnelligkeit zeichnet ihn aus.
- Unfälle sind keine Seltenheit.
- Wo Widder auftaucht, wird etwas entzündet.
- Er ist mutig.
- Er fühlt sich schnell angegriffen.
- Er braucht Herausforderungen, um sich lebendig zu fühlen.

AstroZEN für Widder

1 IN DEN STAND HINEINFÜHLEN

- Schließen Sie die Augen, die Füße stehen hüftbreit, die Zehen aufgefächert. Das Steißbein geht eher nach innen, richten Sie die Wirbelsäule auf, Ihre Arme leicht auswärts gerichtet. Die Bauchmuskeln etwas anspannen.
- Geben Sie Ihr Gewicht mehr aufs rechte Bein und verweilen kurz, dann aufs linke Bein. Wiederholen Sie das ein paarmal, dann verteilen Sie Ihr Gewicht gleichmäßig auf beide Beine. Spüren Sie, wie Ihre Füße und Beine Halt geben, und verweilen Sie hier mehrere Atemzüge.

2 SPANNUNG – ENTSPANNUNG

✶ Atmen Sie noch tiefer ein, halten Sie den Atem an und spannen Sie alle Muskeln an, auch die im Gesicht. Halten Sie den Atem an, solange es geht.

✶ Atmen Sie durch den Mund aus, lassen die Spannung aus den Muskeln. Nehmen Sie den Unterschied zwischen Spannung und Entspannung bewusst wahr.

✶ Wiederholen Sie die Übung mindestens fünfmal, spüren Sie immer mehr Muskeln.

3 DEHNEN DES GALLENMERIDIANS UND DER LATERALEN FASZIENBAHN

✶ Sie stehen weiter aufrecht. Setzen Sie das rechte Bein vor das linke. Die Füße zeigen nach vorn. Beugen Sie das vordere rechte Bein etwas an. Ihr linkes Bein schiebt nach rechts und Sie stellen den Fuß auf der Außenkante auf. Die Hüfte bleibt geradeaus nach vorn gerichtet.

✶ Strecken Sie beide Arme hoch, greifen Sie mit Ihrer rechten Hand das linke Handgelenk und neigen Sie Ihren Oberkörper nach rechts, sodass eine wohltuende Dehnung in der linken Seite entsteht. Bleiben Sie 8 bis 10 Atemzüge hier. Gehen Sie langsam in die Ausgangsposition zurück und dann wechseln Sie die Seite.

4–5 DYNAMIK UND MUSKEL-KRÄFTIGUNG

* Sie stehen aufrecht mit den Füßen nebeneinander.
* Gehen Sie leicht in die Hocke. Dabei stellen Sie sich vor, Sie hätten ein Gewicht am Po, das Sie etwas nach unten zieht. Achten Sie darauf, dass Ihre Knie nicht über die Zehen hinausgehen, die Zehen sind, von oben aus, zu sehen.
* Strecken Sie die Arme nach oben und bleiben Sie in der Hocke.
* Setzen Sie mit der Ausatmung das linke Bein nach hinten. Den linken Arm strecken Sie parallel dazu nach hinten.
* Mit der Einatmung kommen Sie in die Ausgangshaltung, Hocke, beide Arme nach oben gestreckt, wieder nach vorne.
* Atmen Sie ein, wechseln Sie die Seite.
* Lassen Sie eine Dynamik entstehen, einatmen vorne, Arme hoch, ausatmen Bein und Arm nach hinten.
* 10-mal auf jeder Seite.

Stier – Stabilität und Kontinuität ♉

Planet:	Venus
Element:	Erde
Motto:	Annehmen, was ist
Körperregion:	Hals (inklusive Speiseröhre), Nacken
Organe:	Haut, Schilddrüse, Kehlkopf, Mandeln

Stier repräsentiert im Tierkreis das zweite Zeichen. Stier festigt, was Widder eroberte. Der dazugehörige Planet ist die Venus. Stier gehört zum Element Erde und symbolisiert den Körper, unsere Gestalt, das, was wir haben – schon in dem Augenblick, wenn wir auf der Erde ankommen. »Sein und Haben« sind eins seiner Kennzeichen.

In einer immer schneller werdenden Welt steht Stier für das bleibende, bewahrende und schützende Element. Das hat fälschlicherweise dazu geführt, den Stier als träge Couch-Potato darzustellen, was vollkommen unsinnig ist.

Die Stärke eines Stiers liegt in seiner Sinnlichkeit und Beharrlichkeit, sprich Ausdauer, bisweilen auch in der Fähigkeit, etwas auszusitzen. Eine Qualität, die unserer Erde und unserer Gesundheit wirklich guttun kann. Muße ist eines der Kennzeichen dieses Zeichens.

Jedem Stier wohnt das Grundbedürfnis nach Sicherheit inne. Wenn sich die Sonne, das Ich, im Zeichen Stier befindet, brauchen wir Stabilität und sind auch in der Lage, diese zu schaffen. Bei zu viel Unsicherheit und Unklarheit gerät Stier aus der Balance.

Venus symbolisiert eine friedliche und wertschätzende Energie. Stier hat im Tierkreis den Job, das zu manifestieren, was da ist. Sich im Körper zu Hause zu fühlen, die Sinne den sinnlichen Freuden zur Verfügung zu stellen. Denn ginge es nach Stier: Nur dafür sind sie da.

Stier tritt in den sinnlichen Kontakt mit der Welt, die ihn umgibt. Deshalb ist es für stierbetonte Menschen besonders wichtig, in Körperkontakt zu sein. Berührung wird zur heilenden Erfahrung. Stier ist ein lustbetontes Zeichen, diese Lust will gelebt sein. Bewahren und schützen sind seine Markenzeichen.

Als zweites Zeichen des Tierkreises bringt er eine gewisse Einfachheit mit. Sind die Grundbedürfnisse befriedigt, stellt sich leicht Zufriedenheit ein. Hier berühren wir den Bereich des Körpers. Heilung über den

Körper ist für Stier der einfachste Weg, um gesund zu werden. Stier steht für *back to the roots,* Wurzeln schlagen, Naturliebe und Achtsamkeit.

Im Jahr 2018 beginnt Planet Uranus seine Reise durch das Zeichen Stier, die bis 2026 dauern wird. Wir dürfen gespannt sein, welche Auswirkungen dies auf unsere Grundbedürfnisse haben wird. Unter Uranuseinflüssen wird reformiert, technologisiert und revolutioniert. Körperbewusstsein, Nahrungsversorgung, Ländergrenzen und Landbesitz, Agrarwirtschaft, unsere Ressourcen und die Rolle der Frau in der Gesellschaft werden unter diesem Einfluss große Veränderungen erfahren.

Mythologie zu Stier

Das Sternbild Stier gehört zu den ältesten und sehr beliebten Sternbildern der Antike. Zahlreich sind die Geschichten rund um Stier. Ein Beispiel: Zeus, das Oberhaupt der Götter, verwandelte sich in einen schönen weißen Stier, weil er die phönizische Prinzessin Europa verehrte. Als sie ihn als Reittier »bestieg«, floh er mit ihr nach Kreta. Dort angekommen, verwandelte er sich zurück und sie wurde seine Geliebte. Die Geschichte geht jedoch weiter. Denn bei einem der Söhne dieser Verbindung, Minos, wiederholte sich die Geschichte. Seine Frau verliebte sich wiederum in einen Stier, der eigentlich eine Opfergabe für Poseidon sein sollte. Es kam, nicht ohne Hilfsmittel, zum lustvollen Austausch zwischen Stier und Frau und heraus kam das Mischwesen, der Minotaurus: ein Ungeheuer, das Menschen verschlang und deshalb in einem Labyrinth untergebracht wurde, sodass die Menschen geschützt waren.

Eine wichtige Rolle in dieser Geschichte spielt der Handwerker Daidalos. Er erschuf zuerst eine Kuh, damit sich Minos' Frau mit dem Stier vereinigen konnte, später dann das Labyrinth, womit der Minotaurus in Sicherheitsverwahrung ging.

Dieser Mythos enthält vieles von dem, was Stier ausmacht:

- Die Lust an Sexualität.
- Besitzen wollen, was einem lieb ist.
- Praktisches Geschick, um Unmögliches möglich werden zu lassen.
- Lustbetontheit bei allem, was er unternimmt.
- Erotische Verführbarkeit.
- Zuverlässiges Behüten und Bewahren, auch wenn es gefährlich wird.

AstroZEN für Stier

1 DEHNUNG DER HALSMUSKULATUR

✶ Strecken Sie den rechten Arm nach oben, greifen Sie mit der Einatmung über den Kopf das linke Ohr.

✶ Neigen Sie mit wenig Druck den Kopf nach rechts.

✶ Der linke Arm spreizt sich währenddessen seitlich nach unten, mit der Handfläche Richtung Boden. Die Augen bleiben offen. Nur der Kopf neigt sich, der Oberkörper bleibt aufrecht.

✶ Nehmen Sie mehrere ruhige Atemzüge, lösen Sie langsam alles auf, richten Sie den Kopf gerade.

✶ Wechseln Sie die Seite.

2–3 DYNAMIK FÜR KOPF, HALS, OBERKÖRPER

✶ Sie stehen aufrecht. Die Hände hinter dem Nacken und Hinterkopf verschränken. Tief einatmen, dehnen Sie Oberkörper und Kopf nach hinten. Die Ellbogen ziehen nach hinten unten, der Po ist fest; nicht aus der Lendenwirbelsäule arbeiten.

✶ Spüren Sie in die Aufdehnung mit ein paar Atemzügen.

✶ Bringen Sie dann die Ellbogen vor dem Kopf zusammen. Langsam und achtsam neigen Sie das Kinn Richtung Brustbein. Mit jeder Ausatmung beugen Sie sich aus der Brustwirbelsäule mehr nach vorne.

✶ Spüren Sie nun die Dehnung auf der Rückseite des Körpers. Verweilen Sie dort eine Weile und richten Sie sich Wirbel für Wirbel langsam wieder auf.

4–5 MOBILISATION DER WIRBELSÄULE I

- Gehen Sie in den Vierfüßlerstand (Hände unter den Schultern, Knie unter der Hüfte, Rücken gerade).
- Beginnen Sie langsam, Ihr Becken zu kreisen, möglichst nur das Becken. Ihre Arme bleiben gestreckt, Knie, Füße und Hüftgelenke bleiben jeweils in einer Linie.
- Kreisen Sie synchron mit Ihrem Atem, 10-mal nach rechts und 10-mal nach links.

6–7 MOBILISATION DER WIRBELSÄULE II

- Sie befinden sich wieder im Vierfüßlerstand. Die Unterschenkel sind parallel. Dann heben Sie die Unterschenkel ab und beginnen diese nach rechts und links zu schwingen. Die Arme bleiben gestreckt, die Hände sind fest im Boden verankert. Wenn die Unterschenkel nach rechts gehen, schauen Sie über die rechte Schulter zu Ihren Füßen. Wenn die Unterschenkel nach links gehen, schauen Sie über die linke Schulter zu Ihren Füßen. Lassen Sie den Atem mit den Bewegungen gehen.
- Achten Sie darauf, Ihre Unterschenkel nicht mit Schwung hin- und herzuschleudern, sondern wirklich zu führen. Einatmen rechts, ausatmen links. Schwingen Sie so lange, bis Sie eine Mobilisation in der Wirbelsäule spüren.

Zwillinge – Offenheit und Flexibilität ♊

Planet:	Merkur
Element:	Luft
Motto:	Ich denke, also bin ich
Körperregion:	Arme, Beine, Brustkorb, Schultern, Rippen, Zwerchfell
Organe:	Lunge und Atemwege

Zu Zwillingen, dem dritten Zeichen im Tierkreis, gehört das Element Luft. Das Zeichen ist für Bewegung und Geist zuständig, sein zugehöriger Planet ist Merkur. Bewegung ist das Lebenselixier für Zwillinge und Merkur, sowohl geistig als auch physisch.

Einem Zwillinge-Menschen fällt es oft schwer, sich auf eine Sache zu fokussieren. Neugier ist eine wichtige Charaktereigenschaft und macht ihn offen für die Vielfalt. Zwillinge braucht das Spiel mit verschiedenen Optionen. Dank seiner Flexibilität reagiert er meist schnell und mutig. Seine Auffassungsgabe ist groß. Seine Neugier wird meist als Unruhe gedeutet. Zwingt man einen Zwillinge-Menschen zu Ruhe und Bewegungslosigkeit, schneidet man ihn von seinem natürlichen Lebensfluss ab.

Mit der Sonne im Zwillinge-Zeichen bringt der Mensch ein großes Bedürfnis nach Lernen mit. Seine Entdeckerfreude ist groß, Begabungen und Talente sind vielseitig. Seine Aufmerksamkeit wird schnell abgelenkt. Doch dank der schnellen Auffassungsgabe zeigt sich, was ihm liegt, was er kann und an speziellen Fähigkeiten mitbringt. Oft ist ihm, auch in anstrengenden Situationen, ein mitreißender Humor zu eigen. Da diese Menschen über vielfältige Möglichkeiten der Kontaktaufnahme verfügen, entwickeln Sie häufig einen ausgesprochenen Charme, der die unterschiedlichsten Bekanntschaften mit sich bringt.

Über Krankheiten und Beschwerden verliert ein Zwillinge-Mensch kaum Worte. So etwas ist ihm nicht der Rede wert. Problematische Inhalte werden vermieden und gerne wird von sich selber abgelenkt. Zwillinge verfolgt der schlechte Ruf der Oberflächlichkeit. Das kränkt ihn sehr, denn an Tiefe fehlt es Zwillinge nicht. Es ist nicht sein kosmischer Job, tief zu schürfen und zu analysieren, sondern aus verschiedenen Richtungen zu schauen und verschiedene Perspektiven wertfrei aufzuzeigen.

Kommunikation spielt in unserem Leben und in Bezug auf Gesundheit eine herausragende Rolle. Deshalb gilt diesem Zeichen hier auch eine besondere Aufmerksamkeit, zumal Zwillinge in vielen astrologischen Beschreibungen wenig erfasst wird.

Planet Merkur gehört sowohl zum Zeichen Zwillinge als auch zum Zeichen Jungfrau. Merkur/Hermes hat viele verschiedene Gesichter: In Zwillinge repräsentiert er die Stärke der Intelligenz, des Lernens, der Information, von Humor, Witz, Schnelligkeit und Flexibilität.

Mythologie zu Zwillinge

Kastor und Pollux waren ein unzertrennliches Zwillingspaar. Ihre Geschicklichkeit zeigte sich auch beim Kampf oder bei der Jagd. Das Ungewöhnliche dieser beiden Geschwister der Leda: Pollux war unsterblich, Kastor sterblich, weil sie laut Mythologie trotz ihrer Zwillingsgeburt von verschiedenen Vätern abstammten. Als sie, verbotenerweise, die Töchter des Leukippos entführen, weil sie diese begehren, kommt es zu einem Kampf, bei dem Kastor getötet wird und Pollux verletzt. Göttervater Zeus nimmt Pollux auf. Seine Liebe zu seinem Bruder ist so groß, dass er Zeus vorschlägt die Unsterblichkeit zu teilen. Er willigt ein, weshalb die beiden fortan ein halbes Jahr im Hades leben können, dem Totenreich, und das andere halbe Jahr wieder vereint lebendig auf der Erde.

Dieser Mythos enthält vieles von dem, was Zwillinge ausmacht:

- Vielseitige Begabungen.
- Verbote nicht so wichtig nehmen.
- Die Lust an Gemeinschaft.
- Jugendliche Energie.
- Sportliche Kraft.
- Eroberungslust und Regelbruch.
- Die eigene Tiefe nicht zeigen.
- Verbindung von Gegensätzen.
- Gute und hilfreiche Verbindungen knüpfen.
- Vielschichtigkeit der eigenen Persönlichkeit.

AstroZEN für Zwillinge

1–3 MOBILITÄT ERZEUGEN

✶ Ihre Füße stehen hüftbreit auseinander, Sie stehen aufrecht und spüren in Ihre Schultern hinein. Atmen Sie ein, ziehen Sie Ihre Schultern hoch Richtung Ohren, halten Sie den Atem für einen Moment an und lassen Sie dann mit der Ausatmung die Schultern fallen. 5-mal wiederholen.

✶ Anschließend beginnen Sie den rechten Arm zu kreisen, ziehen Sie weite Kreise und lassen Sie den Atem mit der Bewegung korrespondieren. Führen Sie den Arm beim Kreisen, nicht fallen lassen! 10-mal vorwärts, 10-mal rückwärts.

✶ Anschließend den linken Arm in der gleichen Art kreisen.

✶ Probieren Sie nun, den rechten Arm nach vorne und den linken Arm nach hinten zu kreisen und auch andersherum.

4 LUNGENMERIDIAN ANREGEN

✶ Gehen Sie in einen Ausfallschritt nach rechts, die Füße sind geradeaus gerichtet, Hüfte zeigt nach vorne, hintere Ferse bleibt oben, das hintere Bein ist gestreckt. Je mobiler Sie sind, desto tiefer gehen Sie in den Ausfallschritt, maximal 90 Grad. Ihr Po weicht nicht zur Seite aus. Beide Hüften zeigen nach vorne. Ihr Oberkörper ist aufrecht und Sie verschränken die Hände hinter dem Rücken, die Daumen drehen einwärts. Ziehen Sie die Hände weg vom Po. Arme gestreckt, Schultern rotieren nach hinten unten. Atmen Sie tief ein, wölben Sie Ihren Brustkorb und dann verneigen Sie sich über das vordere gebeugte Bein und halten die Balance. Ihr Gewicht bleibt auf dem vorderen Fuß und den hinteren Fußballen gleichmäßig verteilt, Schultern ziehen weiterhin weg von den Ohren. Die Arme nach hinten strecken. Nehmen Sie hier ein paar Atemzüge und richten Sie sich langsam und gleichmäßig wieder auf. Wechseln Sie die Seite. Hier wird der Lungenmeridian aktiviert.

5 DYNAMISCHE DEHNUNG

✶ Aus dem Vierfüßlerstand heraus strecken Sie Ihr linkes Bein waagerecht nach hinten, auf Oberkörperhöhe. Dann öffnen Sie die Hüfte und stellen Ihren linken Fuß in einer Linie mit dem rechten Knie gestreckt zum Boden ab. Hinterer Fuß ist parallel zur hinteren Mattenkante. Die Fußaußenkante drückt fest in den Boden. Gewinnen Sie Balance.

✶ Strecken Sie den linken Arm hoch, beide Arme in einer Linie. Schauen Sie zur linken Hand. Atmen Sie 8 Atemzüge in die Dehnung hinein, langsam in die Ausgangsstellung zurück und die Seite wechseln.

6–7 MOBILISATION DER SCHULTERN

✶ Legen Sie sich entspannt auf dem Rücken ab. Beugen Sie die Beine und stellen Sie Ihre Füße parallel zu den Hüften, nah am Po, auf.

✶ Mit der Einatmung heben Sie Po und Brustkorb vom Boden ab, Schultern und Kopf bleiben liegen. Gleichzeitig strecken Sie Ihre Arme nach hinten und legen Sie, sofern möglich, am Boden neben den Ohren ab. Mit der Ausatmung alles zurück. Arme neben den Körper, Po und Brustkorb ablegen. 10 Wiederholungen.

Krebs – Seele und Gefühl ♋

Planet:	Mond
Element:	Wasser
Motto:	Ich fühle, also bin ich
Körperregion:	Bauch, Brust
Organe:	Gebärmutter, Eileiter und Eierstöcke, Magen, Fasziengewebe, Bindegewebe, Bauchfell, Drüsen

Mit dem Krebs erreichen wir die tiefste Stelle im Horoskop, denn im Tierkreis ist Krebs unten angesiedelt. So repräsentiert er auch das Unbewusste. Es ist Sommersonnenwende. Krebs steht für Seele, Heimat, die Gefühlswelt, das in uns Schlummernde. Zugehöriges Element ist Wasser, der Planet ist der Mond. Er hat in der deutschen Sprache den männlichen Artikel: Dabei gibt es neben Venus wohl kaum ein Himmelsgestirn, das die Weiblichkeit, die Emotionen, alles Lunare und Wechselhafte stärker symbolisiert als der Mond.

Krebs symbolisiert unser Elternhaus. Krebs-Menschen gelten oft als entscheidungsschwach, was falsch ist. Da das Lunare sie antreibt, sind sie wechselhaft, besonders in jungen Jahren. Empfindsamkeit gehört zu ihnen, und so finden sich unter Krebs-Geborenen viele HSP-Menschen *(Highly Sensitive Person)*. Von Krebs-Geborenen kann man Empathie lernen. Seine Stärke liegt darin, dass er sich dem Strom des Lebens hingibt und im Flow bleibt. Seine stärkste Kraft ist die der Seele, deshalb braucht er oft Auszeiten, um zu reflektieren, nachzuspüren und auszuruhen.

Wenn die Sonne, das Ich, im Zeichen Krebs steht, brauchen wir das Gefühl, im Fluss zu sein, sowie die Möglichkeit, Gefühle auszudrücken. Ein vertrautes Umfeld, das Gefühl von Heimat, Familie und eines Schutzraums ist dann wichtig. Sobald sich ein Krebs-Mensch heimisch fühlt, findet er seine Kraft. Emotionen auszuleben und sich mit all diesen angenommen zu fühlen ist ein wichtiger Baustein für die Heilung. Außerdem brauchen Krebse das Gefühl, geliebt zu werden – mehr als andere. Ab und zu umsorgt und aufgefangen zu werden ist wichtig für ihr gutes Grundgefühl.

Krebs-Menschen sind Zeitreisende: Sie sind stark mit der Vergangenheit und den damit verknüpften Gefühlen verbunden und finden sich bisweilen nicht gut zurecht beim Trennen von Vergangenheit, Gegenwart und Zukunft. So kann ein Wort, Geruch oder Bild in ihnen alte Erfahrungen neu aufleben lassen. Es bedeutet Heilung, diese Menschen mehr ins Jetzt zu bringen, und ihnen die Möglichkeit zu geben, mit Altem Frieden zu schließen. Krebs-Menschen heilen über Fantasie und Gefühle, sie brauchen ihre eigene Welt. Herauszufinden, was einen wirklich nährt, ist ein Aspekt des Zeichen Krebs.

In vielen Therapieformen spielen das innere Kind bzw. die kindlichen Anteile der Persönlichkeit eine große Rolle. So auch für Krebs-Menschen, denn mehr als bei jedem anderen Zeichen stehen die kindlichen Prägungen und Erlebnisse bei all ihrem Tun im Vordergrund. Krebs-Menschen brauchen die Natur und den Kontakt zu Mutter Erde, damit sie reifen und wachsen.

Mythologie zu Krebs

Das Sternbild Krebs fällt dadurch auf, dass seine Sterne nie sehr hell leuchten. Es heißt, dies wäre so, weil Krebs seinen Job nicht erfüllt hat. Herakles hatte bei seiner Heldenreise die Aufgabe, das schlangenköpfige Untier Hydra zu töten. Jeder abgeschlagene Kopf wuchs jedoch wieder nach. Ein schwerer Kampf war das also für den Helden. Noch dazu griff die Stiefmutter Hera erschwerend ein: Sie schickte einen Riesenkrebs, um den Helden beim Kampf abzulenken oder sogar zu töten. Herakles schaffte es jedoch, den Krebs zu zertreten, und so wurde er als Sternbild an den Himmel gestellt.

Da der Krebs sein Ziel nicht erreicht hatte, Herakles zu töten, scheint sein Sternbild nur schwach. Herakles gelingt es trotz widriger Umstände, die schlangenköpfige Hydra zu besiegen.

Dieser Mythos enthält vieles von dem, was Krebs ausmacht:

- Familienschwierigkeiten.
- Die nachwachsenden Köpfe der Hydra gleichen unseren Launen und Gefühlen – wechselhaft, unberechenbar und nicht endend.
- Krebs lässt sich einspannen und führen, was ihm nicht wirklich guttut.
- Das heldenhafte männliche Prinzip wehrt sich gegen das lunare weibliche.
- Es gibt immer etwas wiedergutzumachen.
- Krebs lässt sich auf etwas ein, das überraschend ausgeht.
- Er gerät schnell in die Opferrolle.

AstroZEN für Krebs

1 DEHNUNG DER VORDEREN FRONTALLINIE UND DES MAGENMERIDIANS

✶ Sie stehen aufrecht, beide Beine gestreckt. Setzen Sie den linken Fuß zurück, bleiben Sie dabei in der Körperachse. Klappen Sie den Fuß um, sodass er auf dem Fußrücken liegt. Das Bein bleibt relativ gestreckt. Finden Sie die Balance.

✶ Strecken Sie beide Arme hoch, Handflächen zur Decke, Fingerspitzen leicht nach hinten unten. Gehen Sie in eine leichte Rückwärtsbeuge. Nur so weit, dass Sie die Balance behalten. Der Po ist fest! Nicht aus der Lendenwirbelsäule arbeiten.

✶ Dehnen Sie die Körpervorderseite und atmen Sie mehrere Atemzüge in diese Dehnung hinein. Dann den Fuß wechseln.

2–3 DEHNUNG DER VORDEREN SEITE

✶ Setzen Sie sich aufrecht hin, Beine nach vorne ausgestreckt. Die Arme sind neben dem Körper, die Hände etwas nach hinten versetzt. Atmen Sie ein.

✶ Mit der Ausatmung heben Sie Becken und Beine vom Boden ab und versuchen, den Oberkörper möglichst hoch zu bekommen, sodass eine schiefe Ebene entsteht. Spannen Sie dabei Po und Beine fest an. Die Arme bleiben gestreckt.

✶ Falls Ihre Halswirbelsäule gesund ist, nehmen Sie geführt den Kopf nach hinten und versuchen, die Fußsohlen zum Boden zu bekommen. Ein paar Atemzüge verweilen und langsam wieder alles absetzen. Wiederholen Sie die Übung 3-mal.

4 DEHNUNG UND KRÄFTIGUNG

✶ Sie liegen auf dem Bauch. Stellen Sie die Unterarme parallel auf. Die Ellbogen sind unter den Schultern; so kommt der Oberkörper hoch. Die Fußrücken liegen auf und drücken fest in den Boden. Das Brustbein zieht nach vorne. Das Becken berührt den Boden, die Beine sind parallel.

✶ Atmen Sie ein, mit der Ausatmung heben Sie den Körper ein wenig, neigen den Kopf nach unten, ohne ihn hängen zu lassen, und schauen Richtung Nabel. Werden Sie dabei rund in der Brustwirbelsäule. Beine heben, Fußrücken und Unterarme sind fest im Boden verankert.

✶ Bleiben Sie hier ein paar Atemzüge, mit der Einatmung gehen Sie in die Ausgangsstellung zurück. Mehrmals wiederholen.

5 ENTSPANNUNG, LÖSEN, LOSLASSEN

✶ Setzen Sie sich auf die Unterschenkel. Falls der Po nicht auf den Fersen aufsitzt, legen Sie ein Kissen auf die Unterschenkelrückseite. Nun beugen Sie sich nach vorne, legen die Stirn auf dem Boden ab (evtl. auch dies mit Kissen).

✶ Strecken Sie Ihre Arme nach vorne, stellen Sie die Handballen auf, ziehen Sie die Handfläche und Finger zu sich. Nehmen Sie tiefe Atemzüge.

✶ Nicht geeignet bei Knieproblemen!

Löwe – Verwirklichung und Kreativität ♌

Planet:	Sonne
Element:	Feuer
Motto:	Ich bin ich
Körperregion:	Arterien, Brustkorb, Thorax, Rücken
Organe:	Herz

Das fünfte Zeichen im Tierkreis und das zweite Feuerzeichen nach Widder ist Löwe. Löwe ist nicht nur der König der Fauna, sondern auch des Tierkreises, denn die Sonne gehört zu ihm und wirkt in ihm am stärksten. Wer sein Ich in diesem Zeichen hat, verfügt über eine ungeheure Schöpferkraft, die gelebt werden will. Die stärkste Kraft von Löwe ist seine Lebendigkeit und Kreativität. Lust ist sein Treiber und führt zeitweise dazu, dass er vieles erst gar nicht anfängt, weil es ihm zu vernünftig oder langweilig erscheint. In einem Löwe-Menschen pulsiert tatsächlich so etwas wie blaues Blut, deshalb fühlt er sich auch in einem außergewöhnlichen Leben sehr viel wohler als in einem gut funktionierenden.

Löwe symbolisiert das Ich, unsere universelle Kraft. Er braucht Begeisterung und Inspiration, um sich lebendig zu fühlen. So verwundert es nicht, dass Löwe der direkte Draht zum Herzen ist. Herz und Blutkreislauf sowie der Rücken sind die Löwe-Regionen. Da die Sonne in Löwe zuhause ist, kann und will sie hier besonders hell strahlen. Wer strahlt, blendet oder wärmt. In meiner Generation war es nicht willkommen, sich voll auszuleben und mit der eigenen Kraft zu spielen. Es wurde eher dazu aufgefordert, sich bescheiden zurückzunehmen, nicht so laut zu sein, nicht aufzufallen oder Ähnliches. Löwe aber muss sich zeigen und sein eigenes Königreich kreieren – ganz besonders Löwe-Frauen. Dann findet ein Löwe gut in seine Kraft.

Löwe-Menschen wollen ihre Präsenz und Lebenslust ausleben. Das Herz ist ihr Taktgeber. Sie können sich schwer anpassen und Pflichten erfüllen. Löwen neigen zu Übertreibungen, fachen das innere Feuer unentwegt an und verschleudern oft ihre Ressourcen. Das Lustprinzip treibt sie auf Eroberungsfeldzüge, denn das Leben ist für den Löwen eine Eroberungsspielwiese.

Heute wollen viele Löwe sein. Im Internet, der großen Spielwiese der Selbstdarstellung, zeigen wir uns von der glänzendsten Seite. Einerseits kann dies ein gutes

Coaching sein, das uns zur vollen Größe aufrichtet. Andererseits können Scheinidentitäten zum Irrweg werden.

Mythologie zu Löwe

Eine der zwölf Aufgaben des Helden Herakles bestand darin, den Nemeischen Löwen zu besiegen und ihm das Fell abzuziehen. Der Löwe hauste in einer Höhle und galt als unbesiegbar. Sein Fell ließ jede Waffe abprallen, so auch die Pfeile des Herakles. Doch im Zweikampf konnte der Held den Löwen töten. Das Fell ließ sich zunächst nicht abziehen. Nur mit den Krallen des toten Löwen gelang es. Fortan schmückte sich Herakles mit dem Löwenfell, den Löwenkopf benutzte er als Helm und wurde so noch stärker als je zuvor.

Dieser Mythos enthält vieles von dem, was Löwe ausmacht:

- Kräftemessen gehört zum Leben.
- Löwe muss die Erfahrung machen, über sich selbst hinauszuwachsen.
- Animalische Eigenschaften.
- Die Überwindung des Triebhaften.
- Häutungsprozesse bringen den wahren Helden zum Vorschein.
- Prahlerei und Protzerei zeugen von geringer Entwicklung und Entfaltung des Potenzials.
- Der Held begegnet seiner Urkraft, die verwandelt werden will.
- Nach wahren Heldentaten wird die Beute gerne gezeigt.

AstroZEN für Löwe

1 BRUSTKORB AUFDEHNEN

- Sie sind im Vierfüßlerstand. Die Hüfte bleibt in einer Linie mit den Knien. Wandern Sie mit den Händen nach vorne, legen Sie Kopf und Handflächen ab.
- Gehen Sie wieder auf Ihre Handballen und ziehen Sie die Finger zu sich heran.
- Behalten Sie mehrere Atemzüge lang diese Haltung, atmen Sie in die Dehnung des Brustkorbs und der Achselhöhlen.

2–4 DEHNUNG DER SCHULTERN

✶ Sie befinden sich im Vierfüßlerstand. Die Hände schauen nach hinten (über außen nach hinten drehen).

✶ Mit der Einatmung ziehen das Steißbein und der Kopf nach oben, mit der Ausatmung nach unten. Dabei den Nabel mithilfe der Bauchmuskulatur Richtung Wirbelsäule ziehen.

✶ Wenn der Oberkörper rund ist, dehnen Sie zwischen den Schulterblättern die Muskelpartien auf. Wiederholen Sie diese Übung mindestens 10-mal.

2

3

4

5

5–6 LÖWENATMUNG

✶ Sie sitzen auf den Unterschenkeln, Po auf den Fersen. Mit der Einatmung beugen Sie den Kopf Richtung Kinn, halten den Atem kurz an, sammeln sich und knautschen das Gesicht zusammen.

✶ Dann führen Sie mit einer kraftvollen stoßartigen Ausatmung den Kopf wieder schnell nach oben, wölben Ihren Brustkorb nach vorn, halten sich mit den Händen an den Knien fest, strecken die Zunge raus und mit einem lauten »Ah« reißen Sie die Augen weit auf, den Mund ebenso. Wiederholen Sie das Ganze 3-mal.

6

7–8 HERZMERIDIAN

✶ Sie machen einen Ausfallschritt. Das vordere Knie befindet sich im 90-Grad-Winkel, das hintere ist gestreckt. Die hintere Fußaußenkante ist 45 Grad einwärts gedreht und drückt in den Boden.

✶ Breiten Sie Ihre Arme auf Schulterhöhe zur Seite aus. Zunächst ziehen die Arme etwas nach hinten, die Hände klappen nach hinten. Gehen Sie so weit in diese Dehnung, dass Sie diese auf der Brustseite spüren. Nehmen Sie ein paar Atemzüge.

✶ Ohne die Beinstellung zu verändern, lassen Sie die Arme nun in einem großen Bogen nach vorne gehen, als würden Sie einen riesigen Ball umarmen. Die Ellbogen sind auf Schulterhöhe. Die Hände verzahnen sich locker ineinander. Dann neigen Sie den Kopf auf Armhöhe und spüren die Dehnung nun auf der Rückseite des Körpers, im Schulterbereich. Atmen Sie so mehrmals ein und aus.

✶ Dann langsam aufrollen und die Seite wechseln (Beine).

Jungfrau – Ordnung und Analyse ♍

Planet:	Merkur
Element:	Erde
Motto:	Ich erkenne, analysiere, werte aus und füge zusammen
Körperregion:	Mittlere Bauchregion bis Unterbauch, Verdauungstrakt
Organe:	Dünndarm, Bauchspeicheldrüse, Zwölffingerdarm, enterisches Nervensystem

Mit dem Zeichen Jungfrau ist nun der untere Halbkreis des Horoskops vollständig. Jungfrau symbolisiert den Abschluss der sogenannten unteren Hemisphäre, bevor wir mit Waage in die Begegnung und die Welt hineinwandern. Jungfrau gehört zum Element Erde, ihr Planet ist Merkur, dem wir bereits bei Zwillinge begegnet sind. Es passt zur facettenreichen und oft unterschätzten Merkur/Hermes-Qualität, dass sich dieser Planet gleich auf zwei Sternzeichen aufteilt. Jungfrau hat im Tierkreis und im Leben den Job, aufzuräumen. Die eigenen Ressourcen, die im ersten Erdzeichen Stier sichtbar wurden, wollen so geschützt werden, dass sie erhalten bleiben und zur Entfaltung kommen können.

In der Astromedizin spielt das Zeichen Jungfrau für die Gesundheit eine zentrale Rolle. Jungfrau symbolisiert unseren Alltag, die Routine, das Aufräumen: Jungfrau sortiert aus, was zu viel ist, und erinnert daran, was verbessert werden kann. Unter allen alternativen Behandlern – Heilpraktikern, Osteopathen, Yogalehrern, Physiotherapeuten und Co. – finden sich unglaublich viele Menschen mit Jungfrau-Betonung. Jungfrau ist ein Synonym für Gesundheit und Vernunft. Dies mag ein Grund sein, warum sie so häufig als Putz-Liesel und Nörglerin dargestellt wird. Denn in einer Welt, in der es vor allem um Wachstum um jeden Preis geht, sind die Vernunft und der Ressourcenschutz keine verlockende Alternative.

Die Stärken von Jungfrau sind die Genauigkeit und Perfektion. Jungfrau kümmert sich um die Kleinigkeiten, die wir oft übersehen, ist in der Lage, sich in den Dienst zu stellen und sich nützlich zu machen. Wenn die Sonne, das Ich, in diesem Zeichen steht, braucht der Jungfrau-Mensch das Gefühl, gesund zu sein. Menschen mit der Sonne in Jungfrau somatisieren sehr stark, sie bekommen also über den Körper wertvolle Signale. Bisweilen finden Sie über Krankheit den für sie passenden, auch beruflichen, Weg – der meist mit Körper und Gesundheit zu tun hat.

Doch Merkur ist ein geistiger Planet. Durch den ausgeprägten Verstand und die vorherrschende Vernunft neigen die Jungfrau-Menschen oft dazu, lange durchzuhalten und sich zurückzunehmen. Seit 2010 befindet sich Planet Neptun in der Opposition zu Jungfrau, deshalb steht auch dieses Zeichen im Wandel der Zeit.

Jungfrauen brauchen Ordnung in ihrem Seelenleben, deshalb benötigen sie Zeit, um alles ausreichend verarbeiten zu können. Je stärker die Kontrollmechanismen werden, desto mehr nimmt der Perfektionismus zu – und der Stress ebenfalls. Krankheit entsteht häufig dann, wenn wir dauerhaft unsere Grenzen überschreiten. Jungfrau zeigt uns unmissverständlich auf, wann diese erreicht sind. Dennoch – Perfektion ist ein Biest, das uns antreibt und schwer loslassen kann.

Im Zeichen Jungfrau geht es darum, genau herauszufinden, was wir brauchen, um gesund zu sein.

Mythologie zu Jungfrau

Das Sternbild Jungfrau ist das zweitgrößte am Himmel. Unterschiedliche Geschichten, wie bei fast jedem Zeichen, ranken sich darum. Da ich Jungfrau mit der wachsenden Beliebtheit von ökologischer Ernährung und der veganen Bewegung in Verbindung setze, entspricht ihr die Geschichte der Kore, der Persephone, am meisten:

Kore war die Tochter des Zeus und der Fruchtbarkeitsgöttin Demeter. Hades, der Gott der Unterwelt, verliebte sich in sie und raubte sie. In der Unterwelt angekommen, wurde sie seine Frau. Demeter, Mutter Erde, ließ aus Kummer die Erde verdorren. Das konnte dauerhaft nicht so weitergehen, also verhandelten die Gottheiten über Alternativen. Das Resultat: Kore lebte fortan halbjährlich in der Unterwelt, in dieser Zeit ließ Demeter die Erde verdorren und erfrieren – im Winter. Und halbjährlich lebte sie bei ihrer Mutter Demeter – im Sommer. In manchen Erzählungen der Mythologie wurde Kore, später Persephone genannt, von ihrem Vater Zeus geschwängert und danach ignoriert. Sie trauerte und zog deshalb die Aufmerksamkeit von Hades auf sich, der sie in die Unterwelt entführte.

Dieser Mythos enthält vieles von dem, was Jungfrau ausmacht:

- Jungfrau wird oft zum Spielball anderer Hauptakteure.
- Sie springt in den verschiedenen Welten umher. Sie weiß um die Sonnen- und Schattenseiten des Lebens, was ihr große therapeutische Fähigkeiten beschert.
- Die Mutter Erde und der Aspekt der Fruchtbarkeit sind wichtige Bausteine in ihrem Leben.
- Trotz ihrer eigenen Reinheit begegnet ihr der Schatten der anderen.
- Ähnlich den Märchenfiguren aus »Die Schöne und das Biest« oder »Aschenputtel« bleibt Kore stark und besteht auch die Herausforderung, in der Unterwelt zu leben – mit ihrem Schatten.
- Sie stellt sich zur Verfügung, bringt Opfer, ohne Opfer zu sein.
- Sie ist Lehrerin und Leiterin einer gesunden Demut.

AstroZEN für Jungfrau

1 DEHNUNG DES DÜNNDARMMERIDIANS

- Sie liegen auf dem Bauch. Nun überkreuzen Sie im Liegen vor Ihrem Brustkorb die Arme. Das heißt, die Arme sind gestreckt, rechter Arm nach links, linker Arm nach rechts. Den Kopf legen Sie, falls er so den Boden nicht berührt, auf einem Kissen ab.
- Führen Sie diese intensive Dehnung zwischen den Schulterblättern und in den Armen 3 bis 5 Minuten durch. Danach wechseln Sie die Seite, kreuzen die Arme also andersherum.

2 ENTGIFTUNG DURCH DREHUNG

✶ Sie sitzen aufrecht und stellen Ihre Beine parallel auf, Beine und Füße berühren sich. Umarmen Sie nun mit dem rechten Arm beide Beine, stellen Sie die linken Fingerspitzen diagonal zur linken Pobacke auf. Die Beine bleiben aufrecht, die Füße sind fest im Boden verankert.

✶ Drehen Sie nun den Oberkörper nach links, Ihr Kopf dreht mit, Sie schauen über die linke Schulter. Die Drehung erfolgt über die Körpermitte. Genießen Sie dieses innere »Auswringen«.

✶ Drehen Sie dann langsam in die Mitte zurück und wechseln Sie die Seite.

2

3

3–4 AKTIVIERUNG DES DÜNNDARM-MERIDIANS

✶ Sie befinden sich im Vierfüßlerstand. Führen Sie den rechten Arm langsam nach oben, nur der Oberkörper dreht auf, der Kopf geht mit. Schauen Sie zu Ihrer rechten Hand und atmen Sie tief ein.

✶ Mit der Ausatmung drehen Sie nun einwärts, beugen den linken Arm etwas an und tauchen mit dem rechten Arm darunter durch.

✶ Legen Sie rechte Schulter, den Arm und den Kopf ab. Der linke Arm streckt sich dann nach vorne. Nehmen Sie einige Atemzüge und kommen Sie zur Ruhe.

✶ Tauchen Sie dann genauso wieder auf. Das heißt, linke Hand wieder neben der Schulter aufstellen, rechten Arm aufdrehen, Oberkörper aufdrehen, nach oben schauen und langsam die Hand absetzen.

✶ Wechseln Sie die Seite.

5 DEHNEN UND DREHEN

✶ Für diese Übung sollten Sie aufgewärmt sein! Sie stehen in einer breiten Grätsche: Beine ganz durchgestreckt, Füße parallel. Die Fußaußenkanten drücken fest in den Boden. Nehmen Sie die Hände in die Taille. Mit aufrechtem Rücken senken Sie den Oberkörper parallel zum Boden. Der Po weicht nicht nach hinten aus!

✶ Dann gehen Sie noch tiefer. Nun greift die linke Hand das rechte Bein, der Oberkörper dreht auf, der rechte Arm geht nach oben. Atmen Sie mehrmals durch. Die Beine bleiben die ganze Zeit vollkommen gestreckt.

✶ Kommen Sie in die Mitte zurück und mit geradem Oberkörper wieder hoch.

✶ Dann die Seite wechseln.

Waage – Begegnung und Objektivität ♎

Planet:	Venus
Element:	Luft
Motto:	Ich gleiche aus – also bin ich
Körperregion:	Untere Rippen bis oberer Hüftbereich, Blasenregion, Rippenbogen
Organe:	Blase und Harnleiter, Faszien, Haut, Hüfte, Nieren

Mit dem Zeichen Waage wandern wir in die obere Hälfte der Hemisphäre und des Horoskops und gehen in die Interaktion mit dem Umfeld. Mit dem Zeichen Waage beginnt der Herbst bei der Tagundnachtgleiche. Waage ist das siebte Zeichen und gehört zum Element Luft. Das Bezeichnende an ihr, der goldenen Mitte im Tierkreis, ist, dass sie als einziges Zeichen weder Tier- noch Menschengestalt aufweist, sondern ein Objekt darstellt. Objektiv zu sein ist auch eine Fähigkeit der Waage. Hier geht es um Balance und Ausgleich.

Planet Venus gehört zu Waage – wie vorher schon zu Stier. Zum zweiten Mal im Tierkreis teilt sich ein Planet auf zwei Zeichen auf. Zu Unrecht wird Waage oft als entscheidungsunfähiges Zeichen dargestellt. Tatsächlich aber ist es ihr Job im Tierkreis, die Balance zu wahren. So gleicht sie Fehlendes aus, mit dem Ziel, in eine Harmonie zurückzuführen. Die Stärke von Waage ist es, in den Kontakt zu gehen, verbindlich zu sein und Verbindungen herzustellen. Jedem Waage-Geborenen ist die Kunst sehr nah, also die Ästhetik und Schönheit als Bereicherung für die Welt. Ein Waage-Mensch leidet mehr als andere unter Ambivalenzen und Disharmonien. Zur Gesundung braucht er die Wiederherstellung von Harmonie, und zwar echter Harmonie. Konflikte sind nicht die Aufgabe eines Waage-, sondern eines Widder-Menschen.

Im Zeichen Waage begegnen wir zum ersten Mal dem Prinzip der Polarität: Es existiert bereits ein Gegenüber – Widder. Als siebtes Zeichen des Tierkreises bringt Waage eine starke Bezogenheit auf das Außen mit, sodass es für Waage-Menschen nicht leicht ist, sich selbst an erster Stelle zu sehen. Oder bei sich zu bleiben.

Wenn die Sonne, das Ich, im Zeichen Waage steht, brauchen Waage-Menschen eine ausbalancierte Lebensführung, sind auf ein friedliches Umfeld und wohlwollende Unterstützung angewiesen, um in ihrer Kraft zu sein und zu bleiben.

Waage gehört wie Widder, Krebs und Steinbock zu den kardinalen Zeichen. In diesen Zeichen finden sich viele autonom ausgerichtete Menschen. Deshalb sind Waage-Menschen auch gute Führungskräfte und werden häufig unterschätzt.

Waagemenschen sind Brückenbauer und brauchen den Bezug zu anderen. Sie sind Initiatoren, aber keine Einzelgänger.

Mythologie zu Waage

Waage kam als eigenständiges Sternbild erst ziemlich spät hinzu, die Sternenformation hatte zunächst zu Skorpion gehört. Als die unsterblichen Götter Himmel und Erde bevölkerten, wurde Dike, eine Tochter des Zeus, damit beauftragt, für Gerechtigkeit zu sorgen. Nachdem Prometheus das Menschengeschlecht geschaffen hatte, begann das Goldene Zeitalter.

Menschen, Tiere und Pflanzen lebten zunächst in Harmonie miteinander. Doch dann setzten Streit und Missgunst ein. Dike versuchte, die Konflikte zu schlichten, jedoch ohne Erfolg. Deshalb verließ sie die Erde, überfordert und enttäuscht – und wurde zum Sternbild am Himmel. Sie mahnt und erinnert gleichzeitig, die Balance zu halten.

Dieser Mythos enthält vieles von dem, was Waage ausmacht:

- Sie ist das ausgleichende Element und nimmt sich zurück.
- Sie meidet den Konflikt und zieht sich lieber zurück.
- Sie schafft Schönheit und paradiesische Zustände um sich herum.
- Sie ist immer um Balance und Frieden bemüht.
- Sie braucht die Bezogenheit auf andere Menschen.
- Sie gleicht einer Göttin auf Erden.
- Sie kann gut sehr gut mit den unterschiedlichsten Menschen und Lebewesen zusammen sein.
- Ihre Enttäuschung darüber, nicht gesehen oder gehört zu werden, drückt sie durch Rückzug aus.

AstroZEN für Waage

1–2 AKTIVIERUNG DES BLASEN- UND NIERENMERIDIANS

✶ Sie legen sich auf den Rücken, rutschen mit dem Po ganz dicht an eine Wand und strecken die Beine möglichst gerade daran hoch, sodass Ihr Körper wie ein großes L daliegt. Die Zehen ziehen Sie nach unten. Bleiben Sie eine Weile in dieser Stellung.

✶ Dann beugen Sie Ihre Beine und bringen die Fußsohlen aneinander, Knie auseinander, Richtung Wand. Legen Sie die Arme nach hinten ab. Falls die Arme den Boden nicht berühren, polstern Sie etwas darunter. Sollte das in den Schultern schmerzen, Arme neben dem Oberkörper ablegen. Bleiben Sie eine Weile so liegen. Lassen Sie den Geist ruhig werden. Dann rollen Sie sich über die Seite ab.

3 DEHNUNG DES BLASENMERIDIANS

✶ Ihre Füße stehen hüftbreit und parallel, zwei bis drei Längen vor der Wand. Ziehen Sie die Pobacken auseinander und drücken Sie Ihre Sitzbeinhöcker in die Wand. Beine vollkommen gestreckt.

✶ Bringen Sie die Ellbogen vorm Kopf zusammen, so weit es geht. Greifen Sie mit den Händen über den Kopf an den Hinterkopf und rollen Sie den Kopf langsam nach vorne, inklusive des Oberkörpers, ohne den Kontakt zur Wand mit dem Po zu verlieren. Beine bleiben gestreckt.

✶ Atmen Sie mehrere tiefe Atemzüge ein und aus und dehnen Sie die Rückseite des Oberkörpers, den »Buckel«. Verweilen Sie. Dann langsam aufrollen.

6–7 KÖRPERBALANCE

✶ Stehen Sie aufrecht, schließen Sie einen Moment die Augen, verteilen Sie Ihr Gewicht gleichmäßig auf beide Füße. Dann geben Sie all Ihr Gewicht auf ein Bein und öffnen die Augen. Beugen Sie das andere Bein lassen Sie es im Hüftgelenk kreisen. Die Hände stützen in der Taille. Zunächst 10-mal nach außen, dann 10-mal nach innen. Langsam und das Atmen nicht vergessen.

✶ Sie stellen den Fuß des gebeugten Beins an der Innenseite des gestreckten Beins auf. Die Muskulatur beider Beine arbeitet voll mit. Gewinnen Sie Balance. Dann strecken Sie die Arme hoch. Atmen, genießen und bleiben Sie. Dann wechseln Sie die Seite und beginnen von vorn.

4–5 HÜFTBALANCE

✶ Sie stehen mit einem Fuß auf einem Klotz. Lassen Sie das andere Bein nicht einfach hängen, sondern halten Sie mit sanften Auf- und Abbewegungen der Hüfte Balance. Sie bleiben aufrecht und versuchen, ein Gespür dafür zu bekommen, wann sich die Hüftknochen und das Becken auf gleicher Höhe befinden. Dort bleiben Sie nun, halten diese Symmetrie, obwohl ein Bein in der Luft hängt.

✶ Nach einer Weile beginnen Sie zu schaukeln. Der Oberkörper geht nach vorne, das hängende Bein geht im gleichen Moment nach hinten. Ihr Körper bleibt währenddessen in einer Linie. Schaukeln Sie ein paarmal vor und zurück – mit gleitenden, ästhetischen Bewegungen. Dann wechseln Sie das Bein und beginnen von vorn.

Skorpion – Wandel und Intensität ♏

Planet:	Pluto
Element:	Wasser
Motto:	Ich durchdringe und erkenne
Körperregion:	Kreuzbein, Steißbein, Po, Unterbauch
Organe:	Geschlechtsorgane, Dickdarm, Mastdarm

Skorpion ist das achte Zeichen des Tierkreises, das zweite in Dualität, und zwar zum gegenüberliegenden Stier. Skorpion gehört zum Element Wasser, der zugeordnete Planet ist Pluto. C. G. Jung formulierte den Begriff des kollektiven Unbewussten, der als ein Symbol für Skorpion dienen kann. Skorpion durchdringt alles Oberflächliche. Als Polaritätszeichen zu Stier steht er unter anderem auch für das gemeinsame sinnliche Sein, die Sexualität. Skorpion erinnert an das Werden und Vergehen.

Bevor Pluto dem Zeichen Skorpion zugeordnet wurde, war Mars sein Zeichenherrscher. Skorpion bezieht seine Kraft ebenfalls über Wut, Kampf oder Widerstand. Skorpion und Pluto werden meist mit Krise in Verbindung gebracht. Wohl kaum einem anderen Zeichen im Tierkreis werden so viele Vorurteile entgegengebracht wie Skorpion. Dabei verkörpert dieses Zeichen eher die Extreme, zu denen Menschen fähig sind. Skorpion symbolisiert zugleich Zerstörung und Erneuerung. Skorpion-Menschen brauchen es, sich in große und mitunter gefährliche Manöver zu begeben, sie suchen Grenzerfahrungen, um das Leben in seiner ganzen Bandbreite auszuloten.

Pluto und Skorpion konfrontieren uns mit unseren Ängsten, vor allem in Bezug auf Verluste, und lassen uns oft an Dingen, Menschen und Situationen festhalten, die das Letzte aus uns oder anderen herausholen. Skorpion ermöglicht es, uns tief einzulassen und zwischenmenschlich stärkste Nähe oder auch Abhängigkeit zu erleben. Hier lernen wir etwas über Intensität und die Extreme von Anziehung und Abstoßung. Wir begegnen dem Prinzip der Dualität in Extremform: Liebe und Hass, Glück und Depression. Dieses Zeichen lehrt uns, in die Tiefe zu gehen, Krisen zu meistern, die Gesetze der Welt zu verstehen, Traumata zu überwinden und aufzulösen, zu transformieren, uns den Wandlungsphasen des Lebens hinzugeben und die Kontrolle aufzugeben.

Die Kraft dieses Zeichens ist stark und will gelebt werden. Wenn das Ich, die Sonne, im Skorpion steht, muss der Mensch dem Ruf seiner Seele folgen. Er braucht extreme Gefühlserfahrungen, um bei sich anzukommen. Sobald er sich präventiv vor allem schützt, wachsen seine Ängste – die er immer mit im Gepäck hat.

Gerne laden wir auf Skorpion-Menschen ab, was wir selber nicht erkennen oder ändern können. So sind sie häufig mit Projektionen konfrontiert. Schonungslos können sie sein, sich mit Haut und Haar in etwas stürzen, um sich dann genauso radikal wieder abzuwenden. Skorpion will Erfahrungen sammeln und erforschen, bis zum Ende. Da dieses Zeichen unter anderem Verdrängungen symbolisiert, auch die kollektiven, und das »Böse«, ist es nicht weiter verwunderlich, dass der dazugehörige Planet Pluto von der astronomischen Union aus dem Sonnensystem »rausgeschmissen« wurde. Doch wie wir wissen, wirkt alles Verdrängte noch stärker.

Mythologie zu Skorpion

Der mächtige Krieger Orion, Sohn des Poseidon, gilt als ungestüm. Überschüssig mit Testosteron ausgestattet, wütet er auf der Erde herum. Manche Geschichte erzählt davon, dass er aus Liebeskummer alle lebendigen Tiere vernichtet, die ihm vor die Füße laufen. Die Göttin der Erde und Mutter des Uranos, Gaia, entsendet einen giftigen Skorpion, um Orion zu töten und die Tiere zu retten. Es gelingt. Beide werden als Sternbilder an den Himmel gesetzt.

Doch am Himmel sind diese beiden Sternbilder nie gleichzeitig zu sehen. Die Feindschaft hält also an. Während wir Orion im Winter beobachten können, ist Skorpion ein Sternbild des Sommers.

Dieser Mythos enthält vieles von dem, was Skorpion ausmacht:

- Tiefe Verwicklungen führen zu extremen Erfahrungen.
- Intensive Gefühle stacheln zu Taten an, die kaum nachvollziehbar sind.
- Die Macht der Emotionen wird voll ausgelebt.
- Unbesiegbare Kraft, die dennoch sehr verletzlich ist.
- Verführbarkeit und Triebhaftigkeit.
- Unerschrockenes Tun.
- Unnachgiebigkeit und lebenslange Verstrickungen.
- Gerne die Götter herausfordernd.

AstroZEN für Skorpion

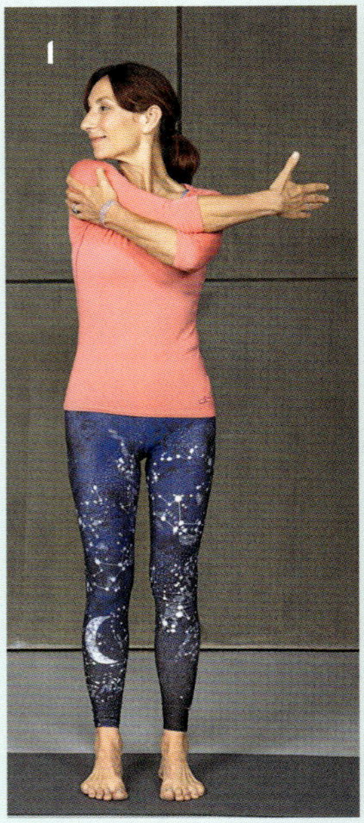

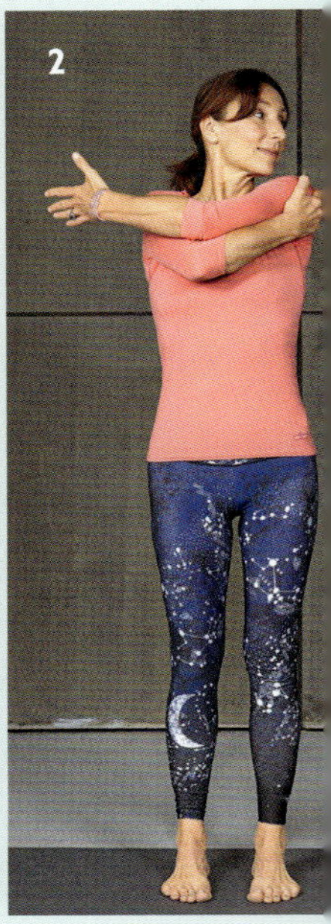

1–2 AKTIVIERUNG DES DICKDARM-MERIDIANS

✶ Im aufrechten Stand strecken Sie den rechten Arm auf Schulterhöhe gerade nach links. Die linke Hand greift an die rechte Schulter von unten und unterstützt das Stretching. Ihre rechte Hand ist breit aufgefächert. Ihr Kopf dreht nach rechts. Nehmen Sie mehrere tiefe Atemzüge.

✶ Dann drehen Sie den Kopf zurück und lösen langsam die Dehnung. Arme ausschütteln und die Seite wechseln.

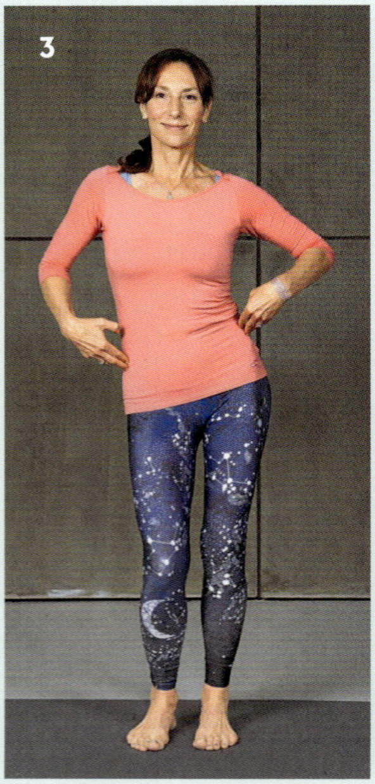

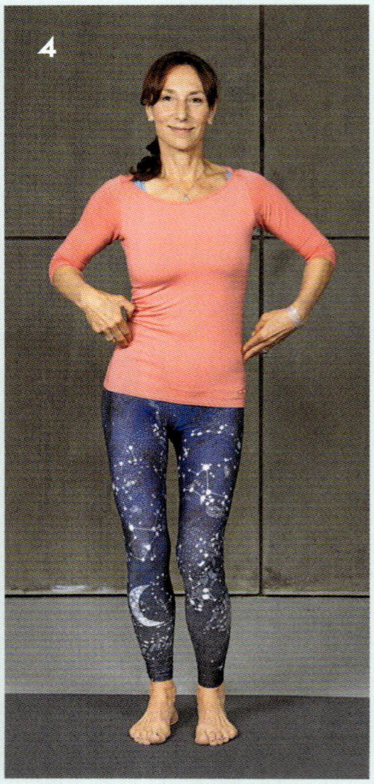

3–4 MOBILISATION DES BECKENS

✶ Sie stehen aufrecht, Füße hüftbreit, die Knie leicht gebeugt. Ziehen Sie die Sitzbeinhöcker leicht zusammen, stellen Sie sich vor, dass Schambein und Steißbein zusammenziehen, sodass sich der Beckenboden angenehm anspannt.

✶ Kreisen Sie mit dem Becken 10-mal nach rechts, 10-mal nach links. Dann lassen Sie das Becken geschmeidig eine Acht beschreiben, rechts herum, links herum, in kleinen, feinen Bewegungen. Zuletzt das Becken vor und zurückbewegen. Immer auf den Atem achten und genießen.

5

5 AUFSPANNEN DER VORDEREN KÖRPERLINIE

✶ Legen Sie sich auf den Bauch. Drücken Sie Ihr Schambein fest in den Boden. Ihre Beine liegen dicht aneinander, Sie drücken die Fußrücken fest in den Boden und spannen die Bein- und Pomuskulatur an. Rotieren Sie nun die Schultern nach hinten unten, greifen die Hände hinter dem Rücken und verschränken diese zu einer Faust.

✶ Heben Sie die Hände vom Po und ziehen Sie sie vom Körper weg, sodass Sie mit dem Oberkörper abheben. In dieser Position nehmen Sie fünf Atemzüge, dann ablegen und noch 2-mal wiederholen.

6 INTENSIVE DEHNUNG FÜR DEN UNTEREN BAUCH

✶ Zunächst rollen Sie ein Handtuch zu einer festen Rolle, die breiter als Ihr Becken ist. Legen Sie sich auf den Bauch und die Rolle unter Ihre Hüftknochen. Nun drücken Sie gegen diesen »Widerstand«. Drücken Sie die Fußrücken fest in den Boden, Beine und Po sind angespannt. Ihre Arme nehmen Sie in Kaktusform, diese bleiben auf einer Höhe mit dem Oberkörper.

✶ Nun heben Sie den Oberkörper an. Der wird leicht, doch der Rest Ihres Körpers, der den Boden berührt, aktiviert alle Muskeln, sodass Sie immer besser abheben können. Durch Ihre Atemzüge entsteht ein leichtes Wippen.

6

Schütze – Aufbruch und Überblick ♐

Planet:	Jupiter
Element:	Feuer
Motto:	Nichts ist unmöglich
Körperregion:	Hüfte, Oberschenkel
Organe:	Leber

Schütze, das neunte Zeichen des Tierkreises, gehört zum Element Feuer. Zu ihm gehört Planet Jupiter. Im Sonnensystem zählt er zu den Giganten – einerseits wegen seiner Größe und Schwere, andererseits dreht er sich am schnellsten um die eigene Achse und hat das stärkste Magnetfeld. Schütze befindet sich als Sternbild direkt auf der Milchstraße und bildet das Zentrum der Galaxis. Mit Schütze-Anteilen bewegen auch wir uns auf körperlicher und geistiger Ebene im Bereich der Superlative. Dank Schütze beschäftigen uns Wissenschaft, Religion, Wahrheit, Gerechtigkeit und die Entfaltung unserer Potenziale.

Schütze steht für unser Wissen und unsere Weisheit zugleich. Im Zeichen Schütze wollen wir unseren Horizont erweitern und über uns selbst hinauswachsen. Wie der Schütze als Symbol aufzeigt: Wir spannen den Bogen, wir zielen. Das können wir nur mit einem Ziel vor Augen. Perspektive und Weitsicht spielen bei diesem Zeichen eine große Rolle. Als Dualitätszeichen von Zwillinge interessiert es Schützen nicht mehr, Informationen zu sammeln, sondern sie auszuwerten und Schlüsse daraus zu ziehen. Schütze entflieht außerdem dem Tiefgang des Skorpions, zieht seine Konsequenzen daraus und erhebt sich. Dem Schütze-Menschen wohnt das Grundbedürfnis nach Wachstum inne und so steckt in ihm auch immer ein Missionar. Er will keine kleinen Brötchen backen, sich zurücknehmen oder Details beachten.

Wenn sich die Sonne, das Ich, im Zeichen Schütze befindet, brauchen wir vor allem Weite, um uns zu entfalten. Schütze-Menschen lieben die Herausforderung und spüren oft, dass in ihnen eine besondere Veranlagung schlummert, die geweckt werden will. Deshalb suchen auch sie die Extreme, doch anders als Skorpion. Sie loten die Grenze aus, um daran zu wachsen. Feuerzeichen sind Initiatoren. Ein Schütze geht davon aus, dass grundsätzlich alles möglich ist. Schütze heilt über Perspektive und Weite. Schütze liebt es, anderen auf die Sprünge zu helfen, sein Tun wird von Großzügigkeit begleitet. Umso schwerer fällt es ihm, Hilfe und Unterstützung anzunehmen. Die benötigen wir jedoch häufig, wenn wir erkranken oder spüren, dass etwas nicht stimmt. Wenn es ein Zeichen gibt, das ich sofort mit Burn-out assoziiere, dann das Zeichen Schütze.

Schütze heilt auch über den Glauben an die Gesundheit und an neue Ziele, für die es sich zu leben lohnt, also Heilung über Freude. Schütze hat die Gabe und die Tendenz, Unangenehmes auszublenden, nicht nur bei anderen, sondern vor allem bei sich selbst. So treffen wir in diesem Zeichen häufig Menschen, die sehr spät zum Arzt gehen oder Hilfe suchen. Schütze-Menschen lassen sich ungern in ihrer Freiheit einschränken, lieben die Unabhängigkeit und nehmen daher nicht viel von anderen an, sondern versuchen es zunächst allein.

Mythologie zu Schütze

Schütze ist ein Mischwesen: halb Mensch und halb Pferd. Ein Zentaur. Die Zentauren haben einen sehr triebhaften, wilden und ungestümen Feuercharakter. Dennoch finden wir mit Chiron in der griechischen Mythologie einen besonderen Zentauren, der in der Heilkunst bewandert und Begleiter vieler griechischer Helden ist. Er wurde durch einen vergifteten Pfeil des Herakles verletzt. Obwohl er viele Geschöpfe heilen konnte, gelang ihm dies bei sich selber nicht. Er litt ununterbrochen und bat um Erlösung. Er bat darum, seine Unsterblichkeit aufzuheben, um Ruhe zu finden.

In einer anderen Geschichte wird der Sohn des Pan in Verbindung zu Schütze genannt. Er war Erfinder des Bogenschießens, lebte bei den Musen und bat selber darum, von Zeus an den Himmel versetzt zu werden.

Dieser Mythos enthält vieles von dem, was Schütze ausmacht:

- Er hilft anderen, ist bei sich selbst jedoch ratlos.
- Die exzessive Seite wird überwunden, um andere Potenziale zu entfalten.
- Er trägt den Wunsch in sich, mit Helden zusammen zu sein, oder mit Menschen, die er bewundern kann.
- Er strebt nach »Höherem«.
- Er will die Welt verbessern.
- Trieb- und Eroberungslust: Trieb und Weisheit reißen ihn hin und her.
- Starker Erfindergeist.
- Er braucht Weite und Glauben.

AstroZEN für Schütze

1 DEHNUNG DES LEBERMERIDIANS

✶ Sie liegen auf dem Bauch. Richten Sie den Oberkörper auf, indem Sie die Unterarme parallel auflegen. Schultern und Ellbogen sind in einer Linie, Beine parallel.

✶ Beugen Sie Ihr linkes Bein und greifen Sie mit der linken Hand den Fuß. Wichtig hier: Der Oberkörper dreht nicht auf, Ihr Knie geht nicht nach außen, sondern bleibt parallel zum anderen Knie.

✶ Drücken Sie den Fuß Richtung Po nach unten, zugleich drücken Sie ihr Becken nach unten und bleiben aufrecht im Oberkörper, vom anderen Unterarm gestützt. Atmen Sie in die Vorderseite des Körpers und den Oberschenkelmuskel. Nach mehreren Atemzügen langsam lösen und die Seite wechseln.

2 MOBILISATION DER HÜFTE

✶ Legen Sie sich auf den Rücken, bei Bedarf mit einem Kissen unterm Kopf. Beide Beine sind ausgestreckt. Nun beugen Sie Ihr linkes Bein und ziehen es fest an den Oberkörper. Stellen Sie das rechte Bein auf. Legen Sie Ihren linken Fuß über das rechte Knie. Nun beugen Sie das rechte Bein an. Ihr rechter Unterschenkel ist parallel zum Boden.

✶ Greifen Sie mit beiden Händen den rechten Oberschenkel von hinten und ziehen Sie Ihr Bein etwas ran. Ihr linkes Bein/Knie strebt weg von Ihnen. Der rechte Oberschenkel bleibt in einem rechten Winkel für mehrere Atemzüge. Dann die Seite wechseln.

3–5 DYNAMIK UND BALANCE

✶ Sie stehen aufrecht, die Beine durchgestreckt. Der Po ist fest für die Balance. Beugen Sie Ihr linkes Bein und ziehen Sie es mit den Händen an den Oberkörper. Das Standbein bleibt dabei gestreckt.

✶ Atmen Sie tief ein und strecken Sie nun Ihr gebeugtes Bein nach vorne, bleiben Sie aufrecht! Halten Sie es weiter fest.

✶ Beugen Sie Ihr Standbein etwas, bringen Sie den Oberkörper horizontal nach vorne. Das andere Bein streckt sich nach hinten.

✶ Lösen Sie die Hände. Strecken Sie dann die Arme nach hinten und zum Schluss strecken Sie Ihr Standbein. Dabei bleiben die Hüftknochen parallel.

✶ Nach einigen tiefen Atemzügen kommen Sie geschmeidig in die Ausgangshaltung zurück – und wechseln das Bein.

6 KRÄFTIGUNG UND BALANCE

✶ Sie gehen leicht in die Hocke und verlagern Ihr Gewicht auf ein Bein. Überkreuzen Sie mit dem anderen Bein das gebeugte Standbein, als würden Sie auf einem imaginären Stuhl sitzend die Beine übereinanderschlagen. Bei viel Flexibilität können Sie das Bein um das andere »wickeln« und den Fuß am Unterschenkel einhaken. Finden Sie die Balance.

✶ Dann umwickeln Sie Ihre Arme, allerdings andersherum. Hände aneinander. Ellbogen bleiben in Schulterhöhe, Ihr Oberkörper neigt sich leicht nach vorn, die Unterarme ziehen weg vom Körper. Mehrere tiefe Atemzüge und dann langsam wieder entfalten, als würden Sie wie ein Vogel die Flügel spreizen. Kommen Sie zurück in den Stand und wechseln Sie die Seite.

Steinbock – Struktur und Gesetz ♑

Planet: Saturn
Element: Erde
Motto: Ich leiste – also bin ich
Körperregion: Skelett, Knie
Organe: Knochen, Haare, Nägel, Zähne, Haut

Steinbock ist das dritte Erdzeichen, das zehnte Zeichen im Tierkreis und steht an dessen höchster Stelle. Saturn ist der zugehörige Planet. Mit dem Eintritt der Sonne ins Zeichen Steinbock beginnt der astronomische Winter, das Licht wird wiedergeboren, die Tage werden länger. Hier zeigt sich eine Stärke des Zeichens Steinbock. Er hat großes Durchhaltevermögen. Disziplin entwickelt er oft erst in späteren Jahren; davor zeigt sich seine Kraft oft als Widerstand oder Blockade.

Mit der Sonne, dem Ich, im Steinbock brauchen die Steinbock-Geborenen Anerkennung und Respekt, um ihre Kraft zu finden. Die Kritikfähigkeit ist in jungen Jahren gering, die Frustrationsschwelle niedrig. Steinbock ist auf Mängel fokussiert und erlebt vieles als Herausforderung. Die Leichtigkeit des Seins findet er erst in späteren Jahren. Ein Steinbock sollte sich trauen, Autorität zu werden. Doch solange er nicht an sich selbst glaubt, verpulvert er seine Energie mit frustrierenden Autoritätskonflikten. Ihn dominiert das Leistungsprinzip, und das lässt ihn häufig vitale Bedürfnisse ignorieren. Krankheiten entstehen eher aus Mangel als aus der Fülle wie bei Schütze.

Steinbock braucht seinen Platz in der Gesellschaft. Fehlende Anerkennung oder ein falscher Beruf kann schleichend Krankheiten auslösen. Permanente Überforderung, auch Workaholic-Tendenzen, finden sich hier häufig. Alles wird zur Pflichtübung und der Genuss geht flöten. Steinbock ist von einer unbestimmten Angst begleitet, nicht zu genügen. Das heizt den inneren Treiber zwar mächtig an und bringt Großes hervor, doch häufig mit den unangenehmen Nebenwirkungen von Überkontrolle, Schlaflosigkeit, chronischem Zeitmangel sowie Mangel an Nährstoffen, Vitaminen …

Mit dem Zeichen Krebs in der Opposition treten Gefühle, Familie und Verwurzelung bisweilen ins Abseits, weil die sozialen und beruflichen Herausforderungen so viel Aufmerksamkeit in Anspruch nehmen. Als zehntes Zeichen bringt Steinbock meist etwas Imposantes im Erscheinungsbild mit, oft groß Gewachsenes. Er wirkt häufig stolz gemixt mit einer gewissen Distanz.

Steinbock lässt sich ungern etwas sagen, um Unterstützung zu bitten kommt für ihn selten infrage. Er erarbeitet sich lieber allein die Meisterschaft, um auf niemanden angewiesen zu sein. Kein Wunder, dass bei ihm Verhärtungen aller Art die astromedizinischen »Baustellen« sind.

Seit 2008 befindet sich Planet Pluto im Zeichen Steinbock. Die Gesellschaft befindet sich im Wandel, das Unterste wird nach oben gekehrt. Wer ist gut und wer ist böse? Viele Steinböcke haben sich seitdem aufgemacht, um aktiv in politischen oder anderen gesellschaftlich relevanten Bereichen Einfluss zu nehmen.

Mythologie zu Steinbock

Der Steinbock hieß früher Ziegenfisch und gehört zu den ältesten Sternbildern Babyloniens. Das Sternbild zeigt den Ziegenoberkörper und den Fischschwanz. Dargestellt wird der Hirtengott Pan: ein interessanter Anteil bei Steinbock-Geborenen, der sich selten in Astrologie-Büchern findet. Als Erdzeichen kompensiert Steinbock bisweilen sehr ausgiebig alles an Genuss Zurückgestellte, indem er all das ausschweifend und mit viel Lust auslebt.

Pan lebte mit seinen Nymphen und gilt als sehr triebhafter Gott. Als das Ungeheuer Typhon Jagd auf die Götter macht, versucht Pan, es davon abzulenken. Der Ziegengott springt in die Fluten und verwandelt sich in einen Fisch, was allerdings nur halb gelingt. Der Oberkörper bleibt Ziege, der untere Teil wird Fisch. Als Mischwesen entkommt er und rettet zusammen mit Hermes den Göttervater Zeus. Zum Dank wird er als Sternbild verewigt.

Dieser Mythos enthält vieles von dem, was Steinbock ausmacht:

- Steinböcke führen oft ein einzelgängerisches und naturverbundenes Leben.
- Sie gehen gern eigene Wege mit kleiner Gefolgschaft.
- Sie setzen sich oft großen Gefahren aus, um andere zu retten.
- Sie verwandeln die eigene Persönlichkeit im Laufe ihres Lebens radikal.
- Unter Ausschluss der Öffentlichkeit sind sie leidenschaftlich.
- Sie können sich auch in den Dienst stellen, jedoch nur für eine wirklich große Sache.

AstroZEN für Steinbock

1–4 STRECKEN

✶ Im aufrechten Stand die Arme hochstrecken. Die Hände verschränken und die Handflächen nach oben strecken. Bleiben Sie so für mehrere Atemzüge.

✶ Dann lösen Sie die Verschränkung, strecken die Arme weiterhin nach oben; die Handflächen schauen einander an.

✶ Nach einigen Atemzügen nehmen Sie die Arme runter. Die Schultern rotieren nach hinten unten. Verschränken Sie die Hände hinter dem Rücken zur Faust, ziehen Sie die Arme weg vom Körper. Die Brust wird gedehnt. Atmen nicht vergessen!

✶ Nach einigen Atemzügen lösen und die Arme vorn auf Schulterhöhe kreisrund so zusammenführen, dass Sie die Hände lose ineinander verzahnen können. Ihr Kopf neigt sich Richtung Brustwirbelsäule, der Oberkörper wird rund. So dehnen Sie die Rückseite zwischen den Schulterblättern.

5 KRÄFTIGUNG DER OBERSCHENKEL

✶ Setzen Sie sich vor einer Wand auf einen imaginären Stuhl, die Füße hüftbreit aufgestellt, die Knie im rechten Winkel gebeugt. Sie reichen nicht über die Füße hinaus. Achten Sie auf die Geometrie.

✶ Drücken Sie Ihre Wirbelsäule inklusive Kreuzbein fest in die Wand. Nun bringen Sie Ihre Arme in eine Kaktusform an der Wand. Versuchen Sie, die Schultern, Arme und Handgelenke fest in die Wand zu drücken. Halten Sie durch. Falls die Oberschenkel anfangen zu brennen, machen Sie alles richtig. So lange wie möglich halten. Testen Sie, was in Ihnen steckt.

✶ Lösen und den Körper ausschütteln.

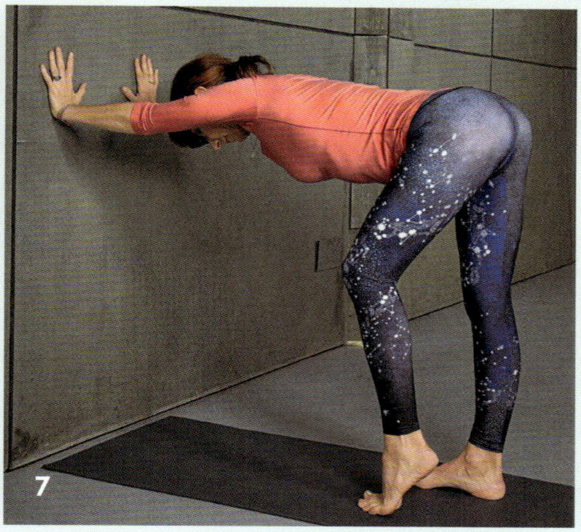

6–7 STRECKUNG DER KÖRPERRÜCKSEITE

✶ Sie stehen vor der Wand und pressen Ihre aufgefächerten Hände in Taillenhöhe dagegen. Gehen Sie mit den Füßen zurück, sodass der Oberkörper waagerecht wird. Die Hände drücken sich von der Wand weg. Die Sitzbeinhöcker streben nach hinten. Die Hüfte ist gebeugt.

✶ Ziehen Sie die Rippen auseinander. Ihre Arme bleiben gestreckt. Atmen Sie ein, nehmen Sie die linke Ferse hoch und beugen Sie Ihr linkes Bein etwas. Das Becken nicht verdrehen oder absenken.

✶ Geben Sie mehr Druck auf die rechte Ferse und spüren Sie in die Dehnung der rückseitigen Muskeln des rechten Beins. Mit jeder Ausatmung etwas mehr in die Dehnung gehen.

✶ Nach einigen Atemzügen Beinwechsel.

8–9 KRÄFTIGUNG DER BAUCHMUSKULATUR

✶ Sie sitzen aufrecht, Beine ausgestreckt.

✶ Mit der Bauchmuskulatur heben Sie die Beine an und der gerade Oberkörper geht etwas nach hinten, sodass Ihr Körper nun aussieht wie ein Boot. (Der Oberkörper wird nicht rund!) Das Brustbein zieht nach vorne, die gestreckten Arme ebenso.

✶ Senken Sie langsam alles etwas, ohne sich abzulegen. Halten Sie kurz diese Position, dann kommen Sie wieder höher, halten die Bootsposition, um dann wieder alles etwas abzusenken.

✶ Machen Sie mindestens 5 Wiederholungen – immer bis zum »Brennpunkt«.

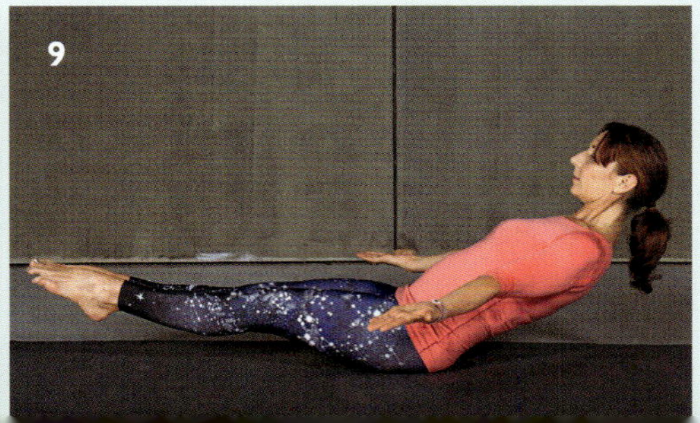

Wassermann – Chaos und Geist ♒

Planet:	Uranus
Element:	Luft
Motto:	Ich bin – wir sind
Körperregion:	Waden, Sprunggelenke, Nervensystem
Organe:	Gehirn, Hypophyse

Das elfte Zeichen des Tierkreises vollendet den Luftzeichen-Zyklus. Als drittes Luftzeichen stellt Wassermann den reinen Geist dar. Wassermann hat es in sich, anders zu sein, bisherige Regeln aufzubrechen, strenge Strukturen zu überprüfen, das Wir über das Ich zu stellen, ohne Norm. Wassermann eilt der Zeit voraus. Das Paradoxe an diesem Zeichen zeigt sich schon in der Symbolik, Wassermann zu sein und doch zum Luftelement zu gehören. Wassermann bedeutet auch: Geist über Materie. Wassermann bricht auf, was Steinbock manifestierte. Er strebt nach Freiheit und Befreiung – auch nach der Befreiung vom Ego, was ihn von Löwe, seinem Dualitätszeichen, unterscheidet. Wassermann sucht in der Zukunft das, was in der Gegenwart nicht zu haben ist.

Planet Uranus gehört zum Zeichen Wassermann. Die Entdeckung dieses Planeten führte dazu, dass vieles, was vorher Sicherheit und Orientierung gab, plötzlich infrage gestellt wurde. Neuentdeckungen bringen nicht nur Neues hervor, sondern beinhalten auch häufig den Untergang, das Ende des Alten. Deshalb empfinden viele Menschen das Neue oft auch bedrohlich. Wassermann-Menschen fehlt es nicht zwingend an Anpassung. Nicht alle Wassermann-Geborenen sind Revoluzzer und Rebellen, doch einen gemeinsamen Nenner gibt es: Sie sind meistens auffällig anders. Das fühlt sich gut oder schmerzlich an. Gefühle sind für Wassermann bisweilen fast beunruhigend, weil sie die Freiheit des Geistes enorm einschränken können.

Steht die Sonne, das Ich, in Wassermann, brauchen diese Menschen immer wieder Gefilde, die sie neu entdecken können. Wassermann entfaltet seine Kraft, wenn er von Wir sprechen kann, denn aus dem Zugehörigkeitsgefühl entwickelt er sie. Körperliche Bedürfnisse und Gefühle empfinden Wassermann-Geborene oft als lästig. Krankheiten entstehen meist durch Vernachlässigung, Überreizung, oder weil ein eigener Rhythmus fehlt.

Paradoxerweise ist auch das Gegenteil in diesem Zeichen zu finden: der Hypochonder, der Körperempfindungen schlecht deuten kann. Wassermann-Menschen haben eine hohe Spannung im Körper und stehen unter Strom. Sie sind der Zeit oft voraus, sehen und wissen Dinge, die keiner glaubt, werden deshalb belächelt oder als Spinner angesehen. Herumspinnen gehört für dieses Zeichen dazu, angenommen zu werden genauso. Entgegen der allgemeinen Ansicht, dass Wassermann freiheitsliebend umherstreunt, brauchen diese Menschen oft mehr Stabilität als andere. Da ihr Geist so beweglich ist, brauchen sie Beständigkeit, um sich voll entfalten zu können. Mit wenig äußeren Veränderungen, damit die inneren stattfinden können. Wassermann möchte sich nur ungern mit allem Materiellen auseinandersetzen und ist sehr froh, wenn das seine Wahlfamilie erledigt.

Mythologie zu Wassermann

Die mit Wassermann am häufigsten in Verbindung gebrachte Gestalt ist die des Deukalion, Sohn des Menschenschöpfers Prometheus. Die Erzählung ähnelt sehr der christlichen Arche-Noah-Geschichte:

Zeus, erzürnt und enttäuscht über die Menschen, strafte sie mit einer Sintflut, die alles ertränkte. Deukalion war jedoch gewarnt, er bekam den Tipp, ein großes Schiff zu bauen. So rettete er sich und seine Frau Pyrrha. Ein Orakel gab ihm nach der überstandenen Flut den Hinweis, die Knochen seiner Mutter über seine Schulter zu werfen. Nachdem er dies enträtselt hatte (Mutter bedeutet Mutter Erde, Knochen bedeutet Steine), probierte er es aus. Jeder geworfene Stein wurde ein Mensch. Über *seine* Schulter geworfen wurden es Männer, seine Frau hingegen erschuf auf diesem Wege Frauen. So begann alles ganz neu.

Dieser Mythos enthält vieles von dem, was Wassermann ausmacht:

- Radikale Umbrüche und der innovative Umgang damit.
- Die Idee von einer neuen Welt.
- Undramatischer Umgang mit Krisen.
- Auch bei Bedrohungen kreativ sein.
- Mindestens zu zweit sein wollen.
- Eigenartigen Ratgebern vertrauen.
- Neue Wege gehen.
- Beschränkung aufs Wesentliche.
- Keine Stammesunterschiede machen: sterblich – unsterblich, göttlich – menschlich.

AstroZEN für Wassermann

1 MOBILISATION

✶ Aufrecht stehend beginnen Sie langsam zu wippen und zu federn, locker in den Beinen, doch geführt durch Muskelspannung. Dann beginnen Sie zu springen.

✶ Fühlt sich das gut an, springen Sie mit einem Springseil. Anschließend den ganzen Körper ausschütteln.

2–5 BALANCE/KRÄFTIGUNG

✶ Aufrecht stehen und ausatmen. Beugen Sie Ihr rechtes Bein und heben Sie es an.

✶ Mit den Händen halten Sie das Bein fest und strecken es nach vorne aus. Nun die Hände lösen und die Arme nach oben strecken. Halten Sie diese Position kurz.

✶ Ziehen Sie die Zehen des vorderen Fußes an, kommen Sie mit dem hinteren Fuß hoch auf die Zehen und verlagern Sie Ihr Gewicht so, dass der vordere Fußballen vorn, eine Schrittlänge entfernt, auf dem Boden landet. Beine und Arme sind gestreckt, Sie stehen auf den Fußballen.

✶ Tief einatmen und die Beine etwas beugen. Die Arme nach vorne strecken, dabei auf den Fußballen bleiben. Beim Einatmen Beine strecken, Arme hoch. ausatmen. Beine beugen, Arme nach vorne strecken. Einige Wiederholungen, dann mit Seitenwechsel von vorne beginnen.

6 DEHNUNG UND KRÄFTIGUNG

✶ Sie stehen aufrecht und beugen Ihr linkes Bein etwas an. Setzen Sie Ihren rechten Fuß nach vorn auf der Ferse so auf, dass das Bein gestreckt bleiben kann. Nehmen sie Ihre Arme hoch, verschränken sie die Hände hinter dem Nacken und ziehen Sie die Ellbogen auseinander. Der Oberkörper bliebt jedoch gerade.

✶ Spüren Sie die Dehnung der Rückseite des vorderen Beins. Einige tiefe Atemzüge in die Dehnung hineinatmen, dann langsam lösen, aufrecht stehen, Bein wechseln.

7 ATEMÜBUNG

✶ Setzen Sie sich bequem hin, den Oberkörper aufrecht und nicht eingesackt. Beugen Sie den linken Arm und klappen Sie den Zeige- und Mittelfinger ein. Mit dem Daumen verschließen Sie das linke Nasenloch und atmen nur noch durch das rechte 10- bis 20-mal ein und aus.

✶ Schließen Sie die Augen. Achten Sie darauf, dass Ihr Kopf mittig und aufrecht bleibt. Dann öffnen Sie das Nasenloch wieder, Augen bleiben geschlossen. Dabei atmen und wahrnehmen, wie der Atem durch die Nasenlöcher ein- und ausströmt.

✶ Dann verschließen Sie mit Ring- und kleinem Finger das rechte Nasenloch und atmen nur durch das linke ein. Ähnlich gleichlang wie beim anderen. Dann lösen und wahrnehmen, ob oder wie sich die geistige Aktivität dadurch verändert hat.

Fische – Auflösung und Verbindung ♓

Planet: Neptun
Element: Wasser
Motto: Ich verbinde und überwinde
Körperregion: Füße und Faszien
Organe: Immunsystem, Lymphsystem, Hormonsystem

Zu Fische, dem zwölften und letzten Tierkreiszeichen und dritten Wasserzeichen, gehört Planet Neptun. Das Fische-Zeichen symbolisiert Fantasie. Es steht für Vollendung und zugleich Auflösung. Fische spiegelt Sehnsüchte und Träume. Wenn die Sonne, das Ich, in diesem Zeichen steht, brauchen wir Traumzeiten, Verbindung zu Anderswelten – und zugleich guten Bodenkontakt, um in der Realität zu bestehen.

Fische symbolisiert auch Vertrauen, Fische-Menschen sind empathisch und sensibel. Sie fühlen sich oft als Opfer der Umstände, weil sie zu den überpersönlichen Zeichen gehören, also mit gesellschaftlichen und kollektiven Themen verwoben sind. Der Einzelne spielt hier keine Hauptrolle mehr. Bei Fische sind die Übergänge fließend: Da sie Verbindung mit allem und allen suchen, können Sie sich schwer abgrenzen und übernehmen mitunter sogar Symptome anderer Menschen. Krankheiten sind häufig diffus, schwer erkennbar oder ungewöhnlich. Manche Fische krallen sich an Fakten und Zahlen, um sich starken Gefühlen und Empfindungen zu entziehen. Hier spiegelt sich auch das gegenüberliegende Zeichen Jungfrau wider: Fische symbolisiert das kreative Chaos, Jungfrau die Ordnung. Fische gelten oft als Suchtmenschen. Meine Erfahrung ist anders. Viele verzichten komplett auf Rauschmittel jeder Art. Sie bringen genug mit, um berauscht zu sein. Fische-Menschen brauchen lange, um wirklich präsent zu werden. Sie können alles sein – oder nichts. Identität steht auf ihrer Prioritätenliste nicht an erster Stelle, Verbundenheit geht vor.

Melancholie und Sehnsucht begleitet Fische, weshalb sie besonders häufig in der Kunst anzutreffen sind. Gelebte Sinnlichkeit ist sehr heilsam für sie, um sich zu spüren und zu erden, um das Gefühl zu haben, da zu sein. Fische-Geborenen fällt es leicht, das eigene Ego herunterzuschrauben, um sich voll und ganz in den Dienst für etwas

Höheres zu stellen. Sie sind bereit, alles aufzugeben oder zu opfern.

Bei diesem Sternzeichen ist es manchmal schwierig herauszufinden, wer genau in diesem Körper wohnt. Oft vertreten sie eher Minderheiten als sich selbst. Romantik, Traumzeiten, Verwirklichung von Wunschträumen, künstlerische Förderung, gelebte Kreativität sind für sie wichtige Bausteine, um gesund zu sein und zu bleiben.

Fische symbolisiert die Weltenseele. Der zugehörige Planet Neptun befindet sich seit 2010 in seinem eigenen Zeichen. Mit Neptun in Fische besteht die Möglichkeit, global mehr Empathie und Bewusstsein zu schaffen. Als Beispiel kann der aktuelle Yoga-Trend gelten, der allerdings häufig kritisiert wird. Ich sehe in der weltweiten Bewegung jedoch eine große Chance und ein Symbol dafür, dass sich viele Menschen auf den Weg gemacht haben, etwas zu verändern. Zunächst bei sich – doch später auch im Umfeld.

Mythologie zu Fische

Hier treffen wir auf Eros, in der griechischen Mythologie der Sohn von Aphrodite und Ares. Ares, der Kriegsgott, und Aphrodite, die Liebesgöttin, können wir den Zeichen Widder und Waage zuordnen, die den Anfang und die Mitte des Tierkreises beschreiben. Hermes und Zeus werden ebenfalls als mögliche Väter des Eros genannt.

Eros gilt als begehrliche Liebe und Leidenschaft. Die Griechen unterscheiden drei Arten von Liebe:

- Philia – freundschaftliche Liebe
- Agape – Liebe zu Gott, zum Göttlichen
- Eros – die erotische Liebe

Eros und seine Mutter Aphrodite fliehen vor einem Ungeheuer. Sie verwandeln sich auf ihrer Flucht in Fische und sind seitdem auf immer verbunden.

Dieser Mythos enthält vieles von dem, was Fische ausmacht:

- Um Nähe zu erzeugen, gleicht man sich an, verwandelt sich.
- Ewige Liebe, dauerhafte Bande.
- Pathos und die Verkörperung des Schönen und Begehrlichen.
- Liebe als wichtigstes Band.
- Das Fliehen gehört zur Heldenreise.
- Unklarheiten über die eigene Herkunft
- Es braucht den Fluss im Leben, dem man folgen will.
- Der Verstand steht nicht an erster Stelle.

AstroZEN für Fische

1 MOBILISATION

✶ Sie liegen auf dem Rücken. Unterpolstern Sie den Kopf, falls er unbequem liegt. Beugen Sie das rechte Bein und greifen Sie mit den Händen den Oberschenkel.

✶ Den Unterschenkel halten Sie parallel zum Boden. Er hängt nicht. Nun beginnen Sie den Fuß zu kreisen, nur den Fuß, nicht den Unterschenkel. 30-mal nach rechts, 30-mal nach links.

✶ Den Fuß 30-mal beugen und strecken.

✶ Keine Eile bitte! Und den anderen Fuß nicht vergessen; der will auch!

2–4 FUSSKRÄFTIGUNG

✶ Stehen Sie ganz normal, als würden Sie gleich loslaufen. Die Füße sind geradeaus gerichtet. Anstatt loszulaufen, verankern Sie die Füße fest im Boden, mithilfe all der Muskulatur, die zur Verfügung steht.

✶ Nun beginnen Sie, mit Ihren Zehen nach hinten zu ziehen, ohne dass die Füße abheben. Sie ziehen wie eine Raupe Ihre Zehen immer wieder heran und strecken sie dann, sodass Sie sich langsam bewegen. Nehmen Sie sich zwei bis drei Meter vor. Oder gestalten Sie das Ganze wie ein Spiel, einen kleinen Wettkampf mit Kindern, Partner, Freunden.

5–6 DEHNUNG UND KRÄFTIGUNG

✶ Stellen Sie sich in eine Grätsche, die Füße auswärts. Das linke Bein beugen, das rechte strecken und auf die rechte Ferse kommen. Gehen Sie tief in die Dehnung, jedoch ohne dass es unangenehm wird oder die Knie eher nach innen fallen.

✶ Die Position einige Atemzüge halten.

✶ Verlagern Sie das Gewicht, Ihr rechtes Bein beugt, das linke streckt sich und kommt auf die Ferse. So lange halten wie die andere Seite. Wer sich gut dabei fühlt, kann jeweils mit der Einatmung auf eine Seite gehen, mit der Ausatmung auf die andere. Die Knie dürfen *nie* wehtun!

7 DEHNUNG UND ENTSPANNUNG

✶ Setzen Sie sich nun in eine Grätsche; so weit, dass die Beine gestreckt bleiben können. Falls Sie in der Wirbelsäule einsacken, setzen Sie sich leicht erhöht auf eine Matten- oder Kissenkante. Ihre Zehen ziehen zu Ihnen heran.

✶ Die Arme zur Seite strecken, weit werden und mindestens 20 Züge atmen.

✶ Mit den Händen an die Innenseiten der Oberschenkel greifen, die Beine hochziehen und die Füße aufstellen. Langsam nach hinten abrollen, die Beine einzeln ausstrecken und entspannen. Nachspüren.

BESCHWERDE-BILDER UND ASTROMEDIZIN

KRANKSEIN GEHÖRT ZUM GESUNDSEIN

Mein Wunsch wäre es, Sie würden sich alle Texte zu den Beschwerden durchlesen – ob Sie davon betroffen sind oder nicht! Es ist unmöglich, alles, was uns erwischen kann, aufzulisten, geschweige denn astromedizinisch zu erläutern. Sehen Sie die Erklärungen und Zuordnungen zu Organfunktionen und Erkrankung vielmehr als Anregungen. Benutzen Sie das nachfolgende Kapitel bitte auf keinen Fall wie ein »Kochbuch« à la »Man nehme einen Widder, schaue ins Buch und weiß, was er einmal bekommen wird«. Schließlich hat jeder Mensch Anteile von jedem Sternzeichen und nicht nur vom eigenen Zeichen. Studieren Sie das Kapitel komplett oder suchen Sie nach dem Speziellen, das Sie momentan beschäftigt. Betrachten Sie Ihre Erkrankung nicht als Feind, den Sie besiegen müssen, sondern eher als Gesandten des Körpers, der Ihnen etwas mitzuteilen hat.

Da ich keine Medizinerin, sondern eine Astromedizinerin bin, finden Sie hier keine herkömmlichen Therapievorschläge. Meine Vorschläge ersetzen keine schulmedizinische Behandlung, können jedoch eine gute Begleitung und Anregung sein.

Die folgenden Zuordnungen dienen Ihrer Orientierung, sodass Sie, wenn Sie Ihre Krankheit unter Stier finden, die Körperübungen von Stier praktizieren oder etwas über die Venus lesen und ausprobieren können. Sie finden unterschiedliche Anregungen aus der Pflanzenheilkunde, Körpertherapie, Yogatherapie sowie Denkanstöße und Erfahrungsschätze, die ich im Laufe der Jahre gesammelt habe.

Ich könnte diese kleine Auswahl noch um ein Vielfaches erweitern, doch das Buch setzt mir Grenzen. Die Homöopathie habe ich bewusst komplett herausgelassen, obwohl ich viel von ihr halte und sie auch häufig einsetze. Doch ein paar Tipps im Internet oder in einem Buch können keine ausführliche Erst-Anamnese bei einem Homöopathen ersetzen. Bachblüten- und Aromatherapie sind ebenfalls nicht erwähnt, denn hierzu gibt es schon genügend Bücher und Zuordnungen.

Dieses Kapitel kann dabei behilflich sein, einen anderen Blick auf Symptome und deren Ursachen zu finden, um neu darüber nachzudenken oder etwas anderes zur Heilung auszuprobieren.

MEINE HEILENDEN ALTERNATIVEN AUF EINEN BLICK

Heilung entsteht immer von innen heraus, dennoch können wir sie mit einigen Hilfsmitteln unterstützen.

DMSO: Dimethylsulfoxid kann als Spray, Gel oder Creme äußerlich und innerlich angewendet werden. Es hat eine entzündungshemmende, schmerzstillende, gefäßerweiternde, wundheilungsfördernde, antimikrobielle und antioxidative Wirkung: ein Allroundmittel.

EMDR: Die Abkürzung bedeutet Eye Movement Desensitization and Reprocessing, übersetzt auf Deutsch: Desensibilisierung und Verarbeitung durch Augenbewegung. Dr. Francine Shapiro entwickelte diese Therapie, um Störungen zu behandeln, die Folge eines Traumas sind.

MSM: Die Abkürzung steht für Methylsulfonylmethan, einen organischen Schwefel. MSM kann den Körper mit Schwefel versorgen, weil wir hier häufig einen Mangel haben. Schwefel ist jedoch ein unverzichtbarer Bestandteil vieler körpereigener Stoffe und wichtig, um die körpereigenen Antioxidantien zu aktivieren. Somit stärkt MSM unter anderem das Immunsystem, hilft bei Allergien, lindert Schmerzen und schützt den Abbau von Knorpel, fördert dessen Aufbau und hemmt die Bildung entzündungsfördernder Botenstoffe, zum Beispiel bei Arthrose.

Mykotherapie: Der Einsatz von Vitalpilzen zur Förderung und zum Schutz der Gesundheit heißt Mykotherapie und hat eine lange Tradition. Momentan ist die Pharmaindustrie sehr daran interessiert, die geheimnisvolle Welt der Pilze zu erforschen, weil sie auch als Ersatz für Antibiotika eingesetzt werden könnten. Diese sogenannten Vitalpilze helfen nicht nur vielseitig bei Krankheit, sondern sind auch in der Lage den Körper von Giftstoffen zu befreien, das Immunsystem zu stärken, ein gutes Abwehrsystem zu schaffen und vieles mehr.

Retterspitz: Der Name dieser Tinktur kommt von der Erfinderin der Rezeptur, Margarete Retterspitz. Das Heilwasser besteht unter anderem aus Arnika, Zitronensäure, Rosmarinöl, Thymol, Bergamotte und einigen anderen Substanzen. Retterspitz wird sowohl innerlich als auch äußerlich vielseitig angewendet, so zum Beispiel bei Übersäuerung, Magenproblemen, Muskel- und Gelenkschmerzen, Fieber und zahlreichen anderen Beschwerden.

Soli 21: Soli-Chlorophyll-Öl ist ein naturreines Kräuter-Öl, bestehend aus 21 abgestimmten naturreinen Ölen. Es ist vielseitig anwendbar, zum Beispiel bei Erkältungserkrankungen, Muskelkater, Gelenkproblemen, Verspannungen, strapazierter Haut, Konzentrationsschwäche.

Somatic Experience: Dr. Peter A. Levine entwickelte diese körperorientierte Therapie, die es ermöglicht, Schocktraumata zu überwinden sowie frühe Bindungs- und Entwicklungstraumata.

Trauma-Yoga: Diese Methode wurde von David Emerson entwickelt. Dabei handelt es sich nicht um spezielle Yogaübungen, sondern darum, die erlebten Muster von Machtmissbrauch aufzulösen und überhaupt wieder eine Körperwahrnehmung zu entwickeln.

Wingwave: Diese Methode wird im Coaching eingesetzt. Sie verringert Angst und Stress schnell, bringt kreative Dynamik durch positive Emotionen mit sich und trägt zur inneren Balance bei.

Yin Yoga: Yin Yoga ist ein sanfter Yogastil, der die Übenden lange in bestimmten Positionen verweilen lässt, jedoch immer mit Hilfsmitteln. Das bewirkt ein wirkliches Loslassen der Muskulatur und die Arbeit des Parasympathikus, auch Ruhe- und Erholungsnerv genannt, nimmt zu.

IM FOKUS: WICHTIGE GESUNDHEITS-THEMEN UNSERER ZEIT

Jede Zeit bringt gewisse Krankheiten hervor und entsprechende Erkenntnisse und Therapiemöglichkeiten. Sie können nicht einem Zeichen zugeordnet werden, sondern sind umfassend zu betrachten. Daher haben sie vorweg einen eigenen Abschnitt; bei den einzelnen Zeichen steht nur ein Verweis hierher und mitunter eine Ergänzung.

Depression

Depression ist längst ein großes Thema und gilt sogar als Volkskrankheit. Sie kann fast jeden treffen, fast jeder kennt jemanden, den sie »erwischt« hat. Einige von uns kennen depressive Verstimmungen oder haben selber schon eine Depression erlebt. Depressionen können durch Erkrankungen entstehen oder umgekehrt. Sie können eine körperliche Ursache haben, etwa Schilddrüsenveränderungen, Darm- und neurobiologische Krankheiten, eine hormonelle Dysbalance, Schlafstörungen, eine genetische Disposition und vieles mehr. Sie können aber auch durch psychosoziale Ursachen wie Stress oder traumatische Erlebnisse ausgelöst werden sowie durch dauerhafte Ambivalenzen im Leben. Depressionen haben verschiedene Schweregrade und Erscheinungsbilder und bringen viele Beschwerden mit sich.

Der Griff zum Antidepressivum ist keine dauerhafte Lösung. Ich habe die Depression einigen Sternzeichen zugeordnet. Die Altastrologie ordnete sie dem Zeichen Steinbock zu. Das ist unter anderem auch ein Symbol für die Zeit, das Alter und das Wissen um die Endlichkeit.

Die Behandlungsmöglichkeiten machen gute Fortschritte. Aber die Arbeit mit dem Körper wird unterschätzt. Gesprächs-, Gruppen- und Verhaltenstherapie und einige andere Formen bringen den Betroffenen Linderung oder auch Heilung. Auch alternative Formen wie die Licht- oder die Wachtherapie mögen hilfreich sein. Doch noch immer wissen wir zu wenig über die Wechselwirkungen von Körper, Seele, Geist. Noch immer gibt es den Trend, sich auf das Problem zu konzentrieren und zu fokussieren. Doch Energie folgt der Aufmerksamkeit. Es wird Zeit, neue Therapieformen zuzulassen, mehr positive Psychologie zu integrieren und den Schwerpunkt auf Körperarbeit zu legen, zum Beispiel Feldenkrais, Yoga, Yin Yoga, Trauma-Yoga, Walken, Wandern, Joggen …

Ernährung

Ich gebe keine neuen Diätempfehlungen, denn die Zeitungen und das Internet sind voll davon. Was nährt uns? Das, was wir zu uns nehmen, was uns umgibt, was wir denken und fühlen, was wir erlebt haben oder erhoffen. Nicht nur die Lebensmittel auf dem Teller sind Nahrung, sondern alles, was uns umgibt. Schauen wir uns die Evolution an, so sind wir in unserer westlichen Gesellschaft in einer sonderbaren Phase, denn uns steht jederzeit alles an Essen und Getränken zur Verfügung. Unser Kühlschrank ist meist gut gefüllt und sobald wir Hunger verspüren, geben wir dem Gefühl nach und greifen zu. Essen ist notwendig, doch wir haben das gesunde Maß verloren. Wir essen definitiv zu viel, zu oft und noch dazu das Falsche – sprich schlechte Fette, leere Kohlenhydrate wie Zucker und Weißmehl. Keiner von uns würde sein Auto mit dubiosem Treibstoff volltanken. Doch wir selber tun das, und zwar nicht nur im Imbiss mit altem Fett und schlechter Ware.

Ob nun übergewichtig, essgestört oder übersäuert – grundsätzlich sind all diese Essstörungen und schlechten Ernährungsformen ein Warnsignal für unsere seelische Unterernährung. Die Ernährung steht mit dem Mond und dem Zeichen Krebs in Verbindung: Krebs symbolisiert dabei unser Unbewusstes und unsere Gefühle. Der Mond ist unser beliebtestes Gestirn und die Gezeiten des Mondes spiegeln die Lehre der unterschiedlichen Rhythmen des Lebens wider.

Ernährung braucht mehr Eigenverantwortung und den achtsamen Umgang mit Fülle. Testen Sie, nach welchem Essen Sie sich wirklich gut fühlen, kraftvoll und genährt. Essen Sie nicht beim kleinsten Hungergefühl, sondern trinken Sie stattdessen etwas. Lassen Sie Ihrem Körper nach dem Aufstehen Zeit, um in Gang zu kommen. Nehmen Sie sich die Freiheit, nicht nach der Uhrzeit, sondern nach dem Hunger zu essen. Es ist völlig unsinnig, sich Nahrung von der Zeit diktieren zu lassen. Lassen Sie öfter mal eine Mahlzeit ausfallen. Essen Sie bewusst und bereiten Sie Ihre Gerichte wieder öfter frisch zu. Wer sich nicht bewegt, kann auch weniger essen. Und wenn sich dann Leere auftut, dann fragen Sie sich: Was nährt mich wirklich? Welche Inhaltsstoffe nehme ich mit meinem Essen zu mir? Werden Sie eine informierte Spezialistin auf diesem Gebiet und stopfen Sie sich nicht weiter voll. Setzen Sie auf Qualität statt Quantität, denn: Sie sind mehr wert, als in Kilos gezählt werden kann.

Essstörungen

Essstörungen nehmen stetig zu und haben in der Astromedizin einen direkten Bezug zum Zeichen Krebs und seinem Planeten Mond. Damit sind sie auch die Andockstellen für alles, was wir als Kinder erlernt haben, unsere Konditionierungen, die Verbindung zu unseren Bedürfnissen, das Verhältnis zur Familie und Mutter und unsere Empfindungen in der Gemeinschaft. Essstörungen repräsentieren unsere Orientierungslosigkeit und unsere Hilflosigkeit, herauszufinden, was uns wirklich nährt und mit unseren wechselnden Gefühlen umzugehen. Ein gemeinsamer Nenner ist bei allen Essstörungen zu finden: Die Natur der Dinge ist uns verloren gegangen, Essen zur Last geworden. Essstörungen beeinflussen das gesamte Leben, die Betroffenen beschäftigen sich übermäßig mit diesem Thema. Frauen sind in hohem Maße häufiger betroffen! Essstörungen gelten als Verhaltensstörungen mit teilweise schweren gesundheitlichen und psychischen Folgen: Angststörungen, Depression, Zwangsstörungen und Suchterkrankungen sind häufige Begleiterscheinungen. Essstörungen sind keine Frage der Disziplin, sondern ernstzunehmende Erkrankungen, bei denen die Betroffenen therapeutische Hilfe und Verständnis brauchen.

Anorexia nervosa – Magersucht

Orexis bedeutet im Griechischen Appetit. »Anorexia« bedeutet übersetzt, keinen Appetit zu haben, weil die unter Anorexia nervosa Leidenden die Nahrung verweigern. Das stimmt jedoch nicht ganz: Es ist eher so, dass das, was ihnen angeboten wird, nicht jenes ist, was sie nährt. In jungen Jahren innerhalb der Familie bedeutet dies auch einen Widerstand gegen das Familiensystem. Die Betroffenen haben ein vollkommen verzerrtes Selbstbild, hungern bis zur Unterernährung und verweigern die Nahrung. Die Magersucht ist ein nach außen hin getragenes Symbol dafür, nicht genährt zu sein, sich nicht willkommen zu fühlen, der Unfähigkeit, die eigenen Gefühle zu regulieren sowie mit der Freiheit von Genuss und Sinnlichkeit umzugehen. Es bedarf einer umfassenden Therapie, häufig sind auch andere Abhängigkeiten wie Abführmittelmissbrauch etc. zu finden (siehe bei Steinbock Seite 188 f.).

Bulimie (Ess-Brech-Sucht)

Bei Bulimie werden in Episoden große Nahrungsmengen aufgenommen und dann heimlich erbrochen. Bulimie-Erkrankte fallen weder durch Über- noch Untergewicht auf, denn das Erbrechen verhindert Gewichtszunahme. Bulimie repräsentiert den Hunger auf etwas, das wir nicht bekommen können, oder das Unvermögen, unsere Bedürfnisse wirklich befriedigen zu können. Eine Essattacke dient auch der Gefühlsregulation. Meistens fällt es den Betroffenen sehr schwer, darüber zu sprechen. Bulimie geht mit Scham und Peinlichkeit einher. Begleitend sind hier: Abführmittelmissbrauch, Suchterkrankung, Fasten oder exzessive Sportphasen. Das Selbstwertgefühl bemisst sich an Figur und Gewicht.

Binge-Eating-Störung (Esssucht)

Beim Binge Eating haben die Betroffenen immer wieder Anfälle von Heißhunger und nehmen dann große Mengen an Nahrung zu sich, ohne diese schließlich wieder zu erbrechen. Deshalb nehmen Binge Eater erheblich zu. Sie verhalten sich beim gemeinsamen Essen normal, ihre »Anfälle« sind heimlich, doch die kontinuierliche Gewichtszunahme fällt auf.

Nach einer Fressattacke fühlen sie sich niedergeschlagen und empfinden Ekel gegen sich selbst. Auch Binge Eater können ihre Gefühle nicht regulieren, also positiv damit umgehen, sie verdauen und empfinden. Essgestörte fühlen sich von ihrem eigenen Seelenleben überschwemmt.

Orthorexia nervosa

Noch umstritten ist, ob es sich hier tatsächlich um eine Essstörung handelt. Menschen mit dieser »Störung« sind zwanghaft bemüht, gesund zu essen, und halten oft strikte Regeln ein. Falls sie einmal davon abweichen und etwas Ungesundes essen, folgt eine strenge Selbstbestrafung. Da sich die Mehrzahl der Menschen falsch ernährt, sehe ich jedoch in einer überaus gesunden Ernährung keine Störung.

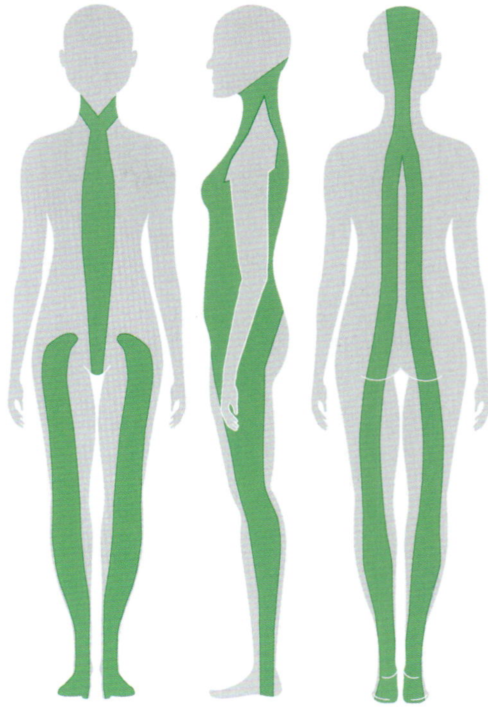

Frontallinie — Seitliche Faszienbahn — Rückwärtige Faszienbahn

Faszien

Was sind Faszien? Unser ganzer Körper ist von Faszien durchzogen. Überzogen würde es eher treffen. Denn Faszien sind nicht nur Sehnen, Sehnenplatten, Bänder oder Gelenkkapseln. Als Faszien bezeichnen wir das gesamte Bindegewebe. Und zwar sowohl das Bindegewebe rund um ein Organ als auch um die Muskeln herum und die Muskelfasern. Faszien hören nirgends auf, sie fangen auch nicht an einem bestimmten Punkt an. Sie überziehen den gesamten inneren Körper wie eine Schutzschicht und sind alle miteinander verbunden.

Faszien sind unterschiedlich dick. Ich habe sie als Schutzschicht bezeichnet, doch sie ähneln auch einem Gerüst, das uns Halt und Sicherheit gibt und unserem Körper Elastizität und Flexibilität verleiht. Faszien sind kollagenes Bindegewebe. Sie können verkleben, wenn sie keine Impulse in Form von Bewegung bekommen. Sie lieben unterschiedliche Reize, deshalb ist es heilsam und schön fürs Gesamtempfinden, den Körper vielfältig zu bewegen.

Orthopäden, Physiotherapeuten, Osteopathen, Schmerztherapeuten, Yogalehrer, Bewegungstherapeuten und andere auf diesem Gebiet Arbeitende begrüßen den frischen Wind, den die wachsenden Erkenntnisse über die Faszien mit sich bringen, sowie die daraus folgenden neuen Bewegungsabfolgen und Therapieerfolge.

Die Faszien können als eigenständiges Organ gesehen werden. Für Schmerzen aller Art ist die Arbeit an den faszialen Strukturen von größtem Wert. Denn 80 Prozent unserer Nervenenden befinden sich in den Faszien. Darüber sind Faszien mit unserem Gehirn verbunden! Alles, was wir erleben, hat eine Wirkung auf unsere Faszien. Faszien reagieren auf Stress – die Faszienübungen bewirken somit andersherum eine Reduzierung von Stress. Schmerzen sind in erster Linie dort zu behandeln.

Da es lange fasziale Strukturen gibt, seitliche, rückwärtige und frontale Bahnen sowie spiralige Bahnen, die mit den Meridianen identisch sind, wächst die Zahl der Übungen, die bestimmte Organe stärken, Schmerzen lindern, Spannungszustände abbauen, Stimmungen ändern sollen. Faszien sind dem Mond, der Venus und dem Planeten Neptun sehr verbunden. Neptun ist der Wunsch nach der Einheit mit allem. Mit der Entdeckung der Faszien und ihrer Integration in unsere Bewegungen fühlen auch wir uns wieder mehr verbunden, mit uns selbst, mit unserem Körper und mit der Aussicht auf Heilung.

Rückenbeschwerden

Die Körperrückseite ist uns bereits beim Sternzeichen Krebs begegnet, als Symbol fürs Unbewusste. Außerdem bei Löwe, als Symbol für die stolze Aufrichtung, unsere Identität. Und bei Steinbock in Bezug auf Rückgrat, Knochen sowie die Themen Verantwortung und Belastbarkeit. Unser Rücken zeigt an, was wir nicht sehen können. Der Rücken symbolisiert, wie aufrecht wir dem Leben begegnen können und ob wir uns zu unserer vollen Größe aufrichten.

Rückenschmerzen nehmen zu und damit die dadurch bedingten Krankheitsausfälle. Dabei können Sie ganz leicht etwas dagegen unternehmen.

Die wichtigsten Eckpfeiler für einen stabilen Rücken sind:

- Bewegung: Wenn Sie länger als 10 Minuten in einer Körperhaltung verharren, ist das für Ihren Körper kontraproduktiv. Bewegung bedeutet nicht zwangsläufig, dass Sie jeden Tag Sport treiben, sondern dass Sie zunächst die Positionen auflösen, durch die der Schmerz entsteht. Das geht auch im Büro, beim Sitzen: Zwischendurch immer wieder dehnen, atmen, kleine Übungen machen, strecken, kurz aufstehen und durch den Raum gehen, die Treppe statt des Lifts nehmen. Spazierengehen ist die beste Beschäftigung für die Mittagspause. Und keine Sorge, Ihre Konzentration wird durch einen mobilen Körper besser! Sie nimmt sogar zu. Integrieren Sie Bewegungen in Ihren Alltag: Während des Zähneputzens können Sie einen Raupengang (siehe Seite 118) einlegen und Ihre Fußmuskulatur stärken. Es gibt unzählige Möglichkeiten.

* Ein starker Rücken braucht einen starken Bauch: Damit unser Oberkörper genug Stabilität hat, braucht er eine starke Rumpfmuskulatur. Unsere Bauchmuskeln sind durch das Sitzen häufig verkürzt und schlapp. Trainieren Sie sie gezielt. Schon 15 Minuten täglich bringen den langfristigen Erfolg – und Schmerzlinderung. Das ist effektiver als nur einmal wöchentlich lange zu trainieren und den Rest der Woche bewegungsarm zu leben.
* Schädliche Gewohnheiten ändern: Wann haben Sie Ihre Matratze das letzte Mal erneuert, Ihr Kopfkissen? Betten Sie sich so, dass Ihre Halswirbelsäule keinen Stress hat in der Nacht bzw. nicht abknickt. Lassen Sie sich von einem Profi beraten. Denn wir verbringen viel Zeit im Bett! Wie viel Stress vom Tag nehmen Sie mit ins Bett?
* Flüssigkeitszufuhr: Wir bestehen zu 70 Prozent aus Wasser und brauchen, um im Flow zu bleiben, mindestens zwei Liter Wasser am Tag. Beginnen Sie den Tag mit einem Glas Wasser, dehnen und strecken Sie sich, gehen Sie ein paar Schritte, wecken Sie Ihren Körper mit sanften, wohltuenden Bewegungen auf und bewässern Sie ihn.
* Gewichtskontrolle: Unsere Knochen und Muskeln können einiges, doch untrainiert und unbewegt sind sie nicht in der Lage, sowohl Fehlhaltungen, Stress und Anspannungen und dann noch Übergewicht abzufedern, ohne sich schmerzhaft zu äußern.

Rückenschmerzen sind neben den oben genannten Basisthemen immer ein Hinweis Ihres Unterbewusstseins. Die Körperrückseite spiegelt das Unbewusste wider. So wenig, wie wir uns von hinten sehen, so unbekannt sind uns die Themen, die uns in der Tiefe leiten und beschäftigen. Ein Rückenschmerz kann uns ein wichtiges Mahnzeichen dafür sein, uns für ein Lebensthema aktiv mehr Raum zu nehmen – anstatt die Rückenschmerzen ganz nüchtern als unangenehme Nebenwirkung unseres Lifestyles passiv hinzunehmen.

Wir stehen die meiste Zeit des Tages unter Belastung und deswegen braucht der Rücken regelmäßig Entlastung und Bewegung. Richten Sie sich immer wieder auf. Wir sitzen zu viel und bewegen uns zu wenig. Schmerzen sind Warnsignale. Lernen Sie Ihren Rücken besser kennen.

Schmerzen

Körperliche Schmerzen sind von geistigen und seelischen nicht wirklich zu trennen, denn alles ist mit allem verbunden. Alles, was wir wahrnehmen, erleben, was unsere Vorfahren erlebten, auch die Art, wie wir uns ernähren, bewegen, wie wir leben, hat Einfluss auf Schmerzentstehung und -empfindung. 2017 brachte mich meine Neugier dazu, eine Ausbildung zur Schmerztherapeutin bei Roland Liebscher-Bracht und Dr. med. Petra Bracht zu absolvieren. Es war für mich ein weiterer Baustein in dem Gesamtbild Mensch, dem Wunderwerk Körper, um zu verstehen, dass wir Schmerzen nicht hilflos ausgeliefert und nicht dazu verdammt sind, sie mit einer Unmenge von Schmerzmitteln zu betäuben.

90 Prozent aller Schmerzen im Körper sind Warnungen aufgrund von Fehlspannungen. Der Körper will sich bewegen. Die Natur hat ihn dafür geschaffen. Die Elastizität der Faszien und Muskeln entsteht durch Qualität und Quantität von Bewegung. Alle Menschen, die ich kenne und die an starken Schmerzen leiden, haben ab deren Aufreten eine Schonhaltung angenommen und sich nicht mehr bewegt, doch die Schmerzen nahmen zu. Der Körper braucht Aktivität. Wenn sie fehlt, verändern sich unsere Muskulatur, fasziale Elastizität und Stimmung negativ: Eine Abwärtsspirale setzt ein.

Schmerzen sind eine sinnvolle Sprache des Körpers, auf die wir aufmerkam hören sollten. Die meisten Schmerzen können muskulär beseitigt werden, indem man die Fehlspannungen im Körper durch gezielte Behandlung auflöst. Indem wir alte Bewegungsabläufe abändern, verhindern wir diese Fehlspannungen und können dauerhaft schmerzfrei sein und bleiben.

Planet Uranus befand sich von 2011 bis 2018 im Zeichen Widder, dem ersten Zeichen des Tierkreises. Mars gehört zu ihm. Er ist unser Macher: Eine Schmerzrevolution ist im Gang, die durch jahrelanges Leiden und Schmerzmittelsucht ausgelöste Schäden nachhaltig verändern kann.

Stress

Die Digitalisierung, dem Zeichen Wassermann und Planeten Uranus zuzuordnen, brachte uns neben der globalen Vernetzung und einer Vielzahl an Informationsquellen eine unangenehme und rapide Zunahme von Stress. Neurobiologisch waren und sind wir für die Nutzung all dieser neuen Medien gar nicht gewappnet.

Stress ist bis heute prinzipiell eine sinnvolle Reaktion, denn sie sichert das Überleben bei körperlichen Bedrohungen. Der Körper schüttet viele Botenstoffe aus, die es uns ermöglichen, schnell zu reagieren, und zwar in der Regel mit Flucht, Erstarrung oder Kampf. Unser Erleben und all unsere Gefühle werden von Stresshormonen beeinflusst. Jeder Stress beinhaltet auch, dass unsere Verschaltungen im Gehirn neu angelegt werden oder jene, die bereits vorhanden sind, noch stärker werden. Wenn es gut läuft, lernen wir aus einer Stresssituation, wie wir sie besser bewältigen. Auch unsere Vorfahren prägen unser Stressverhalten, wir bringen also schon gewisse »Strukturen« mit, Verschaltungen, die dann zu Stressreaktionen führen können. Ältere Anteile und Mechanismen der Stressreaktion sind fast identisch mit denen aller anderen Säugetiere.

Stress hat einen Auslöser wie zum Beispiel ein Feuer. Diese Information kommt in der Hirnrinde an und stört unsere Routine. Nervenzellen geben diese Information weiter, wir geraten in Alarmbereitschaft. Denn diese Information wird an alle Organe weitergeleitet. Im Körper passiert dann Folgendes: Puls und Atemfrequenz steigen, die Muskelspannung erhöht sich, der gesamte Verdauungstrakt reduziert seine Aktivitäten, unser Gehirn fokussiert sich auf eine genaue Wahrnehmung, die Haut wird blass und schweißig, das Immunsystem reagiert mit mehr Abwehrzellen, damit wir der Stresssituation gewachsen sind – und vor dem Feuer fliehen können.

Bei dauerhaftem Stress bleibt ein Großteil der Stresshormone im Blut und wir kommen von einem bestimmten Stresslevel nicht mehr runter, es gibt keine Erholungsphase. Das führt jedoch dazu, dass der Blutdruck dauerhaft steigt, es kommt zu Herzrhythmusstörungen und Verspannungen der gesamten Muskulatur. Die Folgen können sein: Verdauungsprobleme, sexuelle Lustlosigkeit, Depression, Hautprobleme, das Immunsystem schwächelt. Stress wirkt auf unser gesamtes System, auf Körper, Seele und Geist.

Es gibt aber Wege heraus, denn unser Gehirn lernt stetig dazu. Reiz-Reaktionsmuster können aufgebrochen werden, wir können Situationen neu bewerten. Indem wir zum Beispiel unsere positiven Gefühle verstärken und uns nicht zu stark mit den negativ erlebten Dingen identifizieren und beschäftigen. Dann steigt im günstigsten Fall die Resilienz, das heißt unsere Möglichkeit, uns von belastenden Situationen zu erholen und wieder zu stabilisieren. Wir alle bringen Stressfaktoren mit, denn wir leben in einer Zeit, in der es fast dazugehört und schick ist, gestresst zu sein.

Beginnen Sie selber mit einer Neubewertung, indem Sie sich täglich auf das fokussieren, was gut läuft, was Sie als schön erleben, was Ihnen gefällt. Steigen Sie ein in Ihre eigene Aufwärtsspirale, anstatt dauerhaft in eine Abwärtsspirale hinabzusausen. Positive Gefühle reduzieren die Ausschüttung von Stresshormonen. Eine grundsätzlich positive Lebenseinstellung sorgt für die Ausschüttung von Dopamin und Opioiden, Entzündungen werden dadurch gehemmt, das Immunsystem wird stärker. Mit einer positiven Grundhaltung verändern sich Ihre biochemischen Reaktionen. Verbindungen, Berührungen, gemeinsame Unternehmungen, die Spaß machen, Meditation, Yoga, Joggen, Naturaufenthalte verbessern die Lebensqualität. Das ist nur einiges von vielem, was hilfreich ist. Richten Sie Ihre Energie auf das, was Ihnen Energie gibt! Sobald Sie sich mehr bewegen, lösen Sie Verspannungen im Körper, somit wächst die Belastbarkeit und Resilienz ebenfalls. Streichen Sie die Bezeichnung Stress aus Ihrem Wortschatz und denken Sie nicht übermäßig über stressauslösende Dinge nach! Bewerten Sie neu!

Zu jeder Körperregion gehört ein Sternzeichen. Der Kopf entspricht Widder, die Halsregion Stier, Lunge, Arme und Beine dem Zeichen Zwillinge, Magen und Brust Krebs, Herz und Brustwirbelsäule Löwe, Darm, Bauchspeicheldrüse und Nabelgegend Jungfrau. Nieren, Blasenregion sowie Hüfte und Taille werden Waage zugeordnet. Geschlechts und Ausscheidungsorgane (Dickdarm, After) dem Skorpion, Leber, Oberschenkel und Hüfte dem Schützen. Knie und Knochen dem Steinbock, Waden, Schienbein und Sprunggelenk dem Wassermann. Den Abschluss bildet – wie im Tierkreis – das Zeichen Fische mit den Füßen.

Sucht

Wir können nach allem Möglichen eine Sucht entwickeln: Medikamente, Nikotin, Drogen, Alkohol, Essen, Verhaltensweisen, Sex, digitale Technologien, Menschen, Arbeit und vieles mehr. Das Nervensystem regelt das Gleichgewicht zwischen Sympathikus (aktiv) und Parasympathikus (passiv). Egal, welche Sucht uns in Beschlag nimmt, sie ist immer ein Hinweis darauf, dass das Nervensystem nicht mehr regulieren kann, aber mithilfe der Sucht regulieren will. Sucht bedeutet Grenzenlosigkeit, deshalb wird sie häufig dem Zeichen Fische zugeordnet, das die Sehnsucht und den Wunsch nach der ursprünglichen Verbindung zu allem und allen symbolisiert. Fehlende Grenzen, natürliche und heilsame Grenzen, sind auch dann nicht vorhanden, wenn wir ein Trauma erlebt haben oder sich unser Nervensystem permanent in einer Art Alarmzustand befindet. Sucht entsteht häufig, um Gefühle zu unterdrücken – unangenehme Gefühle wie Angst, Einsamkeit, Hilflosigkeit, aber auch Schmerzen – und ist dann eine Vermeidungsstrategie. Süchte dienen in unserer Gesellschaft auch als Belohnung für das, was wir geleistet haben und werden dann zu Zwangsverhalten. Dieser Kern von Süchten wird selten erfasst, stattdessen werden sie oft als eine Art Disziplinlosigkeit dargestellt.

Ich bin überzeugt, dass wir über den Körper vieles lösen können, was zur Suchtentstehung beiträgt. Dennoch können wir über eine Körperarbeit auch vieles antriggern. Solange wir Sucht als ein Thema der Anderen ansehen oder eine elitäre Haltung einnehmen, ist niemandem geholfen. Ich würde sogar noch weitergehen. Wir selber können zum Beispiel durch sehr disziplinierte Vermeidungsstrategien, inklusive einer maßlosen Mäßigung, suchtfrei leben, dennoch haben wir im Kern die Themen nicht gelöst. Wann beginnt eine Sucht? Meiner Ansicht nach, wenn wir keine freie Entscheidung mehr erleben, was wir uns antun, zuführen, einnehmen oder benutzen.

Trauma

In den letzten Jahren fand viel Aufklärung über Trauma statt und die meisten Menschen haben inzwischen schon etwas von der posttraumatischen Belastungsstörung gehört. Wenige sind sich jedoch im Klaren darüber, dass sie selber Traumata erlebt haben. In der Psychologie handelt es sich dabei um starke seelische Erschütterungen, in der Medizin versteht man unter Traumen Verletzungen.

In den Beschwerdebildern finden sich Traumata häufig wieder, denn Menschsein bedeutet auch, Traumata zu erleben. Viele Menschen denken, ein Trauma müsste ein ganz katastrophales Ereignis sein. Doch auch Trennungen können zum Beispiel ein Trauma auslösen, der Tod eines nahestehenden Menschen, Gewalterfahrungen, Misshandlungen, Missbrauch, frühkindliche Erfahrungen. Ein Trauma kann auch generationsübergreifend sein. Bei Stress (ab Seite 132) habe ich bereits die verschiedenen körperlichen Reaktionen beschrieben, die bei einer stressauslösenden Situation entstehen. Diese Reaktionen finden sich bei einem Schock ebenfalls.

Unser autonomes Nervensystem unterteilt sich in ein sympathisches und ein parasympathisches Nervensystem. Vereinfacht übersetzt ist eines für die Erregung zuständig, das andere für die Beruhigung und Passivität. Diese beiden geraten jedoch in Dysbalance, wenn es zu einer übermäßigen Erregung infolge von Trauma und einem Zustand extremer Bedrohung und Hilflosigkeit kommt. Das gesamte System wird dann mit Hormonen überschüttet und bewältigt die Regulierung nicht oder nur schlecht. Wir pendeln nicht mehr in den ursprünglichen Zustand zurück. Bei einer solchen Situation bleibt der Organismus auf einem erhöhten Stressniveau. Das endokrine System (das Drüsensystem, das Hormone und Botenstoffe ausschüttet) ist gestört, unsere Reaktionen sind »unangemessen«. Körper, Seele und Geist befinden sich latent in einer Art Alarmbereitschaft (Kampf-Flucht-Erstarrung).

Im Körper bewirkt dies eine dauerhafte Muskelanspannung, die zu starken Verspannungen führt. In deren Folge können wir wiederum Schmerzen entwickeln oder es entwickeln sich Schäden in der gesamten Muskulatur und im Skelett. Schmerz entsteht durch erhöhte Spannungszustände und Fehlspannungen. Diese bleiben sogar in der Nacht und zeigen sich unter anderem als starkes Schwitzen oder Zähneknirschen. Ein Trauma kann durch die Schwächung des Immunsystems und die Dysbalance im Nervensystem viele Erkrankungen begünstigen. Auch eine ernste Diagnose kann traumatische Auswirkungen haben. Sehr hilfreich sind hier Somatic Experience, EMDR, Wingwave, Trauma-Yoga und Yin Yoga.

WIDDER ♈

Akute Erkrankungen

Sie finden hier eine Zusammenfassung von akuten Erkrankungen, die wohl jeder kennt. Widder und sein Planet Mars sind die ersten im Tierkreis und damit Impulsgeber und Entzünder – auch aus astromedizinischer Hinsicht. Das heißt, alles Akute ist Widder und Mars zuzuordnen, deshalb finden sich hier auch die meisten Beschwerdebilder des Kapitels. Allen geht ein Konflikt voraus, denn wir werden täglich vor neue Herausforderungen gestellt.

Widder bedeutet, übertrieben gesagt: Krieg im Körper. Das heißt jedoch nicht, dass Widder-Geborene besonders anfällig sind – im Gegenteil: Sie tragen ihre Konflikte eher aus. Jeder von uns hat einen Widder im Tierkreis, in seiner Matrix und einen zugehörigen Mars in einem Zeichen.

Akute Gesundheitsprobleme beginnen plötzlich. Sie sind ein Symbol für aktuelle Konflikte, die es zu betrachten und in die Heilungsphase einzubeziehen gilt. Akute Erkrankungen haben starke Leitsymptome und meist einen vorhersehbaren Verlauf. Zu den akuten Erkrankungen zähle ich:

Akuter Durchfall/Erbrechen (Widder/Mars, Krebs/Mond, Jungfrau/Merkur)

Wir können uns mit sehr vielem den Magen verderben oder etwas einfangen, das dann schleunigst wieder rauswill. Der Körper sorgt also insofern gut für uns. Meist wissen wir intuitiv, was es war. Wir müssen nur an das Getränk oder Essen denken, und der Brechreiz kommt wieder. Lassen Sie es also raus. Der Konflikt besteht darin, unsere Intuition nicht gehört zu haben, weil wir etwas zu uns genommen haben, was uns schadet. Der Magen wird Mond und Krebs zugeordnet, ein Hinweis dafür, die eigene Ernährung und Essgewohnheiten gründlich durchzuscannen. Jungfrau/Merkur fragt uns, was wir wirklich gut verdauen können – oder eben auch nicht.

Wichtig bei solchen akuten Magen-Darm-Erkrankungen und besonders bei Durchfall ist es, eine Austrocknung zu vermeiden. Keine tierischen Proteine zu sich nehmen. Ernährung umstellen. Essen Sie erst wieder, wenn Sie wirklich Lust dazu haben und Appetit. Bei lange anhaltenden Magen-Darm-Erkrankungen sollten Sie unbedingt Stuhlproben checken lassen.

Akute Verletzungen (Widder/Mars)

Sturz, Schnitt oder Bruch: Alle akuten Verletzungen haben mit Mars zu tun. Mars wiederum mit Wut, mit fehlenden Aktivitätsmöglichkeiten oder zu viel Aktivität, was uns dann von null auf hundert in eine ganz neue Situation bringt. Ein Schnitt bedeutet auch einen Einschnitt der jeweiligen Lebensphase. Alles, was wichtig und schnell erledigt werden wollte, ist plötzlich nicht mehr machbar. Ein Sturz bringt zum Einstürzen, ein neuer Aufbau wird nötig.

Jede akute Verletzung fordert uns heraus, über unser Tun neu nachzudenken. Wir sind für eine Weile gehandicapt und Ungeduld hilft nicht weiter. Mars-Kraft hat etwas Zerstörerisches. Den meisten akuten Verletzungen gehen Hektik, Eile und Überforderung voraus. Häufig auch Unzufriedenheit. Mars habe ich als inneren Krieger beschrieben, als Antrieb in uns. Bei akuten Verletzungen lernen wir viel darüber, wie belastbar wir wirklich sind.

Akute Verletzungen lösen einen Schock im Körper aus. Sofern möglich, ist es gut, sich nach dem ersten Schreck auszuschütteln und auszuruhen. Fragen Sie sich nach ein paar Tagen: Wofür will ich meine Kraft einsetzen? Welcher Einsatz lohnt sich nicht mehr für mich? Welche Energie steht mir wirklich zur Verfügung? Welche Ärgernisse will ich endlich loslassen?

Ich möchte Sie an die Auffrischung des Erste-Hilfe-Kurses erinnern, um bei akuten Verletzungen gut Hilfe leisten zu können.

Blasenentzündung (Widder/Mars, Waage/Venus)

Von Blasenentzündungen sind wegen ihres kürzeren Harnleiters vor allem Frauen betroffen. Es gibt verschiedene Formen. Häufig tritt in der Vorpubertät eine auf, weil sich der Körper und die Zusammensetzungen unserer Schleimhäute verändern. Es gibt die sogenannte Honeymoon-Blasenentzündung, die mit einem neuen Partner auftauchen kann. Die Chemie zwischen beiden Menschen muss sich erst noch finden. Beim Sex geraten eventuell Bakterien aus Vaginalraum und Analraum zur Harnröhre.

In den Wechseljahren treten Blasenentzündungen wieder häufig auf – aufgrund der veränderten Hormone. Sehr häufig tritt die Blasenentzündung bei Frauen auf, die in Stress geraten. Stress verursacht in unserem

Körper vieles, unter anderem verändert sich das Säure-Basen-Gleichgewicht im Körper. Ein übersäuerter Körper bildet immer das Milieu für Krankheit.

Blasenentzündungen stehen in Verbindung zu Partnerschaft und Sexualität. Blase und Harn sind ein Symbol für Tränen. Profan lässt sich sagen, dass Weinen wirklich hilfreich sein kann, um das »Blasenthema« auf eine andere Ebene zu bringen. Bei Blasenentzündungen versuchen wir häufig, einem bestimmten Rollenbild nachzukommen, das uns nicht entspricht, oder gehen auf Wünsche des Partners ein, die unserer Sexualität nicht entsprechen. Partnerschaft und Sexualität verursachen dann mehr Stress als Genuss und Entspannung.

Gutes Spülen der Nieren und Harnwege ist unbedingt erforderlich. Basische Ernährung bringt den Körper in einen guten Zustand. Beckenbodentraining bringt uns in eine gute Verbindung zu unserer Sexualität und allen Organen des unteren Beckens. Bei drohender Nierenentzündung, die immer ein Alarmsignal für ungute Beziehungsstrukturen ist, bleibt häufig nichts anderes als der Einsatz von Antibiotika.

Es hilft eine Teemischung aus Johanniskraut, Schachtelhalm und Odermennig zu gleichen Teilen. Jeder Tee ist ein Heilmittel, gehen Sie sparsam damit um. Auch Zitronen sind wahre Heilmeister: Täglich den Saft von einer bis zwei Zitronen in kaltem Wasser trinken. Ansonsten trinken Sie viel Wasser, am besten erwärmt.

Falls das Wasser als Träne rauswill, halten Sie es nicht zurück!

Erkältungen (Widder/Mars, Zwillinge/Merkur)

Erkältungen sind besonders in den Wintermonaten zahlreich. Die meisten von uns versuchen, die Symptome irgendwie in den Griff zu bekommen oder zu unterdrücken. Einer Erkältung geht häufig eine Zeit der Müdigkeit voraus. In der Zeit des »Aufkeimens« hilft deshalb Schlaf und zum richtigen Zeitpunkt auch der Gang in die Sauna, oder eine schwitzende Aktion, bei der wir manches wieder loswerden können, bevor es sich voll entfaltet. Erkältungen stehen in enger Verbindung zu Wut und zu Konflikten, in denen wir uns entweder zurückgehalten oder vollständig verausgabt haben.

Alternative Heilmittel gibt es viele. Hilfreicher als Nasensprays und ohne Nebenwirkungen sind Nasenduschen. Der einfache

Umgang ist meist der beste: Schonkost, viel Schlaf, Ruhe, viel Wasser trinken, Kräutertee in Maßen, frische Luft, saubere Taschentücher und keine Überforderung. Erkältung braucht Ruhe und Rückzug. Sie sollte auf keinen Fall verschleppt werden.

Grippale Infekte (Widder/Mars)

Viele Erwachsene haben kein Fieber mehr. Doch falls Sie zu denen gehören, die Fieber bekommen, umso besser. Fieber ist der Freibrief, um sich krankzumelden, der Körper feuert (Widder/Mars) und wir müssen loslassen. Entgegen der üblichen Herangehensweise, dieses kostbare Geschenk des Körpers zu unterdrücken, bin ich der Ansicht, dass uns Fieber während eines grippalen Infektes sehr hilfreich durch den Infekt bringt. Solange Fieber und erhöhte Temperatur da ist, gilt Bettruhe. Am besten keinerlei andere Beschäftigung.

In unserem Körper herrscht zu diesem Zeitpunkt ein regelrechter Kampf, der, wenn er unterdrückt wird, meist woanders seine Störfelder verbreitet. Geben wir dem Körper also die Chance, diesen Kampf selbst zu bestehen, um anschließend, nach guter Regeneration, umso stärker zu sein. Wenn der Körper es allein schafft, sind Sie im Anschluss auch meist in der Lage, Konflikte ohne Hilfsmittel auszutragen. Im besten Fall ohne grippalen Infekt.

Der Hunger lässt bei Fieber nach. Und das ist gut so. Der Körper braucht die Kraft fürs Immunsystem und kann sich nicht mit Verdauung beschäftigen. Es ist nicht nötig zu essen, sondern ausreichend zu trinken. Sport sollte unbedingt ausgesetzt werden, auch in der Rekonvaleszenz-Phase. Ein Zuviel an Marsqualität fordert Venusqualität, um ins Gleichgewicht zu finden: Pausen, Zeit, Genuss, Ästhetik, Berührung, Fühlen.

Hexenschuss (Widder/Mars, Steinbock/Saturn, Waage/Venus)

Plötzlich und unerwartet schießt bei einer kleinen »falschen« Bewegung der Schmerz in den unteren Rücken: der Hexenschuss. Er ist ein Signal des Rückens, dass wir für die Last, die wir tragen, nicht ausreichend gerüstet sind. Häufig steht der Hexenschuss in engem Kontakt zu einem Konflikt innerhalb einer Beziehung, meist mit dem Lebenspartner über die Aufteilung der Verantwortung, mit der wir nicht mehr einverstanden sind.

Der ganze Rücken ist dem Unbewussten gleichzusetzen, das sich über Träume, Schmerzen, Krankheiten etc. meldet. Wir können es nicht bewusst wahrnehmen. Der Hexenschuss will erst einmal in Ruhe gelassen werden. Er ist ein wertvoller Hinweis, dass es zu viel geworden ist an Belastung oder wir selber vollkommen falsch einschätzen, was wir stemmen können.

Wärme hilft, etwa durch Wärmflaschen oder muskelwärmende Tinkturen. Von der Badewanne ist jedoch abzuraten. Die Muskulatur entspannt sich darin zwar, doch falls die Bandscheiben über den Hexenschuss ein Warnsignal melden, könnten wir nach einer heißen Wanne noch schwächer sein als zuvor. Wenn ein Muskel derart blockiert wie beim Hexenschuss, will er auch wahrgenommen werden. Nach dem Hexenschuss kann nicht alles beim Alten bleiben. Der Rücken hat uns einen Warnschuss gesendet. Es gilt, Rückenmuskulatur aufzubauen und übliche Haltungen zu verändern. Ein bis drei Tage Ruhe reichen, danach helfen Osteopathie, Feldenkrais und dann gilt es, die Rumpfmuskulatur gezielt aufzubauen. Und im übertragenen Sinn: Denken Sie über die Verantwortungsaufteilung in der Partnerschaft neu nach.

Husten – Bronchitis (Zwillinge/Merkur)

Kaum eine akute Erkrankung zeigt deutlicher, worum es geht. Husten ist die nachträgliche Beschwerde. Achten Sie einmal darauf, wer hustet und in welchen Momenten. Was nicht zur Sprache kam, findet im häufig bellenden Husten Ausdruck. Wenn ich huste, sagt keiner: »Hör doch mal auf.« Und keiner überhört mich. Husten hat mit Kommunikation zu tun. Der Reizhusten findet seinen »Anfall« in den unpassendsten Momenten. Bei Konzerten, im Kino oder noch schlimmer: während eines Vortrags. Husten will uns etwas sagen, deshalb sind wir mit Husten eher dazu eingeladen, uns selber zuzuhören anstatt anderen.

Fragen Sie sich: Mit wem stehen Aussprachen an? Was würde mir der Husten jetzt erzählen, wenn er nicht nur bellen würde, sondern Worte fände? Was streiche ich aus dem Kalender, damit ich meinen Husten nicht unterdrücken muss, sondern auskuriere? Die alternativen Heilmittel sind zahlreich. Hilfreich während dieser Zeit ist die Anregung des Speichelflusses, der durch das Rollen der Zunge im Mundraum zustande kommt.

Kaum jemand von uns wohnt in der Nähe einer Saline. Doch falls Sie schon einmal in den Genuss gekommen sind, die Luft einer Saline zu atmen, wissen Sie, welche Frische Sie in unseren Atemwegen schafft. Ans Meer zu fahren wäre die zweite Alternative.

Myrrhe und Thymian helfen bei Husten. Quarkwickel lindern besonders bei Kleinkindern den Husten. Aber das Ungesagte will raus. Verzichten Sie während der Hustenzeit auf tierische Proteine.

Mandelentzündung (Widder/Mars, Stier/Venus)

Wie die Krankheiten und Beschwerden aller Zwillingsorgane haben Mandelentzündungen einen Bezug zu Partnerschaft und Beziehungen. Mandeln gehören zu Venus/Stier, die akute Entzündung zu Mars/Widder. Wiederkehrende Mandelentzündungen spiegeln die Thematik von Nähe und Distanz ganz besonders im Bereich der Sexualität. Deswegen sind als Organe der Partnerschaft Eierstöcke und Hoden sowie das Zeichen Skorpion mit einzubeziehen.

Mandelentzündungen sind oft schmerzhaft und häufig werden sie zum Dauerthema. Wenn ich hier von Mandeln spreche, meine ich die Gaumenmandeln, die bei geöffnetem Mund sichtbar sind. Sie zeigen an, was an Krankheitserregern da ist, und räumen auf.

Bei Mandelentzündungen können Sie sich folgende Fragen stellen: Wie ist der kommunikative Austausch in meiner Partnerschaft? Welche Worte sind mir im Hals stecken geblieben? Lebe ich meine Sexualität und den Wunsch nach Nähe so, wie ich es mir wünsche? Was sollte ich nicht mehr einfach so runterschlucken?

Mittelohrentzündungen (Widder/Mars, Zwillinge/Merkur)

Unsere Ohren sind ein Wunderwerk für sich. Gut zu hören bedeutet auch gutes Zuhören. Bei Ohrenentzündungen sind wir mit dem, was uns gesagt wurde, im Konflikt. Die Ohren brauchen Ruhe und Stille, auf keinen Fall Headsets oder Kopfhörer. Und schon gar keine Reinigung mit Wattestäbchen. Spülungen mit warmem Wasser helfen gesunden Ohren.

Fragen Sie sich: Was kann oder will ich nicht mehr hören? Wo kann ich besser und anders zuhören?

Nebenhöhlenentzündungen (Widder/Mars, Stier/Venus, Zwillinge/Merkur)

Bei Nebenhöhlenentzündungen haben wir die Nase gestrichen voll. Sie hat keinerlei Ausdrucksmöglichkeiten mehr außer der schmerzhaften rötlichen Schwellung und dem fiesen Allgemeinzustand plus Brummschädel. Der Nebenhöhlenentzündung geht immer eine Erkältung voraus. Kraftvolles Schnäuzen erhöht den Druck und die Sekrete setzen sich fest. Ein akutes Wut-Thema wird zu einem chronischen.

Wirksam ist Therapie mit Schwarzem Rettich. Sie benötigen einen Helfer dafür. Den Rettich sehr fein raspeln. Die Augen zum Schutz mit einer beliebigen Creme umranden und dicke Wattebäusche auf die Augen setzen. Legen Sie sich entspannt hin. Nun bestreicht Ihr Helfer ganz dünn die betroffenen Stellen mit dem fein geraspelten Rettich. Es brennt und darf auf keinen Fall länger als fünf bis zehn Minuten draufbleiben. Danach vorsichtig abnehmen und das Gesicht waschen. Kein Augenkontakt! Anschließend mit warmer Salzlauge inhalieren. Ruhe und viel Flüssigkeitszufuhr beschleunigen den Heilungsprozess.

Anämie (Mars/Widder, Neptun/Fische)

Bei Anämie haben wir zu wenig Blut im Kreislauf, fühlen uns blutleer und ausgelaugt oder abgezapft. Frauen leiden, zum Beispiel wegen starker Monatsblutungen, häufiger unter Anämie als Männer. Das ist keineswegs normal. Anämie hat verschiedenste Ursachen und diese gilt es herauszufinden! Weil Blut fehlt, wird weniger Sauerstoff im Körper transportiert, Müdigkeit und Antriebslosigkeit sind die Folge. Die Mars- und die Sonnenkraft fehlen. Wir haben verpulvert, was uns zur Verfügung stand.

In unser aller Leben gibt es verschiedene Phasen. Viele Frauen fühlen sich während Ihrer Menstruation ausgepowert und sind ruhebedürftig. Unser Alltag lässt das jedoch nicht zu. Zur Spannung gehört Entspannung. Zu Mars gehört Venus. Anämie bedeutet, dass wir über einen längeren Zeitraum unsere Kräfte überbeansprucht haben. Wir befinden uns im Marsdefizit. Neben der Suche nach den Ursachen braucht es eine Lebensumstellung, die mehr Pausen einräumt. Bei einem Parasitenbefall, etwa mit Hakenwürmern, ist Anämie eine häufige Begleiterscheinung.

Augenerkrankungen

Unsere Augen bringen die Welt um uns herum zu uns. Wir können mit offenen Augen durchs Leben gehen oder unseren Blick ständig woandershin auf etwas anderes richten. Es gibt unzählige Augenerkrankungen. Nehmen Sie das Auge als Spiegel der Seele und machen Sie sich bewusst, was Sie täglich wahrnehmen im Gegensatz zu dem, was Sie gerne sehen würden. Neues Betrachten mit allen Sinnen, eine neue Perspektive schaffen, ein anderer Blick seien hier allgemein als Hinweise zu Augenerkrankungen genannt.

Probieren Sie Augentraining. Hinweise und Anleitungen dazu finden Sie im Internet. Falls Sie diese Übungen regelmäßig durchführen können, werden Ihre Augen auf jeden Fall gekräftigt. Besonders für Menschen, die viel am Computer tätig sind, ist das wichtig, denn Computerarbeit lässt uns alle zu Brillenträgern werden.

Bindehautentzündung

Unser Blick ist eingeschränkt und gekränkt. Was wir sehen, gefällt uns nicht oder lässt uns traurig werden. Es gibt Alternativen zu dem ständigen Beträufeln mit Augentropfen, zum Beispiel unser eigenes Bewässerungssystem zu animieren mit gutem Wasser und weniger Belastung für die Augen. Euphrasia lindert Juckreiz, Fenchel in Augensäckchen lindert die Beschwerden.

Gerstenkorn

Wie bei allen Ansammlungen stauen sich auch hier Gefühle. Der Blick zurück im Zorn bringt häufig ein Gerstenkorn mit sich. Was wir sehen, erfüllt uns mit Wut. Wir brauchen schönere Aussichten und eine Sprache für das, was wir wahrnehmen.

Kurzsichtigkeit

Den Kurzsichtigen fehlt meist der Weitblick. Im günstigsten Fall sind sie voll im Hier und Jetzt. Wir sehen, was ist, doch nie, was kommt. Fragen Sie den Kurzsichtigen bloß nicht nach Fünf-Jahres-Plänen. Mit einer Kurzsichtigkeit sind wir aufgefordert, uns mehr Weitblick zu verschaffen, Dinge aus einer übergeordneten Perspektive zu betrachten, den Phasen des Lebens Raum zu geben und uns nicht zu sehr mit der augenblicklichen Situation zu identifizieren.

Weitsichtigkeit

Weitsichtigen fehlt der Blick auf das, was ist. Sie kümmern sich um Größeres. Altersweitsicht lässt uns großzügiger mit den Widrigkeiten des Lebens umgehen. Wir kennen manches schon, wissen vieles, finden Erklärungen, doch wir sind nicht immer im Jetzt. Jeder Weitsichtige ist aufgefordert, den Kleinigkeiten des Alltags mehr Aufmerksamkeit zu schenken und nicht immer auf in der Zukunft liegende grüne Wiesen zu schauen. Innenschau tut gut.

Bänderzerrung/-riss

Wir haben den Bogen überspannt, das Band reißt. Zu den wichtigsten Leitsymptomen gehören Übelkeit, Frösteln und anschließend bleierne Müdigkeit. Ein Bänderriss ist ein Symbol für Übertreibung. Wir haben unsere Marskräfte überschätzt. Bänderrisse sind mit vielerlei Tinkturen gut behandelbar. Es gilt, alle Muskeln rund um das Band zu stabilisieren und zu kräftigen. Bänder sind die Melder im Körper: Sie sichern die Gelenke. Daher sind Gelenke nach einem Bänderriss nicht mehr gesichert. Gehen Sie achtsam mit ihnen um.

Entzündungen

Entzündungen haben klar mit Mars zu tun. Nicht alle von uns sind Anheizer oder Animateure. Entzündungen gleichen einem Implodieren und gehören immer zum Feuerelement. Sie bringen eine Rötung durch die starke Durchblutung und die Freisetzung von Abwehrstoffen. Erwärmung und Schwellungen folgen. Entzündungen brauchen Schonung, denn zu viel Mars hat zerstörerische Wirkung. Entzündungen sind Warnsignale und zugleich Heilungsvorgänge.

Ein einfaches und sehr wirksames Mittel ist die Zitrone. Sie schafft im Körper ein basisches Gleichgewicht. Immer kalt trinken, damit die Vitamine erhalten bleiben. Zitrone ist antimykotisch, antiseptisch, antibakteriell und antiviral – ein starkes Heilmittel. Zitrone kann auch äußerlich als Blutstiller eingesetzt werden.

Da es sehr viele verschiedene Entzündungen gibt, suchen Sie bitte mithilfe einer Fachkraft nach dem richtigen Mittel.

Erschöpfung

Die Ursachen einer Erschöpfung sind sehr vielschichtig. Schuld an einer Erschöpfung können andere Erkrankungen sein: Viren, Infekte, Fibromyalgie … Schock und Trauma können ebenfalls Ursache sein. Ein Erschöpfungssyndrom wird auch Fatigue genannt. Stärkstes Symptom sind ausgeprägte Müdigkeit, Konzentrationsschwäche und Antriebslosigkeit. Ein Teufelskreis. Wir schöpfen nicht mehr aus uns selbst heraus, sondern sind erschöpft. Die Lebensquelle ist versiegt. Astromedizinisch befinden wir uns mit der Erschöpfung bei einer Marsthematik. Hier gilt es, uns von unserem Selbstbild des Machers zu verabschieden und ein realistisches Neues zu kreieren – und außerdem kreative Pausen ins Leben zu integrieren, sodass wir ein positives Verhältnis zu Ruhe entwickeln, nicht nur aus der Erschöpfung heraus.

Fieber

Fieber ist ein Begleitsymptom und Warnsignal. Bei gewöhnlichem Fieber ist es nicht notwendig, dies zu unterdrücken, im Gegenteil. Fieber ist gleichzusetzen mit dem reinigenden Feuer. Es bekämpft (Mars/Widder) etwas, das dem Körper schadet: Bakterien, Viren, Infektionen, Pilze, Entzündungen etc. Unsere normale Temperatur (ca. 37 °C) wird im Hypothalamus gesteuert. Ab 38 °C sprechen wir von Fieber. Während des Fiebers ist es heilsam, zu fasten und viel zu trinken. Bei anhaltendem Fieber muss die Ursache geklärt werden.

Schwarzer Pfeffer senkt das Fieber und erhöht die Ausschüttung von sogenannten Glückshormonen. Ingwer und Knoblauch beleben und wirken wie ein natürliches Antibiotikum. Basilikum senkt Fieber. Wadenwickel sind hilfreich bei hoher Temperatur. Die Wickel aber bitte lauwarm bis kühl halten, nicht kalt.

Gallenblase und Gallensteine

Die Gallenblase liegt in der Leber. In der Gallenblase wird Galle gespeichert, die wir zur Fettverdauung brauchen. Wir essen leider vor allem die »falschen« Fette. Wenn uns die Galle hochkommt, bedeutet das: Wir haben die Schnauze voll, es reicht, genug. Bei Gallenproblemen kompensieren wir unterdrückte Wut mit Essen. Venus harmonisiert den Körper, Mars beschützt oder attackiert. Bei den Übungen zu Mars/Widder gibt es Anregungen für den Gallenmeridian. Die Galle ist das stärkste Mars-

Widder-Symbol. Bei Gallenproblemen halten wir vieles zurück, was die Harmonie oder Balance stören könnte. Wir unterdrücken Aggressionen und Wut und verbieten uns diese. Gallensteine entsprechen alter verbohrter Wut.

Bei Gallenproblemen gilt es, die Ernährung zu ändern. An Pflanzen, Tinktur oder homöopathisches Mittel helfen: Schöllkraut, Wermut, Gelbwurz, Goldrute, Tausendgüldenkraut, Thymian und Eisenkraut.

Hämatom (Blauer Fleck)

Ein Hämatom erinnert ständig an unsere Verletzlichkeit, die wir lieber versteckt halten. Es sieht schlimmer aus, als es ist. Zunächst gibt es eine Verletzung – mit nachfolgender Einblutung ins Gewebe. Wichtigste Grundregel beim Hämatom: Erst kühlen, um das Einbluten zu stoppen, danach ist Wärme hilfreich, um die Durchblutung anzuregen und den Abbau des Hämatoms zu beschleunigen.

Sehr gut helfen Arnika-Umschläge und DMSO-Dimethylsulfoxid (siehe Seite 123).

Hitzewallung

Während der wechselnden Lebensphase kämpfen viele Frauen mit Hitzewallungen. Meistens sind ihnen diese sehr peinlich. Hitze ist ein Marssignal. Hitzewallungen tauchen in vielen Situationen auf. Sie sind ein Symbol dafür, dass wir mehr in die eigene Kraft gehen sollen, anstatt weiterhin etwas abzuleisten, was uns nicht mehr entspricht. Situationen, die eine Hitzewallung mit sich bringen, zeigen uns zu viel Mars an. Hitzewallung als Marssymbol bedeutet: Seien Sie nicht zu nett – seien Sie ehrlich, mit sich und anderen.

Kaffee, Alkohol, tierische Proteine, Zucker, Stress verstärken die Hitzewallungen.

VORSICHT BEI NACHTSCHWEISS

Übermäßiges Schwitzen, vor allem wenn es nur in der Nacht auftaucht, muss nicht unbedingt eine Hitzewallung sein. Es kann auch ein Begleitsymptom für andere Erkrankungen sein – oder ein Anzeichen für Erschöpfung und Überlastung.

Hörsturz

Ein Hörsturz steht in direktem Zusammenhang mit Herz-Kreislauf-Problemen, mangelnder Durchblutung und vor allem Stress. Es ist ein Infarkt im Ohr, der unser Hörvermögen schädigen kann. Im günstigen Fall kommt es nur vorübergehend zu einem Hörverlust. Als Marsqualität bedeutet der Hörsturz, dass wir nicht mehr in der Lage sind, weiterhin zuzuhören. Unsere Aufnahmemöglichkeiten sind überschritten. Was uns zu Ohren kommt, versetzt uns in Panik.

Ein Hörsturz entzieht uns dem Lärm. Jetzt brauchen wir Stille, Ausruhen, Kontemplation. Ein radikaler Wechsel ist nötig, um den Stress zu verringern: von dem Lärm, den Informationen, dem Schnellen und Lauten hin zur Ruhe. Begleitender Tinnitus ist laut manchen Studien mit hohen Vitamin-C-Dosen gut zu behandeln.

Knochenbruch

Knochenbrüche erinnern an die Endlichkeit. Saturn/Steinbock sind den Knochen zugeordnet. Sie bleiben nach dem Tod übrig. Der plötzliche Bruch hat mit Mars zu tun, denn er setzt eine Gewalteinwirkung voraus. Je nachdem, welcher Knochen bricht, können wir Ableitungen zum jeweiligen Planeten/Zeichen machen (etwa Füße: Fische/Neptun; Wade: Schienbein/Wassermann).

Ein Bruch bedeutet: Die alte Ordnung oder Struktur wird aufgehoben. Weitere Zuordnungen: Die rechte Körperseite symbolisiert unser aktives Tun (etwas initiieren). Die linke Körperseite steht für unser passives Sein (etwas Annehmen oder geschehen lassen). Füße stehen für unseren Stand im Leben, die Beine für die Bewegung, die Hüfte für die Balance und Richtung, die wir im Leben einschlagen. Neben der herkömmlichen Therapie unbedingt alternative Heilmittel nutzen.

Cissus, eine indische Heilpflanze, kann selbst bei alten Brüchen noch helfen. Die Knochen heilen wesentlich schneller.

Kopfschmerz

Das Thema Kopfschmerz könnte ein ganzes Buch füllen. Interessant ist, dass es Planet Mars und dem Zeichen Widder zugeordnet wird: Schmerz und Kopf – doppelte Marskraft. Kopfschmerz liegt in der Basis ein Wut-Thema zugrunde. Auf Mars basierende Krankheitszuordnungen haben den großen Vorteil, dass wir aktiv etwas für die Schmerzreduzierung tun können. Das beginnt bei der Bewegung: Übungen zur Entspannung der Kopfgelenke, die rückwärtige lange Faszienbahn dehnen, Fehlhaltungen auflösen mit Yoga, Feldenkrais, Physiotherapie. Auch eine gute Matratze kann helfen, Kopfschmerzen zu verringern.

Muskelriss, Muskelzerrung

Eine Überdosis Heldentum, schon ist es passiert. Von Muskelzerrung und -riss haben wir lange etwas, die vollständige Ausheilung dauert nämlich lange. Kurze Schmerzstiche erinnern uns daran, die eigene Power besser einschätzen zu können. Wärme für die Heilungsphase hilft, um eine bessere Durchblutung zu schaffen.

Stress

(siehe ab Seite 132)

Übersäuerung

Bei unserem jetzigen Lifestyle können wir die Aussage »Ich bin sauer« wörtlich nehmen. Wir sind nämlich fast alle sauer. Dauerhafte Übersäuerung stellt einen Nährboden für alle möglichen Erkrankungen dar. Für den Organismus ist das Ende der Übersäuerung der Beginn einer neuen Ära, die Möglichkeit der Verbesserung. Experimentieren Sie damit, um nachvollziehen zu können, wie anders sich vieles anfühlt in einem guten Säure-Basen-Gleichgewicht. Es ist, wie bei vielem, die Kunst des Weglassens: Kein Pulver bringt Sie in guten Zustand, solange Sie Ihren Körper weiterhin übersäuern. Versuchen Sie es mit Basenfasten und basischer Ernährung.

Verbrennungen

Verbrennung bedeutet: Das Maß an Hitze und Aktivität ist um ein Vielfaches überschritten. Meine Erfahrungen haben mich gelehrt, nach Verbrennungen wieder an den Hitzegrad heranzugehen, der mich verbrannt hat, ohne ihn zu berühren. Keine Eiskühlung. Wenn wir auf verbrannte Stellen direkt kaltes Wasser laufen lassen, bringt dies zwar kurzzeitig Linderung, erhöht jedoch das Risiko von Brandblasen. Sich verbrannt zu haben hat einen Bezug zur Mythologie des Prometheus, der den Göttern das Feuer stahl, um es den Menschen zu bringen.

Damit waren sie göttergleich. Oder die Mythologie des Ikarus, der der Sonne zu nah kam. Verbrennungen tragen das Symbol der Sehnsucht nach dem Göttlichen in uns, nach Reinheit, nach Spiritualität.

Wunden

Eine Verwundung betrifft meist nicht nur die körperliche, sondern auch andere Ebenen in uns. Neben der Desinfektion können Wunden gut mit verdünntem Wasserstoffperoxid und Calendula-Tinkturen behandelt werden. Unsere Wundheilung sagt viel über unseren Gesundheitszustand aus.

Zähneknirschen

Die Zähne werden eher dem Saturn und Steinbock zugeordnet, sie symbolisieren unter anderem, wie wir die Härten des Lebens meistern. Je nach Zahnstellung verraten sie viel über unsere Position in der Familie. Heute wird jeder schiefe Zahn begradigt, gesunde Zähne werden abgehobelt und die allgemein um sich greifende Gleichmacherei zeigt sich bei den Zähnen. Beim nächtlichen Zähneknirschen, das Kinder und Erwachsene zeigen, ist die erste Hilfe eine Beißschiene, um Schädigungen zu vermeiden. Zähneknirschen bedeutet: Was wir am Tage nicht rauslassen, mahlt in der Nacht. Ein durcheinandergeratenes Spannungs-und-Entspannungs-Syndrom. Es fehlt an Venusenergie.

Sehr hilfreich hier: Das Schüßler-Salz Nr. 7. Kurz vorm Schlafengehen 10 Tabletten in heißem Wasser auflösen und als Abend-Drink nehmen. Außerdem: Die Kopfgelenke entspannen und zwei Stunden vor dem Zubettgehen kein Fernsehen, Smartphone- und Computergebrauch mehr.

KLEINE ÜBUNG ZUM ENTSPANNEN DER KOPFGELENKE

Aufrecht stehen. Den Kopf nach vorne schieben. Nicht nach unten, sondern nach vorne, dann in der gleichen Achse nach hinten. Meist entsteht hier ein kleines Doppelkinn. Der Hals bleibt lang. Sie werden sofort merken, wo die Verspannung sitzt. Wiederholen Sie dies täglich mehrmals hintereinander.

STIER ♉

Adipositas

(siehe auch Ernährung ab Seite 126)

Das lateinische Wort Adipositas bedeutet starke Fettleibigkeit. Vordergründige Ursachen sind Überernährung und Bewegungsmangel. Häufig steckt ein Trauma dahinter; die Körperfülle dient als Schutzpanzer. Während ein Magersüchtiger langsam dahinschwindet und sich vom Körper ablösen will, kapselt sich der adipöse Mensch darin ein. Er ist meist nur noch Körper und wird auch als solcher wahrgenommen und oft mit negativen Vorurteilen belegt. Adipositas braucht therapeutische Maßnahmen, aber auch einen Anreiz, damit sich das Abnehmen lohnt.

Stier repräsentiert Fülle, hier im krankhaften Übermaß. Stier gibt uns Sicherheit im Leben. Er steht für Gewohnheiten und Genuss. Die Übertreibung, das maßlose Essen und die Fehlernährung, die bei Adipositas über einen längeren Zeitraum stattfinden, repräsentieren auch das Bedürfnis nach Sicherheit: Wir kompensieren mit Essen, was nicht ausgelebt und ausgesprochen werden darf. Das Zeichen Fische sei hier auch erwähnt. Fische-Menschen fühlen sich ihrer sensiblen Wahrnehmung oft so sehr ausgeliefert, dass die Körperfülle wie ein zusätzlicher Schutzwall dient.

Aus eigener Erfahrung mit Adipositas-Erkrankten kann ich sagen: Es ist sehr schwer, an diese Menschen ranzukommen. Häufig gibt es eine Gefühlsverflachung, wie wir sie bei depressiven Verstimmungen kennen. Eine gewisse Therapieresistenz zeigt sich. Deshalb meine Zuordnung zum Zeichen Stier. Wir können es als Versuch verstehen, durch Körpermasse mehr Halt und Sicherheit zu erfahren. Leider ist das Gegenteil der Fall: Adipositas-Menschen verschwinden hinter ihrer Körpermasse. Sie beeindrucken zwar durch ihr Übergewicht, doch als Individuum verschwinden sie darin. Die Kritik- und Auseinandersetzungsfähigkeit nimmt ab. Beim geringsten Hungeranzeichen befüllen wir uns, und nicht selten versuchen wir damit, eine innere Leere zu stopfen, die nach etwas Anderem ruft. Adipositas ist Ausdruck einer übersättigten, doch unbefriedigten Gesellschaft.

Alkoholismus

(siehe Sucht auf Seite 135)

Depressive Verstimmung

Depression beschreibe ich ausführlich auf Seite 125 f. Im Zeichen Stier entwickeln sich depressive Verstimmungen meist dann, wenn es an Körperlichkeit fehlt. Ein Stier ohne körperliche Zuwendung kann leicht in Ersatzbefriedigungen oder Suchtkrankheiten wie Alkoholismus abdriften. Das Leben ist ständigen Veränderungen unterworfen: Halten wir zu lange an etwas fest, was gehen will, entsteht eine Dysbalance, die bei Stier zu depressiven Verstimmungen führen kann. Stierqualität bedeutet Beständigkeit und die hat ihre Kehrseite, denn das Leben ist Bewegung und Veränderung.

Drogensucht

(siehe Sucht auf Seite 135)

Essstörungen

(siehe Ernährung auf Seite 126)

Gürtelrose

Gürtelrose ist eine Viruserkrankung – übrigens der gleiche Virus wie bei den Windpocken. Sie signalisiert das Bedürfnis nach Schutz, Ruhe und Stressfreiheit. Selten werden wir von jemandem so verwöhnt und beschützt wie während unserer Kinderkrankheiten. Während einer Gürtelrose braucht es etwas Vergleichbares.

Hals- und Nackenprobleme

Hals- und Nacken sind Stier zugeordnet. Probleme in dieser Region konfrontieren uns immer mit unserem Wunsch nach Sicherheit. Mit unserem Festhalten an Dingen, die verändert werden wollen, bisweilen ist es auch eine Konfrontation mit unserer »Halsstarrigkeit«.

Hals- und Nackenprobleme haben die unterschiedlichsten Ursachen. Lernen wir zunächst unsere Halswirbelsäule – kurz HWS – kennen. Hier befinden wir uns im filigransten Bereich der gesamten Wirbelsäule. Die Halswirbelsäule trägt unseren Kopf, der rund sechs Kilo wiegt. Fehlhaltungen in der Halswirbelsäule sind zahlreich: Da wir viel sitzen, noch dazu auf einen Bildschirm schauen, verändert sich unsere Haltung extrem. Meistens geht unser Kopf zu weit nach vorne, wir bleiben nicht in der natürlichen Achse mit der Wirbelsäule und die unterstützenden Muskeln werden über- und/oder unterfordert.

Viele Menschen gönnen sich eine Massage oder lassen sich physiotherapeutische Behandlungen verschreiben: verwöhnen lassen, durchkneten und genießen. Das entspricht der Stierqualität, die nach Genuss strebt, jedoch nicht nach Veränderung! Doch diese Maßnahmen ändern nichts an den Ursachen. Kleine Helfer sind deshalb Dehnungen im Arbeitsalltag:

- Aufrecht sitzen, möglichst ohne Lehne. Strecken Sie den rechten Arm hoch, greifen Sie über den Kopf zum linken Ohr und neigen Sie den Kopf nach rechts. Atmen und in die Dehnung reinspüren. Strecken Sie dann den linken Arm nach unten aus, dabei etwas vom Körper abspreizen und so die Dehnung der Hals-/ Nackenmuskulatur verstärken. Achten Sie darauf, in einer Achse zu bleiben, als wären Sie zwischen zwei Fensterscheiben.
- Hilfreich ist ebenfalls Kopfkreisen, Kiefer lockern, Schulterblätter aufspannen, Dehnungen der Gesichtsmuskulatur, Anlehnen an Stuhllehne, um die Brustmuskulatur zu wölben etc. Bleiben Sie erfinderisch. Und in der Nacht legen Sie die gute alte Wärmflasche in die Nackenregion.

Halsschmerzen, Rachenentzündungen

Bockshornklee erdet und stärkt bei Halsschmerzen.

Hauterkrankungen

Stier (sowie Waage und Steinbock) wird die Haut zugeordnet. Bei Stier bedeutet Haut in Kontakt gehen, bei Waage sich selbst eine äußere Form geben, bei Steinbock bedeutet sie Abgrenzung.

Die Haut ist das, was wir im Außen zeigen, doch nicht selten spiegelt sie, was innen los ist. Sich in seiner eigenen Haut wohlzufühlen fällt nicht immer leicht. Hautprobleme, die Stier zugeordnet werden können, spiegeln die Thematik von Nähe und Kontakt, Berührung und Körper wider. Berührt zu werden bedeutet Intimität. Viele Menschen leiden darunter, nicht berührt zu werden – oder dass sie nichts mehr berührt. Unsere Haut ist unser Spiegel. Im Zeichen Stier steht sie für die Sinne und Sinnlichkeit.

Fragen Sie sich bei Hauterkrankungen: Wovor will ich mich schützen? Gehen Sie mit den betroffenen Hautarealen in Kontakt. Wann zeigten sich erste Symptome? Wann wird es besser? Schmieren Sie nicht sofort Kortison drüber, verdecken und verstecken Sie nicht, was gesehen werden will. Dieser Weg in die Heilung ist oft langwierig, doch dafür gründlich und schonender. Es gibt zahlreiche Alternativen zu Kortison. Nehmen Sie Bärlapp bei Ekzemen.

Hormonstörungen

Stier steht für das Gedeihen. Er beschreibt den Kreislauf der Natur. Und zwar jene Zeit, in der alles saftig blüht. Wechseljahre sind keine Hormonstörung, sondern ein natürlicher Ablauf der Gezeiten. Wir bestehen sehr darauf, Individuen zu sein, möchten jedoch der Norm entsprechend Hormone produzieren. Besinnen Sie sich darauf, dass alles mit allem verbunden ist. Hormone werden durch den Hypothalamus gesteuert, die Hypophyse reguliert die Hormonausschüttung. Wir verfügen über ein sehr feines und umfangreiches Hormonzusammenspiel im Körper. Hormone werden in folgenden Körperregionen gebildet: Gehirn (im Hypothalamus; Widder/Wassermann), Thymusdrüse (Löwe), Schilddrüse (Stier), Nebenschilddrüse (Stier), Bauchspeicheldrüse (Jungfrau), Nebennieren (Waage), Nebennierenmark (Waage), Eierstöcke und Hoden (Skorpion). Aus dieser Zuordnung ergibt sich zusammenfassend eine Kombination aus: gesunden Beziehungen, erfüllter Sexualität, Freude am Körperlichen und Genuss, gute Ernährung, Bewegung, Neugier, Selbstverwirklichung. Tatsächlich ergeben diese oben genannten Bereiche eine gute Basis für die Produktion der Hormone. Jeder Bereich für sich kann Ihren Hormonspiegel verändern.

Süßholz enthält Hormone, die ähnlich wirken wie Kortison. Bei einer eingeschränkten Tätigkeit der Nebennieren, die einen wesentlichen Teil der Produktion von Hormonen übernehmen, fehlt uns das körpereigene Kortisol, das mit dem chemischen Medikament Kortison verwandt ist und für unsere Leistungs- und Widerstandskraft eine wichtige Rolle spielt (Siehe auch Wechseljahre).

Kehlkopfentzündung

Eine Kehlkopfentzündung ist meist eine Begleiterscheinung während eines Infekts. Sie wird häufig von Heiserkeit begleitet bis hin zum Stimmverlust. Es verschlägt einem die Sprache und deshalb lohnt es sich zu überlegen, was der Auslöser dafür war. Das Sprechen muss, sofern überhaupt noch möglich, auf ein Minimum beschränkt werden, damit wir den inneren Stimmen mehr lauschen können. Aus eigener Erfahrung kann ich sagen, dass diese Stille ein großes Geschenk ist. Solange wir sprechen, denken und zuhören, bleibt bisweilen kein Raum fürs Nachfühlen.

Da hilft nur: Mund halten, Ruhe und mit Salbei gurgeln. Ein Tee aus Geißblatt, Pfefferminze und Süßholz wirkt entzündungshemmend, ebenso Zitronensaft mit Apfelessig versetzt.

Mandelentzündung

Die Mandeln sind Wächter im Körper und Helfer des Immunsystems. Sie gehören zu Stier, bei akuter Erkrankung zu Widder. Im Fall von Stier handelt es sich oft um eine chronifizierte, also immer wieder auftauchende, Vereiterung der Mandeln. Das deutet auf eine Partnerschafts-/Sexualitätsthematik mit dem Blick auf Nähe und Berührung. Viele Menschen mit Nähe-Distanz-Thematiken verwechseln Sexualität mit Nähe. Häufig beklagen Menschen, dass es kaum zum Austausch von Zärtlichkeiten kommt, bzw. nur dann, wenn es um Sex und Beischlaf geht. Kranke Mandeln sind ein Hinweis auf den Wunsch nach Nähe, Berührung und Zärtlichkeit ohne Druck oder Drang (Therapie siehe Widder, Seite 142).

Neurodermitis

Neurodermitis ist eine Autoimmunkrankheit. Genetische Faktoren spielen eine große Rolle. Aber es gibt für jeden Schub einen Auslöser. Alkohol, Zucker, Nikotin, Stress und Schlafdefizit schaden der Haut. Aber sie ist auch Symbol fürs Unbewusste, wie bei anderen Rückenschmerzen, Asthma oder Rheuma. Die Haut ist eine Art Katalysator für Probleme. Jeder Schub ist die Suche nach einer Lösung. Die Betroffenen leiden sehr und ziehen sich zurück. Häufig erfordert es viel Courage, sich während einer akuten Phase zu zeigen.

Neurodermitis braucht eine umfangreiche Diagnostik der möglichen Ursachen. Der Darm muss unbedingt mitbehandelt werden, weil eine mangelhafte Aufnahme von Vitamin B durch den Darm vorliegen kann. Begleitende Gesprächs- und Körpertherapie helfen dem Betroffenen, dem Unbewussten mehr Ausdruck zu verleihen.

Mit Kortisonsalben kann man den Juckreiz eventuell wirksam lindern, die Ursachen jedoch nicht beseitigen.

Neurodermitis geht oft mit anderen Allergien einher. Deshalb ist individuelle Hilfe ratsam, damit die richtigen Pasten oder Cremes benutzt werden, um den Juckreiz zu lindern. Bewährt haben sich Aloe Vera, Ringelblume, Heilerde, Rote Bete, Johanniskraut, Totes-Meer-Salbe, Meersalzbäder. Sonne und Licht unterstützen.

Schilddrüsenerkrankungen

Die Schilddrüsenhormone kontrollieren unseren Stoffwechsel, sie regulieren die Herzfrequenz und den Wärmehaushalt, sie haben Einfluss auf die Reaktionsfähigkeit von Nerven und Muskelgewebe. Atem und Darmfunktion stehen ebenfalls im Zusammenhang mit den Schilddrüsenhormonen. Doch eines der interessanten Merkmale ist, dass sie Wachstum und Intelligenz beeinflussen und steuern. Zu den wichtigsten Schilddrüsenerkrankungen zählen: Überfunktion, Unterfunktion, Hashimoto Thyreoiditis. An wichtigen Begleitsymptomen sind zu nennen: Nervosität, Schlafstörungen, chronische Müdigkeit, unerfüllter Kinderwunsch, Gewichtsschwankungen, depressive Verstimmungen, Herzrasen sowie Fettstoffwechselstörungen. Wesentlich mehr Frauen als Männer haben Schilddrüsenkrankheiten. Das mag an den starken hormonellen Veränderungen liegen, die Frauen durch Zyklus, Schwangerschaft oder Wechseljahre erleben.

Aus astromedizinischer Sicht ist die Schilddrüse ein grundsätzlich weibliches Organ. Es steht in Verbindung zu Partnerschaft, Geben und Nehmen, dem Selbstwert als Frau und nicht zuletzt unserem Heranreifen als Frau. Bei Männern spielt die weibliche Seite eine wichtige Rolle – wie sie diese zum Ausdruck bringen können und wo sie diese unterdrücken.

Ähnlich wie bei der Gürtelrose hat die Schilddrüse starken Bezug zu kindlichen Anteilen. Sie spiegelt auch die Unzufriedenheit in reifen Beziehungen ohne spielerische Komponente wider. Die Schilddrüse ist ein Venusthema. Unerfüllter Kinderwunsch kann hier ebenso seinen Ausdruck finden wie die Angst vor dem Alter und mangelndem Wachstum und Abenteuer. Wie bei vielen anderen Erkrankungen braucht es ein umfassendes Beschäftigen mit dem Thema, um langfristig Heilung zu erfahren.

Venenprobleme (Krampfadern)

Hier befindet sich der Hinweis auf den zugehörigen Planet schon im Namen: Venen = Venus. Die Venen sind jene Blutgefäße, durch die das sauerstoffarme Blut aus dem Körper zurück zum Herzen und weiter in die Lungen gepumpt wird. Die Lungen gehören zu Zwillinge/Merkur (in Kontakt gehen), das Herz zu Löwe/Sonne (Identität leben und Lebenslust). Venus ist unsere Verbindungsbeauftragte.

Bewegungsmangel führt zu Venenproblemen. Venus will bewegen und bewegt werden, vor allem emotional! Wir gehen täglich in Kontakt. Unsere Begegnungen sind einem stetigen Lösen und Binden ausgesetzt. Ein Prozess, den wir emotional häufig blockieren.

Venenprobleme deuten auf die Schwierigkeit hin, Liebgewonnenes loszulassen. Bewegung bringt Venen in Schwung, damit die Venen durch Zusammenziehen und Ausdehnen (Lösen und Binden) geschmeidig bleiben. Als Körperübung hilft das große L an der Wand (siehe Seite 98, Beginn der Übung). Beinwellsalben unterstützen und stärken das Bindegewebe.

ZWILLINGE ♊

Atemwegserkrankungen

Atemwegserkrankungen stehen in Zusammenhang mit Kommunikation, denn Atem und Denken sind verbunden. Atemübungen, vor allem in Gruppen, können Ihnen Erkenntnisse bringen über Ihr Atemverhalten und Ihre Gedanken. Wenn wir das Denken lenken, verändern sich auch der Atem und das Sein. Bei Schwierigkeiten halten wir häufig den Atem an. Bei Anstrengung atmen wir flach. Dabei brauchen wir ihn in diesen Zuständen am meisten. Die Linderung und/oder Heilung wiederholter oder chronischer Atemwegskrankheiten erfordert ein Durchbrechen alter Atem- und Kommunikationsmuster. Wir wollen geistig genauso genährt sein wie seelisch und körperlich.

Zwillinge-Kräuter für die Atemwege sind: Huflattich, Königskerze (entkrampfend bei Husten), weißer Andorn, Alant (Asthma, Lungenleiden) Salbei, Anis, Ysop, Zypresse (Bronchitis).

Belastungsstörung

(siehe Trauma auf Seite 135 f.)

BEWEGUNGSEINSCHRÄNKUNGEN

In alten Schriften sind die Planeten bestimmten Fingern zugeordnet. Es lohnt sich, eine Verbindung zwischen den betroffenen Stellen und den hier genannten Themen zu schaffen:

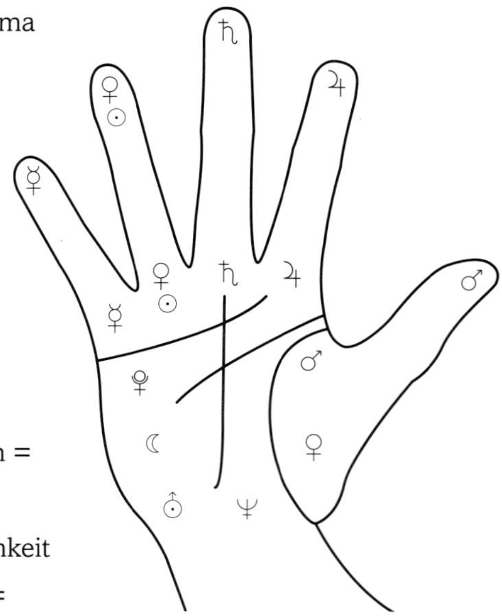

- Daumen = Mars = Macht und Kraftthema
- Zeigefinger = Jupiter = Wachstum und Glaube
- Mittelfinger = Saturn = Verantwortung, Belastbarkeit
- Ringfinger = Sonne/Venus = Liebe, Selbstliebe, Kreativität
- Kleiner Finger = Merkur = Kommunikation, Verständnis
- Handwurzelknochen = Uranus/Neptun = Vision und Wunsch
- Daumenballen = Venushügel = Sinnlichkeit
- Ansatz außen Mittelknochen = Mond = Gefühle und Heimat
- Handmitte = Pluto = Wandlung/Ängste

Einschränkungen der Hände und Handgelenke

In meinen Yogaklassen begegnen mir viele Menschen mit Bewegungseinschränkungen in Händen und Handgelenken. Hände sind ein Symbol für Geben und Nehmen, für das Anpacken, das Berühren sowie das haptische Erfahren der Welt. Bewegungseinschränkungen sind in den meisten Fällen dadurch bedingt, dass wir unsere Hände nicht genug benutzen oder monoton mit immer gleichen Bewegungen überlasten. Hände wollen benutzt werden.

Probieren Sie Folgendes: Dehnen und Strecken mit und ohne Belastung. Drehen

Sie die Hände im Vierfüßler-Stand oder an der Wand nach innen, nach außen, nach oben, nach unten (die Arme sind immer gestreckt!). Gehen Sie an die Schmerzpunkte, um die Hände wieder in ihre ursprüngliche Lebendigkeit zurückzuführen. Auch mal auf den Handrücken dehnen.

Lassen Sie Ihre Fantasie spielen. Was können Ihre Hände alles? Fingerspiele, Mudras (neuromuskuläre Gesten), Hände verschränken – Handballen zusammenbringen. Hände auf dem Rücken zu einer Gebetshaltung zusammenbringen …

Frozen Shoulder

Die Schultern stehen für Flexibilität im Leben, auch für unsere Haltung und Einstellung, unsere Meinung. Die Frozen Shoulder ist eine schmerzhafte, starke Bewegungseinschränkung der Schulter mit entzündlichem Prozess. Über einen langen Zeitraum bauen sich auch an anderen Stellen des Körpers krankhafte Muskelprogrammierungen auf, die dann zur Frozen Shoulder werden.

Eine Frozen Shoulder bedeutet astromedizinisch übersetzt: Meine gefrorene Schulter steht für meine geschockte Haltung über ein Thema. Ich bin erstarrt vor Schreck über Gesagtes und habe mich zurückgezogen. Diese Erkrankung braucht die Unterstützung von außen, sprich Bewegungstherapie, um aus dem »gefrorenen« Zustand zurück in die Lebendigkeit zu kommen. Die Frozen Shoulder will bewegt werden, es gibt unzählige Anregungen im Internet. Meine Empfehlung: Schmerztherapie nach Liebscher und Bracht.

Gelenkprobleme

Fälschlicherweise gehen wir davon aus, dass sich unsere Gelenke immer mehr versteifen, je älter wir werden. Wir versteifen jedoch, weil wir uns zu wenig oder zu einseitig bewegen: Wenn wir unsere Gelenke nicht nutzen, werden sie immer unbeweglicher. Es handelt sich also weniger um Abnutzung als um die Nicht-Benutzung, die im Ergebnis zu Einschränkungen führt.

Bewegung bedeutet auch Begegnung. Steife Gelenke bedeuten eingeschränkte Begegnung – wir haben auf Autopilot geschaltet oder halten an einer alten Einschränkung fest. Natürlich unbewusst und ungewollt. Zug und Druck ernähren die Gelenke. Zum Beispiel durch Schütteln. Täglich! Gelenke heilen über Bewegung.

Lungenerkrankungen

Die Lunge gleicht einem Verteilersystem zwischen dem Inneren und unserer Außenwelt. Sie nimmt Luft auf, versorgt uns mit Sauerstoff und hält uns am Leben. Über Gestik, Mimik, Worte, Kommunikation treten wir in Kontakt zur Außenwelt. Dieser Meridian ist durch viele Übungen gut anzuregen (siehe Seite 81). Ihrer Fantasie sind keine Grenzen gesetzt.

Lungenprobleme repräsentieren häufig das tief sitzende Thema, nicht verstanden, nicht gehört zu werden. Es gilt, alte Glaubenssätze herauszufiltern und aufzulösen bzw. zu ersetzen.

Indem Sie tägliche Körperübungen in Ihren Alltag integrieren, werden Sie erkennen, dass manche Gedanken mit der Zeit verschwinden. In der chinesischen Medizin gibt es die sogenannte Organ-Uhr. Sie gibt die spezifischen Tages- und Nachtzeiten wieder, zu denen die Organe besonders aktiv sind und sich durch Aktivität gut regenerieren. Die Lungenzeit ist zwischen 3 und 5 Uhr nachts. Guter Schlaf in dieser Phase ist also Gold wert! Frische Luft im Schlafzimmer hilft sehr dabei, die Heilung zu beschleunigen.

Zwerchfellerkrankungen

Das Zwerchfell heißt in der Fachsprache Diaphragma. Dieser Muskel, auch Atemhilfsmuskel genannt, ist flach und scheibenförmig. Durch ihn findet die Trennung zwischen Brustkorb und Bauchraum statt. Er trennt Magen und Milz von der linken Lungenhälfte sowie die Leber von der Lunge. Unser Zwerchfell ist an verschiedenen Punkten »befestigt«: Brustbein, Rippenbögen und Lendenwirbel. Es gleicht einer Kuppel im Oberkörper. Das Zwerchfell wird Atemhilfsmuskel genannt, weil es sich beim Einatmen zusammenzieht. Die Kuppel flacht dann ab und der Brustraum vergrößert sich. Beim Ausatmen entspannen sich die Muskelfasern des Zwerchfells und die Kuppel dehnt sich wieder aus.

Atmung und Zwerchfell sind untrennbar. Beschwerden im Lendenbereich, am Brustbein oder an den Rippen können es mit sich bringen, dass wir nur noch flach atmen und somit unsere Lunge nicht mehr richtig »belüften«. Die Faszien sind mit dem Zwerchfell verbunden. Langes Sitzen und fehlende Dehnungen führen dazu, dass unsere Vorderseite verkürzt. Wenn das Zwerchfell nicht in seiner ganzen Kraft beim

Atmen mitarbeitet, wird die Sauerstoffzufuhr im Körper geringer, das Lungenvolumen nimmt ab. Beim Sitzen sinken wir ein und es kann zu massiven Schmerzen und Problemen in der gesamten Wirbelsäule kommen. Die meiste Zeit denkt jedoch niemand an das Zwerchfell, wenn es um Rückenschmerzen geht. Das Zwerchfell ist ein besonderes »Fell«, das vor allem tiefen Atem und Aufrichtung braucht.

Das Zwerchfell spiegelt viel davon, was Zwillingen häufig begegnet. Sie bringen eine große Vielseitigkeit mit und werden permanent unterschätzt. Zwerchfellerkrankungen spiegeln das wider. Ein Zwerchfellbruch, hat verschiedene Ursachen, fordert uns jedoch auf, mit einer Sache zu brechen, einer Tätigkeit, einer Hilfeleistung, einer Haltung.

KREBS ♋

Angststörungen

Eine Angststörung hat immer eine Vorgeschichte. Selbst wenn sie scheinbar plötzlich auftaucht, liegt die Ursache in einem zurückliegenden Thema oder Trauma, das unser Nervensystem nachhaltig in Alarm versetzt. Die Betroffenen sind mit ihrer Angst überfordert und schämen sich oft auch dafür. Falls Sie unter Angststörungen leiden, dann vermeiden Sie die Aussprache mit Menschen, die Ihnen sagen: »Du brauchst doch keine Angst zu haben«, oder »Ach Quatsch«!«.

Damit aus einer Angststörung keine generalisierte chronische Angst wird, braucht es professionelle Unterstützung. Viele Hypnosetherapeuten arbeiten erfolgreich mit Angstpatienten. Auch die Arbeit mit einem Trauma- oder einem SE-Therapeuten (Somatic Experience nach Peter Levine, siehe Seite 123) ist ratsam. Über eine Angst zu sprechen, kann Sie erleichtern, doch Sie können damit auch erneut die Angst auslösen. Die Einbeziehung des Körpers ist unbedingt nötig, um die Angst auslösenden Themen aus dem System »herauszuleiten«.

Je nach Kindheit und Erlebnissen, die das Sternzeichen Krebs und der Mond im Horoskop repräsentieren, sind wir mit einer gewissen Resilienz ausgestattet. Diese seelische Widerstandskraft ist sehr unterschiedlich und beschreibt die uns zur Verfügung stehenden Möglichkeiten, Krisen zu bewältigen, durchzustehen und im besten Fall daran zu wachsen.

Bauchkrämpfe

Bauchkrämpfe haben verschiedene Ursachen – vom Reizdarm bis zu Gallensteinen, Lebensmittelunverträglichkeiten oder -vergiftungen, Parasiten, Eileiterentzündungen … Beim Krampf ziehen sich die Muskeln schmerzend zusammen. Hält dies länger an, bedarf es ärztlicher Behandlung. Zum Zeichen Krebs gehört der Bauch. Jeder Bauchkrampf ist eine hilflose Situation, die Ängste auslöst. Bisweilen lässt uns dies in kindliche Hilflosigkeit abdriften. Dann helfen Unterstützung und Körperkontakt. Als Erstversorgung helfen Wärme, Ruhe, und krampflösende Mittel wie Kümmel, Fenchel, Pfefferminztee. Spascupreel, ein homöopathisches Kombinationspräparat mit Magnesium, wirkt krampflösend.

Depressive Verstimmungen

(siehe Depression auf Seite 125 f.)

Depressive Verstimmungen, die im Sternzeichen Krebs ihren Ausdruck finden, haben ihren Ursprung in unserer Kindheit. Alles ist mit allem verbunden: wir mit unserer Herkunft und der Körper stark mit unserer Stimmung.

Das Zeichen Krebs repräsentiert die Magenregion – also das, was uns nährt – und auch die vordere Faszienbahn. Ganz besonders, wenn wir betrübt sind, sacken wir oft in den Schultern ein, lassen den Kopf eher hängen, unser Blick richtet sich nach unten, oftmals nach innen. Wir versinken in uns selbst. Durch eine gezielte Arbeit an der vorderen faszialen Bahn gibt es sofortige Stimmungsveränderungen, vor allem, wenn wir kontinuierlich üben. Das bedeutet, den Oberkörper aufzuspannen und fasziale Übungen zu beginnen, am besten in Gemeinschaft.

Fibromyalgie

Das Symptombild bei Fibromyalgie ist sehr vielfältig: Neben andauernden, wiederkehrenden Schmerzen leiden die Betroffenen auch unter Konzentrationsproblemen, Schlafstörungen, depressiven Verstimmungen, Ängstlichkeit und Motivationsschwäche. Erschwerend können Abhängigkeiten von Schmerzmitteln und soziale Probleme hinzukommen, sodass die Menschen mehr und mehr in einen hilflosen, passiven Zustand geraten und sich der Krankheit ausgeliefert fühlen. Fibromyalgie gilt in der Schulmedizin noch als unheilbar.

Fibromyalgie findet sich bei Krebs und Mond, weil zu den zahlreichen Symptomen die auffällig lange Erholungsphase nach körperlichen oder geistigen Ereignissen und die Hilflosigkeit gehören. Hier begegnet uns erneut die Resilienz, die Kraft, mit Belastungen umzugehen.

Doch nun ist Land in Sicht: Durch die neuen Erkenntnisse über Schmerz und dessen Verbindung zu den Faszien wissen wir, dass die Arbeit von erfahrenen Schmerztherapeuten erstaunliche Ergebnisse, Verbesserung und Heilung für die hilflosen Erkrankten bringt.

Eine begleitende Traumatherapie ist für die Patienten fast immer nützlich und lohnend, um aus dem hilflosen, fast kindlichen Bedürfnis nach Schutz, Geborgenheit und Rettung wieder herauszufinden.

Gastritis

Bei einer Gastritis ist die Magenschleimhaut entzündet. Alarmierend ist die Tatsache, dass fast jeder zweite über-50-Jährige eine chronische Gastritis hat. Dann ist die Magenschleimhaut stark gereizt oder sogar geschädigt. Die Konzentration unserer Magensäure verändert sich, wird zu sauer und beginnt, die Magenwände zu reizen. Neben der Umstellungen der Ernährung und des Alltags helfen effektive Mikroorganismen: Sie fördern die Neubesiedelung der Magenschleimhaut und des Darms.

Der Magen gleicht unserem persönlichen Vollmond in uns: Hier befindet sich das, was wir als Nahrung zu uns nehmen, was uns nährt. Magenthemen sind häufig zu finden, wenn wir uns in der eigenen Familie nicht genährt fühlen, unser emotionales Gleichgewicht sauer ist.

Gebärmuttererkrankungen

Die Gebärmutter kann als Urmutter in uns selbst angesehen werden. Frauen haben im Lauf der Jahrhunderte viele Tragödien erlebt, was die Gebärmutter angeht. Noch heute ist es üblich, relativ schnell zu einer

Entnahme zu raten. Gebärmuttererkrankungen stehen in direktem Zusammenhang zu der Ambivalenz zwischen emotionaler Erfüllung und beruflicher Verwirklichung.

Aus meiner langjährigen Praxis mit Klientinnen kann ich sagen, dass viele Frauen an sich zweifeln, sehr selbstkritisch sind und bisweilen wenig an sich selbst und ihre schöpferischen Energien glauben. Denken Sie um! Und holen Sie sich dafür jede Unterstützung, die Sie brauchen.

Bleiben Sie misstrauisch bei jedem, der Ihre Gebärmutter als überflüssiges Organ betrachtet, das lediglich zur Reifung eines Kindes taugt. Die Gebärmutter ist das Symbol für den fruchtbaren Boden in uns.

Frauen sind inzwischen so konditioniert worden, die Gebärmutter nur dann als sinnvoll zu betrachten, solange sie einen Kinderwunsch haben. Wir glauben nicht daran, dass beides geht.

Die Gebärmutter ist der Sitz unserer Urweiblichkeit. Sie ist kein Funktionsorgan, das nach Gebrauch entsorgt werden kann. Jede Erkrankung an diesem Organ macht auf das Bedürfnis aufmerksam, sich bei sich selbst zu Hause zu fühlen, in Verbindung zu sein mit der Kraft der Weiblichkeit und unserer Kreativität, etwas zu gebären.

Kinderkrankheiten

Aus eigener Erfahrung kann ich sagen: Jede durchgestandene Kinderkrankheit ist ein Entwicklungsschritt. Kinderkrankheiten sind Krankheiten im Kindesalter. Sollte eine uns als Erwachsene erwischen, ist es umso heftiger und bisweilen sogar gefährlich. Dann holen wir etwas nach, was in jüngeren Jahren nicht möglich war.

Magenerkrankungen

Bei der Gastritis habe ich bereits den Magen als Mond in uns beschrieben – der aufnimmt und abgibt. So wie wir auch. Bei Magenerkrankungen können wir bisweilen nichts mehr aufnehmen (Appetitlosigkeit) oder geben jede Menge ab (Erbrechen, Durchfall). Bevor es überhaupt zu einem Verdauungsproblem kommt, reagieren wir bereits mit Unwohlsein. Ein Magenproblem verweist auf das Bedürfnis, geschützt und beschützt zu sein, sowie darauf, sich schutzlos zu fühlen. Bezeichnenderweise krümmen wir uns eher, als zu entspannen und aufzuspannen. Magen und Zwerchfell werden aufgrund zahlreicher Fehlhaltungen und dem vielen Sitzen eher zusammengedrückt. Wir richten uns nicht zu unserer vollen Größe auf, wir machen uns klein.

Der Magen ist die Verbindung der unteren drei Chakren (Energiezentren des Körpers) mit dem Herz-Chakra. Er verbindet die untere Rumpfhälfte mit der oberen. Das unterste Chakra symbolisiert die pure Existenz (Element Erde), das zweite unsere Lust, Lebenslust und Sexualität (Element Wasser) und das dritte ist der Ort unserer Kraft und Eigenermächtigung (Element Feuer). Sobald hier ein Störfeld entsteht, ist der Übergang in die Herzenergie schwierig, was durch Magenthemen symbolisiert wird, etwa Existenzängste, Schuldgefühle bezüglich der eigenen Sexualität, ungute Machtstrukturen etc. Betrachten Sie Ihren Magen als Zuhause in Ihnen, als einen Ort, in den Sie jederzeit einkehren können und wo Sie sich genährt fühlen. Er ist ein wichtiger Teil Ihres Verdauungssystems und für Ihr seelisches Wohlbefinden zuständig.

Die Dehnung der vorderen faszialen Frontallinie (Übung Seite 85) unterstützt Sie dabei, mehr ins Fühlen zu kommen. Damit können Sie seelische Belastungen angehen. Sobald Sie sich aufrichten und Ihre Haltung verändern, verändert sich auch innerlich etwas.

Zugleich sollten Sie Ihre Ernährung mithilfe eines Ausschlussverfahrens umstellen: Wann und bei was treten die Schmerzen auf. Seit wann? Mit basischer Ernährung begleiten Sie den Körper aus dem sauren Zustand heraus. Essen Sie in Gemeinschaft und nach Appetit. Außerdem gilt es, Stress zu reduzieren. Wie wollen Sie wirklich leben, wohnen und mit wem? Unterstützen können EM – effektive Mikroorganismen – zur Wiederherstellung eines guten Milieus und Teemischungen aus Fenchel, Kümmel, Ringelblume, Schafgarbe.

Menstruations- und Zyklusprobleme

Frauen waren von jeher in der Lage, die Verbindung zwischen dem Mond und ihrem Zyklus zu erkennen. Das Werden und Vergehen wird vom Mond beeinflusst. Rund um den Vollmond ist die Fruchtbarkeit am größten. Dies ist inzwischen wissenschaftlich bewiesen. Der Zyklus und unsere Menstruation gehören zum Zeichen Krebs und zum Mond. Wie unser Zyklus beschreibt auch der Mond ein Wechselspiel zwischen Präsenz, Reifungsphase, Reflexion und Rückzug. Wir leben Gezeiten – einer

Frau ist das bewusst. Dennoch versuchen wir, immer in Hochform zu sein. Bei vielen Frauen ist diese Verbindung leider teilweise oder vollkommen verloren gegangen und sie wird nur als etwas Lästiges angesehen.

Jeder Zyklus ist ein Schöpferakt. Je bewusster Sie damit umgehen, desto mehr treten Sie in Verbindung zu Ihrer weiblichen Kraft. Der Mond beeinflusst Ebbe und Flut. Licht und Schatten. In den eigenen Zyklus zu finden erfordert beides, das Akzeptieren der Schattenseiten und die Verbindung zum Verborgenen. Der Mond repräsentiert auch das Unbewusste. Eine Hinwendung zu diesen dunklen Bereichen braucht jede Frau, um tiefer in die Mysterien von Werden und Vergehen einzutauchen und ihr Potenzial entfalten zu können.

Gestalten Sie Ihr Leben nach diesen Zyklen, schaffen Sie sich Raum für Rückzug und Kreativitätsflächen. Sehen Sie Ihren Zyklus als die direkte Verbindung zur Natur. Und respektieren Sie Ihre eigenen Gezeiten als etwas zu Ihnen Gehöriges. Jeder Mensch gleicht einem Mond und hat eine Seite, die er nicht zeigt, lernen Sie diese kennen.

Mönchspfeffer hat eine unterstützende Wirkung auf den Zyklus. Hormonbehandlungen sind im seltensten Fall die Lösung!

PMS – Prämenstruelles Syndrom

Das PMS tritt häufig dann auf, wenn der Zyklus an sich abgelehnt wird. Oder es werden die Stimmungsschwankungen, das Lunare und Wechselhafte abgelehnt. In den Tagen vor der Menstruation sind die Gefühle anders als kurz vor dem Eisprung. Das PMS drückt potenziert aus, was man an sich selber und anderen nicht mag – begleitet von Wut, Unlust oder auch Tränen. Es braucht dann mehr Akzeptanz für die Schattenseiten. Das Gefühl von Überforderung ist ernst zu nehmen. Ermöglichen Sie sich einen Rückzug für Ihre Innenschau.

Schlafstörungen

Wer schon einmal unter Schlafstörungen litt, weiß, warum Schlafentzug eine Foltermethode ist. Insomnie ist weitverbreitet und nimmt zu. Schlafstörungen ziehen eine Vielzahl anderer Krankheiten im Lauf der Zeit nach sich. Da der Schlaf die Welt des Unterbewusstseins spiegelt, ist der Zugang dazu durch die Schlaflosigkeit verwehrt. Mit dem ausbleibenden erholsamen Schlaf fehlen auch Konzentration, Freude, Lust, Träume und vieles mehr. Unser Nervensystem gerät in einen alarmierten Stresszustand.

Nachgewiesenermaßen hilfreich sind trotz Übermüdung: Bewegung an der frischen Luft, Sport, Naturerlebnisse, Yoga, leichte Ernährung, der Verzicht auf Alkohol (er verschlechtert den Schlaf eher), Konflikte reduzieren, das Schlafzimmer nur als Schlafzimmer nutzen, keine Nutzung von Fernsehen, Computer oder Handy vor dem Zubettgehen. Wenn Sie nicht schlafen können, gilt es dennoch zu ruhen, doch ansonsten aufzustehen, anstatt sich herumzuwälzen. Stress entsteht häufig dann, wenn wir nicht schlafen können und dauerhaft nicht schlafen. In vielen Städten gibt es Schlaflabore. Lassen Sie untersuchen, ob Erkrankungen, Hormonveränderungen oder Traumata die Ursache sind. Aus eigener 3,5-jähriger Schlafstörungsphase kann ich versichern, dass ich zum Glück nachts Yoga machen konnte, um nicht ganz durchzudrehen.

Zysten

Zysten können überall im Körper auftauchen. Es sind Hohlräume im Gewebe mit unterschiedlichstem Inhalt: Blut, Gewebsflüssigkeit, Talg oder Eiter. Zysten sind ein Symbol für einen Gefühlsstau, häufig bündelt sich hier, was nicht zum Ausdruck kam. Je nach Inhalt zeigt die Zyste verschiedenen Themen an:

- Eiter – schmerzhaft Unverarbeitetes
- Blut – Wut und Kraft, die nicht zum Ausdruck kamen
- Talg – alte, unterdrückte Themen
- Gewebsflüssigkeit – vitale Gefühle/Tränen

Zysten kommen und gehen. In den meisten Fällen ist kein operativer Eingriff nötig. An den Eierstöcken verschwinden sie meist mit der Blutung.

LÖWE ♌

Bluthochdruck

In Deutschland leiden ca. 20 Millionen Menschen an Bluthochdruck. Ihr System läuft auf Hochtouren und kommt nicht mehr hinterher. So die zunächst simple Symptomübersetzung. Die wenigsten von uns verfügen über eine realistische Einschätzung ihres Leistungsvermögens. Die wenigsten von uns akzeptieren die unterschiedlichen Lebensphasen und dass diese Veränderungen mit sich bringen. Bluthochdruck ist als Warnsignal aufzufassen. Die herkömmlichen Medikamente haben Nebenwirkungen. Bluthochdruck schreit nach Lebensveränderung und Umstellung der lieb gewordenen Gewohnheiten.

Jeder Mensch mit Bluthochdruck steht unter dem Druck, seine aktuelle Lebenssituation, so wie sie ist, aufrechterhalten zu können. Die Auslöser sind hauptsächlich mangelnde Bewegung, falsche Ernährung und Stress. Bluthochdruck gleicht einem Stoppschild, das zum Stillstehen zwingt, um wahrzunehmen, wo der Betroffene in seinem Leben steht. Es gibt eine Vielzahl alternativer Heilmittel. Da Betroffene jedoch Angst vor dem erhöhten Infarktrisiko haben, fehlt die Geduld für Alternativmedizin, die »natürlich« länger braucht, um positive Ergebnisse zu zeigen, als die herkömmliche.

Verändern Sie Ihre Lebensumstände, brechen Sie stressauslösende Muster auf. Begleitend helfen Akupunktur, Fasten, Basenfasten, Bewegung, Traditionelle Chinesische Medizin, Yoga.

Blutkrankheiten

Blut ist unser Lebenssaft. Bei Bluterkrankungen ist meist eine radikale Lebensveränderung nötig, die uns das ausleben lässt, was wir wirklich sind. Was haben wir im Leben aufgegeben, ohne darüber hinwegzukommen? Wer oder welche Situation hindert uns daran, in die eigene Identität zu finden? Wann hatten wir das letzte Mal das Gefühl, am Puls der Zeit mitzuschlagen, lebendig zu sein?

Inzwischen gibt es in der chinesischen Medizin eine Vielzahl von Pilzen, die Schadstoffe aus dem Körper herausfiltern und ihn so reinigen. Die sogenannte Mykotherapie ist hierzulande noch wenig verbreitet. Sie ist eine wenig bekannte Heiltherapie, die das Immunsystem stärkt und unterstützt. Die

Vitalpilze sind zur Reinigung und auch bei chronifizierten Prozessen im Körper sehr effektiv. Wenden Sie sie aber nicht auf gut Glück allein an, sondern suchen Sie sich einen qualifizierten Therapeuten.

Burn-out

(siehe Stress auf Seite 132)

Herz- und Kreislauf-Erkrankungen

Das Herz ist unser Kernstück, in diesem Buch taucht dieser »Mittelpunkt« immer wieder auf. Ebenso wie die Erde haben auch wir unseren feurigen Kern. Das Herz verfügt über einen eigenen Meridian. Die Körperübungen für Löwe aktivieren unter anderem diesen Meridian. Unsere faszialen Armlinien an den Arminnenseiten und Außenseiten sind sehr häufig verklebt. Herzerkrankungen bedrohen den innersten Kern. Hier geht es ums Ganze, nicht mehr nur um Teilbereiche unseres Lebens.

Das Herz hat auch ein eigenes Chakra, Anahata-Chakra, das vierte Chakra. Bei den Beschwerdebildern von Krebs sind die vorangehenden drei Chakren bereits beschrieben. Hier im vierten Chakra sind wir im Zentrum unseres eigenen Schöpfermythos: Was ist Leben? Wie will ich leben? Was möchte ich hinterlassen, wenn ich gehe? Für was schlägt mein Herz?

Herz bedeutet Liebe, Mitgefühl, Wärme, Toleranz und Geduld. Es beschreibt auch Empathie und Herzenswärme. Das Herz heilt durch Herzenswärme. Es gibt immer einen Teil, der in uns unbeschadet bleibt. Finden Sie Ihr unbeschadetes Selbst.

Um den Kreislauf zu stärken, brauchen wir Bewegung! Starten Sie langsam, es ist wichtig, dass Ihnen das, was Sie tun, Spaß macht. Das Lustprinzip ist bei allen Löwe-Erkrankungen extrem wichtig.

Vitalpilze unterstützen die Blutreinigung (Mykotherapie). MSM (Methylsulfonylmethan = organischer Schwefel) wirkt sich positiv aus, ist hilfreich bei der Entgiftung, bei Stoffwechselprozessen und der Reparatur von Zellen. All dies hilft natürlich vor allem dann, wenn zusätzlich bestimmte Lebensveränderungen vorgenommen werden.

Hier kommt noch das Geheimrezept für einen Drink, der Ablagerungen in den Arterien löst und das Herz-Kreislauf-System stärkt und in Schwung bringt (keine Sorge – es riecht nicht): 30 Knoblauchzehen mit fünf unbehandelten Zitronen (mit Schale) in einem Mixer zerkleinern. Mit einem Liter Wasser einmal aufkochen lassen, danach abseihen und in eine Glasflasche abfüllen und kaltstellen. Täglich ein Gläschen trinken – drei Wochen lang, danach acht Tage Pause und wiederholen.

Melisse und Weißdorn sind geeignete Heilkräuter bei Herzangst.

Milz

Die Milz ist vielen Menschen unbekannt, in der chinesischen Medizin hat sie jedoch eine größere Bedeutung. Die Milz kann als eine Art Filteranlage im Körper gesehen werden und rückt bei Autoimmunerktrankungen und der Bekämpfung von unerwünschten Eindringlingen in unser Blickfeld. Bis zum sechsten Lebensjahr ist sie an der Produktion der roten Blutkörperchen beteiligt. Mitgefühl und Sympathie sind der Milz zugeordnet. Durch die Stärkung mithilfe von Übungen der faszialen Bahn kann sie angeregt werden. Der Milzmeridian verläuft unterhalb des linken Schlüsselbeins schräg über die vordere Körperseite und den Oberschenkel zur inneren Wade und an der Innenseite des Fußes bis in den großen Zeh.

Die Milz steht in Verbindung zur Bauchspeicheldrüse. Ein Ausdehnen unserer Körperfront kann sie aktivieren und spricht zeitgleich auch das Herz an. Jedes Organ im Körper hat seine Funktion und Wichtigkeit! Sonst wäre es nicht da.

Die alte Lehre der Körpersäfte gibt der Milz ebenfalls viel Bedeutung. Sie ist ein vergessenes Organ! Häufig haben auch wir vergessen, was noch in uns steckt, an ehrlicher Sympathie und Mitgefühl. Folgende Kräuter helfen bei der Unterstützung und Reinigung unseres »Sympathie«-Organs: Brennnessel, Wegwarte, Odermennig.

Rückenschmerzen

(siehe Seite 130 f.)

JUNGFRAU ♍

Allergien

Allergien nehmen – vor allem in den Industrienationen – seit Jahrzehnten zu. Aber nicht jede Allergie ist tatsächlich eine. Häufig handelt es sich nur um eine Überempfindlichkeit. Eine Allergie ist es dann, wenn eine immunologische Reaktion stattfindet. Im Zusammenhang mit Allergien wird Histamin oft erwähnt, ein Botenstoff, der unter anderem Abwehr und Entzündungsreaktionen in Gang setzt. Bei einer Allergie schüttet der Körper Histamin aus – jedoch ohne wirklichen »Feind«. Der Abbau wird erschwert und es kommt zu den typischen unangenehmen Reaktionen. Die Ursachen sind immer noch ungeklärt. Letztlich kann das Immunsystem nicht mehr unterscheiden zwischen »gut« und »böse«.

Genau das ist jedoch die Gabe von Jungfrau. Dieses Zeichen sortiert aus und trennt die Spreu vom Weizen. Jungfrau besitzt ein hohes Maß an analytischen Fähigkeiten und damit die Gabe des Sortierens. Diese Gabe geht verloren, wenn eine Allergie vorliegt. Wo fällt es Ihnen schwer, klare Einschätzungen zu finden?

Die Therapie ist so vielfältig wie die Allergien und Überempfindlichkeiten: Bei einer Katzenhaarallergie habe ich es persönlich erlebt, wie eine Person nach einer Hypnosesitzung keine Reaktion mehr hatte. Auch Akupunktur hilft oft. Reduzieren Sie tierische Produkte als Test!

Bauchspeicheldrüsenerkrankungen

Jungfrauen werden häufig mit Kritik in Verbindung gebracht. Doch es geht weniger um Kritik als um die Möglichkeit der Kritikfähigkeit. Vielen von uns fällt es schwer, Kritik zu äußern.

Bauchspeicheldrüse und Kritikfähigkeit gehören zusammen. Die Bauchspeicheldrüse steht auch für die Süße im Leben. Wird die Kritik destruktiv oder übermächtig, verschwinden Spaß und Humor. Keine Kritik zu üben bedeutet jedoch auch, vieles in sich hineinzufressen.

Die Bauchspeicheldrüse übernimmt unter anderem die wichtige Aufgabe, Enzyme für die Verdauung freizusetzen. Sie produziert außerdem Insulin und Glukagon, die den Blutzuckerspiegel regulieren und auch den Fettstoffwechsel.

Darmerkrankungen

Darm und Jungfrau haben eines gemeinsam: Sie werden beide unterschätzt! Unser Darm ist ein ausgeklügeltes Wunderwerk der Natur. Allergien, Intoleranzen und sogar Depressionen haben dort ihre Ursachen, denn der Darm steht in stetiger Verbindung zum Gehirn – um genauer zu sein zum limbischen System, das unsere Emotionen steuert. Der Darm ist unser größtes sensorisches Organ und kann mit Recht als Spiegel des Unterbewusstseins angesehen werden. Er gibt einen Zustandsbericht vom Innenleben ans Gehirn weiter. Seine Verfassung hängt im Wesentlichen mit der bestehenden Vielfalt seiner Bakterienbesiedlung zusammen.

Jungfrau ist das Zeichen des Sortierens und achtet darauf, dass wir seelisch aufgeräumt sind. Sind wir mit ausreichend »guten« Bakterien ausgestattet, verändern sich auch unsere Hirnareale, zum Beispiel in Bezug auf Gefühls- und Schmerzverarbeitung. Sehen Sie eine Darmerkrankung also nicht als Problem im Bauch, sondern machen Sie es zum Thema im Kopf. Unsere Darmflora kann zum Beispiel durch Antibiotika mannigfach gestört werden oder durch bestimmte Essgewohnheiten. Bei anhaltenden Darmbeschwerden sinkt unsere Laune und selbst Depressionen können ihre Ursache im Darm haben.

Die Bedeutung des Darms für den Körper geht über die reine Verdauungsfunktion weit hinaus. Jungfrau bedeutet Ressourcenschutz. Ist der Darm gut versorgt mit Bakterien und befindet er sich im Gleichgewicht, fällt es uns auch leicht, insgesamt vital und gesund zu sein. Heißhungerattacken sind keine Frage des Kopfs, sondern des Bauchs!

Seelisches will gut verdaut werden, und jede Auffälligkeit des Darmtrakts deutet darauf hin. Zeit, Hingabe und die aufmerksame Pflege unserer Verdauungsmechanismen sind nötig.

Der Darm weist in der chinesischen Medizin zwei Meridiane auf. Dünndarm und Dickdarm (der gehört zu Skorpion). Beide verlaufen parallel auf der Rückseite der Arme, Hände, bis hoch in den Schulterbereich. Und noch weiter. Durch gezielte Übungen an diesen Meridianen können Sie die Darmgesundheit positiv beeinflussen.

Neben gesunder Ernährung und dem Aufbau der Darmflora helfen auch Hydro-Colon-Therapie (Darmspülungen) und EM (effektive Mikroorganismen).

Diabetes

Weltweit leiden über 350 Millionen Menschen an Diabetes: Der Blutzuckerspiegel steigt und der Körper bzw. die Bauchspeicheldrüse ist nicht mehr in der Lage, ausreichend Insulin zu produzieren. Jungfrau ist das Zeichen, das uns zur Mäßigung animiert, bisweilen auch warnt. Das Gegenteil davon ist die Maßlosigkeit. Ein aus der Ordnung geratenes Hunger- und Sättigungsgefühl führt dazu, nicht mehr zu erkennen, was uns wirklich guttut. Viele Lebensmittel geben keine Energie, sondern belasten. Diabetes Typ 2 kann als Gesellschaftskrankheit gesehen werden. Diabetes Typ 1 dagegen ist genetisch bedingt.

Eine Jungfrau ohne Ordnung! Der Zucker und das Übergewicht müssen weg! Doch es gibt Alternativen, die den Blutzuckerspiegel senken können. Wie zum Beispiel: Kurkuma, Thymian, Rosmarin, Ingwer, grüner Tee, Pfefferminze, Knoblauch, Fenchel. Statt Zucker zum Beispiel Xucker (Xylit) verwenden, ein aus der Birkenrinde erzeugter Ersatz zum Süßen. Und die Ausdauer trainieren, um den Blutzuckerspiegel zu senken. Ansonsten hilft nur das Motto von Jungfrau: Vernunft und Ordnung.

Durchfall und Verstopfung

Während der eine nur ja nichts loslassen will, versucht der andere, möglichst schnell alles durchzuschleusen. Unser Darm hat einen direkten Draht nach oben – durch den Nervus vagus. Die Menschen sind sehr mit ihrer Verdauung beschäftigt; nur redet kaum jemand darüber.

Häufiger Durchfall kann viele Ursachen haben – wie Parasiten, Unverträglichkeiten oder auch bestimmte Situationen, die wir auf diesem Wege loswerden wollen. Es gibt verschiedenen Darmtypen, die je nach Bakterienansiedlung unterschiedlich reagieren. Wichtig sind die Wiederherstellung einer gesunden Darmflora, ausreichend Flüssigkeit und körperliche Bewegung.

Jungfrau ist das Zeichen der Anpassung, die jedoch, zum Beispiel an einem neuen Ort vor der Toilette haltmacht. Durchfall gleicht einer Überanalyse, bei der dennoch nichts verdaut werden kann, weil zu viel darüber nachgedacht wird. Verstopfung entspricht eher dem Verdränger-Typ, der mit dem ganzen »Scheiß« am liebsten nichts zu tun haben will. Die gute Verdauung fängt beim Essen an. Kauen Sie ihre Nahrung ausreichend. Das wirkt auch Wunder!

Herpes

Es steht außer Frage, wie unangenehm zum Beispiel der Lippenherpes ist. Herpes trägt nach außen, was seelisch in der »Pipeline« feststeckt. Herpes tritt zum einen als Melder eines geschwächten Immunsystems auf, zum anderen bei Ereignissen, die nicht »verstoffwechselt« werden können.

Sehen Sie den Herpes als einen wichtigen Botschafter, der Ihnen etwas erzählen will. »Man muss mit dem Herpes reden«, sagte mir einmal ein Heilpraktiker. Das ließ uns erst einmal lachen, doch tatsächlich half es: Reden Sie mit Ihrem Herpes. Nehmen Sie sich eine meditative Auszeit. Hier begegnet uns die Thematik von Sorgfalt und Überforderung sowie Grenzüberschreitung. Sehen Sie Herpes als Grenzwächter. Emotionale Themen wollen weiterverarbeitet und gesehen werden.

Hypochondrie

Hypochondrie ist die Sorge, zu erkranken oder bereits krank zu sein, und kann als Angststörung gesehen werden mit dem spezifischen Themengebiet Körper und Gesundheit. Hypochondrie wird oft wie ein Schimpfwort benutzt. Doch uns alle begleitet eine gewisse Angst vor Krankheit und Tod. Das ist natürlich!

Falls Sie jedoch über einen langen Zeitraum ständig daran denken und alles mit Angst besetzt ist, braucht es therapeutische Hilfe, um herauszufinden, was sich hinter der Hypochondrie tatsächlich versteckt. Das Zeichen Jungfrau ist im Tierkreis der Wächter, Sortierer und gerne präventiv unterwegs. Das birgt die Gefahr der Übervorsicht. Sobald unsere Gedanken sich mit einem Thema beschäftigen, wird es größer und im schlimmsten Fall übermächtig. Dafür braucht es in der Therapie einen positiven Gegenspieler. Vermeiden Sie das Internet, hier kann es zu einer Überflutung von Informationen kommen, die die Angst verschlimmert. Das heißt offiziell Cyberchondrie.

Lebensmittelunverträglichkeiten

(siehe Darmerkrankungen auf Seite 172).

WAAGE ♎

Blasen- und Harnwegsinfekte

(siehe auch unter Widder Seite 138 f.)

Es gilt immer abzuklären, ob die Blase wirklich entzündet ist oder ob es sich lediglich um eine Reizung handelt. Unsere Schleimhäute verändern sich im Laufe des Lebens. Häufig auftretende Harnwegsinfekte, die mit Antibiotika behandelt werden, verschlechtern auf Dauer unseren Zustand. Die natürliche Flora wird geschädigt und so ist eine erneute Infektion schon programmiert. Dennoch ist jedes Bakterium, das eventuell in die Niere wandert, behandlungsbedürftig und gefährlich.

Stärken Sie Ihren Körper durch die Übungen für den Blasenmeridian (siehe Übungsteil Waage, Seite 98). Der Blasenmeridian zieht sich über die Rückseite unseres Körpers. Er befindet sich an der Außenseite des kleinen Zehs, wandert über den Rücken, Hinterhaupt und Stirn zum Auge. Es gibt zahlreiche wohltuende Übungen für diesen Meridian. Fakt ist jedoch: Es ist ein Meridian, der von uns nicht gesehen wird – ähnlich der Blasenthematik.

Waage hat ebenfalls die Neigung, Dinge zu verdrängen oder »schönzureden«. Jede Dysbalance wird vermieden. Blasenprobleme symbolisieren unterdrückte Gefühle. Häufig sind es brennend anstehende Themen in Beziehungen. Hierzu zählen auch Freundschaften oder das Verhältnis zu Kollegen und zum Chef.

Ein kleiner Wunderheiler ist die Preiselbeere, weil sie einen Wirkstoff besitzt, der es Bakterien erschwert, sich in der Blasenwand festzusetzen. Falls Sie Preiselbeersaft einsetzen, wählen Sie bitte einen ohne Zuckerzusatz!

Unterstützend wirken weiterhin: Kapuzinerkresse, Angocin (pflanzliches Arzneimittel zur Infektabwehr), Birkenblätter sowie Vitamin C in hoher Dosierung.

Faszien

(siehe Seite 129 f.)

Faszien durchziehen unseren ganzen Körper und sind miteinander verbunden. Viele Beschwerden haben Ihre Ursache in verklebten Faszien. Sie gehören unter anderem zu Waage und Fische, denn sie sind das Synonym für Verbindung (Waage) und Verbundenheit (Fische).

Hautprobleme

(siehe auch Stier und Steinbock, Seite 153 f.)

Die Haut begegnet uns in der Astromedizin bei Stier, Waage und Steinbock. Während sie bei Stier für den »handfesten« sinnlichen Körperkontakt steht, spiegelt sie bei Waage die eher geistige Verbindung zu Menschen, die bisweilen Distanz braucht, um wahrgenommen zu werden. Hautprobleme zeigen sich hier, wenn wir uns mit anderen geistig nicht verbunden fühlen oder wir den Zugang zu unseren geistigen Welten verloren haben. Waage braucht diesen, um zu schwingen. Waage ist ein geistiges Prinzip und Hautthemen erfordern eine Erdung in bestimmten Bereichen, um wieder mehr bei sich und im eigenen Körper anzukommen sowie mehr in der eigenen Ästhetik und Harmonie. Helfen können Blätter, Rinde und Wurzel der Birke. Sie werden in der Phytotherapie (Pflanzenheilkunde) bei diversen Hauterkrankungen angewandt.

Hüftprobleme

(siehe auch Schütze, Seite 183 f.)

Die Hüfte gehört in der Astromedizin zu Schütze und zu Waage.

Hüftprobleme repräsentieren bei Waage eine fehlende Balance im Leben. Waage braucht das Gleichgewicht. Ambivalenzen gehören im Leben zwar dazu, auf Dauer sind sie jedoch nicht »haltbar« und bereiten Stress. Ein Hüftproblem verweist auf die Notwendigkeit, die inneren Dysbalancen genau zu definieren und mit kleinen Schritten Verschiedenes zusammenzuführen oder endgültig zu trennen.

Hüftprobleme fangen bei den Füßen an, die unsere Haltung insgesamt beeinflussen. Körpertherapie, auch in Form von Osteopathie, Feldenkrais-Methode, Yoga (auch Yogatherapie) können helfen.

Nieren/Nebennieren

(siehe auch Hormonstörungen, Seite 154)

Wie jedes unserer paarweise angelegten Partnerorgane symbolisieren auch die Nieren ein Partnerschaftsthema. Der Konflikt, meist beginnend bei Harnwegsinfekten und Blasenentzündung, wandert weiter und verschärft die Thematik.

Die Nieren sind weit mehr als eine großartige Filteranlage. Sie sind ebenfalls zuständig für unsere Energie und Körperwärme. Nierenthemen weisen darauf hin, dass unser »Filtersystem« überfordert ist – mit den Anforderungen des »Außen«, oft den Anforderungen des Partners.

Unsere Niere filtert in 24 Stunden 1500 Liter Blut. Wir filtern ebenso viele Eindrücke und nehmen wahr, was uns begegnet. Waage tritt im Tierkreis dem Widder (= Ich) als Du gegenüber und bringt ins Gleichgewicht. Die Niere schafft das Säure-Basen-Gleichgewicht, leitet giftige, harnpflichtige Substanzen aus und reguliert den Wasser- und Elektrolythaushalt. Geht uns etwas an die Nieren, handelt es sich um einen tief sitzenden Konflikt, der nicht mehr übersehen werden kann.

Übungen für den Nierenmeridian fördern den Flow in diesem Bereich. Zum Durchspülen hilft viel Flüssigkeit, am besten auch Nierentee, und zwar täglich ein Liter. Lassen Sie sich in der Apotheke einen Nierentee zusammenstellen aus: Birkenblättern, Goldrutenkraut, Hauhechelwurzel, Steinbrechkraut, Zinnkraut.

Dauerhaft hilfreich und heilsam ist die Leber- und Nierenreinigung nach Dr. Clark. Dabei werden die Nieren und die Leber in einer selbstständig durchgeführten Kur gereinigt. Alles, was Sie dafür brauchen, finden Sie problemlos im Internet.

SKORPION ♏

Aids/HIV

Skorpion steht in einem engen Zusammenhang mit unserer Sexualität und den Tabubereichen des Lebens. In den Jahren, in denen HIV bekannter wurde, wanderte Pluto, der Skorpion zugeordnet wird, in seinem eigenen Zeichen. Es glich einem kollektiven Aufbrechen der Geheimnisse, verbunden mit Angst und Bedrohung. Aids/HIV verkörpert noch immer all jene Eigenschaften, die mit dem Sternzeichen Skorpion verbunden werden können, nämlich Vorurteile, Tabus, Geheimnisse, Sexualität, Angst, Panik, die Prozesse des Sterbens und Werdens, Transformation und Ausgrenzung. Die Behandlungsmöglichkeiten sind inzwischen zum Glück gut. Eine Auffälligkeit ist bei dieser Krankheit gegeben. Die meisten Betroffenen sagen nicht: »Ich habe ein Virus«, sondern sie sagen: »Ich bin positiv.« »Ich bin« bedeutet immer, dass wir auf die Identitätsebene wechseln und eins damit sind. (Ein Phänomen, das dem Faible des Skorpions nach den Extremen entspricht.) Deswegen erschien es mir viele Jahre lang so, als würde HIV zu einer kollektiven Identifikation werden – die Identifikation über die Erkrankung.

Depression

(siehe Depression auf Seite 125 f.)

Dickdarmerkrankungen

Im Dickdarm wird transportiert, was ausgeschieden werden kann. Es ist unserem Wachstum nicht mehr dienlich, denn es enthält keine Nährstoffe mehr. Ein gesundes Zusammenspiel zwischen Erde (Essen, materiell) und Wasser (Gefühlswelt) ist nötig, um die Kontrolle abzugeben und sich zu verabschieden. Dickdarmerkrankungen weisen auf die Notwendigkeit hin, loszulassen, was dem eigenen Wachstum nicht mehr dient. Kaum ein Mensch spricht über seinen Darm, seine Verdauung. Wir können uns ein Leben lang mit Essen beschäftigen, dem Sichtbaren. Doch was wirklich daraus wird, hängt vom Darm ab.

Kümmern Sie sich mehr um Ihre Schattenanteile. Beschäftigen Sie sich mit dem Loslassen und Ihren Ängsten. Holen Sie Ihre Verdrängungen aus den Kellergewölben. Wie bereits erwähnt, hat der Darm einen heißen Draht nach oben, zum Gehirn. Erkrankungen haben immer eine Auswirkung auf unsere Stimmung. Darm und Gehirn kommunizieren stetig.

Dünndarm und Dickdarm verlaufen als Meridianlinie parallel vom Kopf über die Schultern und die Arme bis in die beiden Zeigefinger. Mit Übungen erreichen Sie beide Enden des Meridians. Eine Ernährungsumstellung ist unverzichtbar. Wirksame alternative Therapien sind Fasten, Basenfasten, Akupunktur und Hypnose.

Eierstock/Eileiter

Beim Zeichen Skorpion befinden wir uns in einem kollektiven Zeichen. Das heißt, die eigenen Krankheiten, Symptome und Ursachen sind nicht nur in der eigenen Vita zu finden, sondern meist schon in den Generationen davor. Eierstock und Eileiter spiegeln die Weiblichkeit und tragen das kollektive Schicksal vieler Frauen mit sich. Ein Ei reift heran, schwärmt aus und lässt sich finden. Unsere Kreativität, aus uns selbst heraus, im tiefsten Inneren, unsere Schöpferin, Eierstöcke und Eileiter, geben den Impuls und folgen dann dem Flow. Probleme der Eierstöcke sind eng damit verknüpft, im eigenen schöpferischen Potenzial unterdrückt und gefangen zu sein. Zum Beispiel durch anhaltende Unsicherheit, die eigene Kreativität zum Ausdruck zu bringen. Beschäftigen Sie sich mit dem zweiten Chakra. Es ist der Ort der Selbstliebe. Lösen Sie sich von an Sie herangetragenen Vorstellungen, wie sie angeblich sein müssen. Fangen Sie an wahrzunehmen, wie Sie wirklich sind. Transformieren Sie radikal jene Lebensbereiche, die etwas in Ihnen unterdrücken. Auch eine Ernährungsumstellung kann Ihnen helfen.

Gebärmuttererkrankungen

(siehe Sternzeichen Krebs, Seite 163 f.)

Geschlechtskrankheiten

Das Wort als solches hat mich schon immer gestört, nun beim Schreiben weiß ich, woran es liegt. In »Geschlecht« sitzt das Wort »schlecht«. Das ist in keiner anderen Sprache so! Noch immer ist Sexualität, vor allem für Frauen, mit Scham und Schuld verbunden. Jede Geschlechtskrankheit ist ein Hinweis darauf, diese Themen näher zu beleuchten und sich von überlieferten, auch christlich geprägten tief sitzenden Ängsten und Schuldgefühlen zu befreien. Eine Geschlechtskrankheit kann ebenfalls ein Hinweis darauf sein, in der eigenen Geschichte Erfahrungen gesammelt und verinnerlicht zu haben, die einen am freien Ausdruck der eigenen Sexualität hindern.

Hämorrhoiden und Analfisteln

Eine Hämorrhoide gleicht einer alten verbohrten Wut, die sich schließlich gegen uns selbst richtet. Die Analfistel ist eher ein Symbol für traumatische Themen, die unlösbar erscheinen und uns noch dazu unbewusst zu destruktiven Verhaltensweisen animieren.

All das, was uns peinlich ist oder worüber wir mit niemandem sprechen möchten, kann dem Skorpion zugeordnet werden. Bei diesen Erkrankungen geht das sogar so weit, dass Betroffene nicht zum Arzt gehen wollen. Stattdessen irren sie dann im Internet umher und lesen Gruselgeschichten.

Dabei können Hämorrhoiden zum Beispiel schon durch ein verändertes Stuhlgangverhalten langfristig verschwinden. Eine erhöhte Position der Füße erleichtert das »Loslassen«. Versuchen Sie nicht um jeden Preis herauszupressen, was noch nicht so weit ist. Ballaststoffe werden im Dickdarm verdaut und sorgen – unterstützt durch Bewegung – für einen guten Abtransport. Trinken Sie ausreichend Wasser, damit der Stuhl nicht zu hart wird.

Verzichten Sie auf feuchte Tücher. Ein Waschlappen reicht! Oder benutzen Sie das Bidet mit Chamomillabädern. Trauen Sie sich zum Arzt. Wenn Sie damit Probleme haben, setzen Sie sich mit den Themen Ekel und Scham therapeutisch auseinander. Außerdem helfen: effektive Mikroorganismen, die die Darmflora unterstützen, Essensumstellung, Spaß mit Hygiene, ohne es extrem werden zu lassen.

Krebs

Fast jeder von uns denkt an diese Erkrankung und so mancher erlebt sie im nahen Umfeld. Viele Betroffene sind im Moment der Diagnose ratlos. Krebs bedeutet Wachstum im negativen Sinne. Eine meiner ersten Lehrerinnen für Astromedizin war der Ansicht, dass jeder Krebs die Notwendigkeit einer Lebensveränderung beinhaltet. Diese Meinung teile ich. Umzug, Partnerschaft, Familie, Beruf: Einer dieser für uns wichtigen Pfeiler im Leben will verändert werden. Manchmal sogar allesamt. Krebs wird dem Planeten Pluto und dem Zeichen Skorpion zugeordnet. Er symbolisiert den Prozess des Sterbens und Werdens. Skorpion bedeutet Zerstörung und Erneuerung.

Bei der Behandlung gibt es auch hier Alternativen, zum Beispiel Fasten. Bei den Studien über das Fasten während einer Chemotherapie gibt es positive Ergebnisse: Normale Körperzellen können mit Fasten umgehen, sie fallen in eine Art Winterschlaf. Krebszellen können das nicht. Sie bleiben aktiv, nehmen die Chemikalien auf und im besten Fall werden nur sie getötet, während die gesunden Zellen heil bleiben. Die Forscher auf diesem Gebiet erwogen die Möglichkeit, dass das Fasten für sich ebenfalls Heilungschance sein könnte. Umstritten, doch erwähnenswert, ist die Krebs-Kur nach Rudolf Breuß, bei der die Krebszellen ausgehungert und die gesunden Zellen gestärkt werden.

Wie bei allen lebensbedrohlichen Erkrankungen stellt sich die Frage danach, wofür es sich zu leben lohnt. Nicht die Gene sind für den Ausbruch dieser Erkrankung entscheidend, sondern der Nährboden, den die Krebszellen in unserem Körper vorfinden. Pflanzliche Wirkstoffe, eine Veränderung des Lebensstils und die Ernährung bilden die Bausteine, um den Krebszellen den Garaus zu machen.

Unfruchtbarkeit

Unfruchtbarkeit (Infertilität) kann in direktem Zusammenhang zu unserem Verhalten gegenüber der Umwelt, in der wir leben, gesehen werden. Natürlich spielen viele Faktoren eine Rolle: Eileitervernarbungen, Endometriose, Dysbalance des Immunsystems … Für Frauen mit Kinderwunsch gleicht es einem Trauma, nicht schwanger zu werden, der seelische und psychische Stress nimmt dementsprechend zu. Viele Frauen berichten, genau in dem Moment, in dem sie dieses Thema losließen, schwanger geworden zu sein.

Die Fruchtbarkeit und der weibliche Zyklus sind eng mit der Natur verknüpft, von der wir uns immer weiter entfernt haben. Wir sind keine Maschinen, die nur funktionieren und zum passenden Zeitpunkt ein Kind gebären. Damit eine Zeugung klappt, ist eine Rückbindung zur Natur nötig: Ernährung spielt eine wichtige Rolle, ebenso wie natürliches Licht. Und unsere Psyche: Unsere bewussten Anteile wünschen sich ein Kind, unsere inneren unbewussten fühlen sich damit vielleicht überfordert oder voller Angst vor den vielen Rollen: Job, Mutter, Partnerin. Wir haben keinen positiven Mutterkult und auch wenige Vorbilder, die uns als Frau oder werdende Mutter unterstützen könnten. Auch die Gemeinschaft fehlt in vielen Fällen. Oder das Vertrauen in den Partner.

Mutter zu werden und zu sein bedeutet immer auch, die Identitätsebene zu wechseln, es beinhaltet eine Transformation der eigenen Person und dementsprechend auch einen sich verändernden Platz in der Gesellschaft.

Schmerzen

(siehe Seite 132)

Schuppenflechte

(Hautprobleme und -erkrankungen siehe Stier und Waage Seite 153 f. bzw. 176)

Trauma

(siehe Seite 135 f.)

Wechseljahre

Die Wechseljahre sind keine Erkrankung! Frauen sind keine Mängelwesen! Fast alle Frauen haben Angst vor den Wechseljahren und glauben, dass dann die schönste Zeit vorbei ist! Dies wird durch Werbung für diverse Produkte während des Übergangs suggeriert. Häufig bangen sie schon im Vorfeld diesem Übergang entgegen. Inklusive den Begleitumständen: Hitzewallungen, Gewichtszunahme, Unlust auf Sex, Osteoporose … Einzig der Wegfall der Blutungen erscheint manchen eine Erleichterung.

Wechseljahre sind, wie der Name schon sagt, die Jahre des Wechsels. Wir gehen in eine neue und andersartige Phase unseres Lebens, die viel Freiheit und Neubeginn mit sich bringen kann. Auch in der Sexualität. Dass wir keine Lust mehr haben, liegt eher daran, mit der Sexualität, die wir bisher gelebt haben, nicht mehr zufrieden (oder besser: befriedigt) zu sein.

Die Wechseljahre sind ein »Großreinemachen« mit allem, was in unserem Leben war. Viele Frauen verbiegen sich und versuchen, etwas aufrechtzuerhalten, was sich überlebt hat. Die Überforderung im Leben als Frau – Mutter, Partnerin, Berufstätige – kann nicht mehr so weitergehen wie bisher. Zusätzliche Hormone sind nur in Einzelfällen wirklich hilfreich. Die Wechseljahre sind der Übergang in eine sehr weise Zeit, in der wir authentischer leben können als je zuvor.

Die Wechseljahre sind dafür da, dass wir möglichst gut für uns selbst sorgen, nachdem wir – in den meisten Fällen – vor allem für andere gut gesorgt haben. Die Bandbreite des Umgangs mit störenden Begleiterscheinungen ist groß, es gibt auch die Möglichkeit der natürlichen Hormone. Je nachdem, wie wir die Wechseljahre gestalten, legen wir das Fundament für ein gesundes Leben. Wir können in dieser Zeit wichtige Veränderungen vornehmen, um gesund zu sein und zu bleiben. In den Wechseljahren geht es darum, zu heilen – das, was war, und das, was ist.

Hilfreich sind Akupunktur, natürliche Hormone, gesunde Ernährung, neue Lebensrhythmen, Yoga, Sport. Eine vegane Ernährung während des Übergangs oder zumindest das Weglassen der tierischen Produkte reduziert nachweislich einige Symptome wie etwa Hitzewallungen. Der eigene Lebensrhythmus verändert sich während der Wechseljahre. Wir werden autonomer, unabhängiger und langsamer.

SCHÜTZE ♐

Adipositas

(siehe Stier auf Seite 151)

Körperfülle findet sich mitunter bei Schütze- und Jupitereinflüssen – muss aber nicht sein! Planet Jupiter ist ja schließlich auch der dickste im Sonnensystem. Körperfülle zeigt sich hier eher, weil Schütze-Menschen zu den Genießern gehören.

Alkoholismus

(siehe Sucht auf Seite 135)

Drogenmissbrauch

(siehe Sucht auf Seite 135)

Gutartige Gewebewucherungen

Häufig kommen wir nicht dazu, all das auszudrücken oder auszuleben, was wir gerne kreieren würden. So hilft sich der Körper unter anderem damit, gutartige Gewebewucherungen – Warzen, Lipome, Zysten, Myome, Polypen, Fibrome und Tumore – zu schaffen. Teilweise wird auch »Müll« dort geparkt. Ein spannendes Gewächs ist die Dermoidzyste (Wundergeschwulst). Sie ist mit Haaren, Zähnen, Nägeln oder sonstigem Menschlichem gefüllt und befindet sich meist in den Ovarien oder Hoden. Manche sind fest davon überzeugt, dass es sich hier um einen Zwilling handelt. Einige Wissenschaftler gehen davon aus, dass es zu 30 bis 80 Prozent Zwillingsschwangerschaften kommt, davon jedoch nur 3 bis 8 Prozent wirklich stattfinden. Die Forschung darüber ist noch etwas dürftig. Eine Dermoidzyste gehört zum Zeichen Schütze, weil sie Ausdruck von Wachstum und Verbindung ist. Selbst wenn ich ein Zwilling war, nun bin ich keiner. Unser Wunsch nach Verbindung geht weit über das Geschwisterliche hinaus. Ein gutartiges Gewächs erinnert uns daran, uns zur vollen Größe aufzurichten und alles aus uns herauszuholen, was wir mitbringen.

Hüfte

Die Hüfte wird Waage und Schütze zugeordnet. Bei der Waage ist sie das Symbol für Balance im Leben. Das Hüftproblem bei Schütze hat mit den Themen Richtung und Perspektive zu tun. Denn bevor wir einen

Schritt tun, lenkt die Hüfte schon die Richtung. Hüftprobleme lassen sich, wie so vieles anderes, nicht separat sehen. Betrachten Sie Hüftthemen immer im Kontext zu Knie (Steinbock) und Füßen (Fische).

Fragen Sie sich, welche Richtung Sie im Leben eingeschlagen haben und ob sie noch stimmt. Welche Richtungsänderung steht an? Erinnern Sie sich, welche Lebenszeiten für Sie stimmig waren. Äußerlich im Alltag bringt meist langes Sitzen verkürzte Hüftbeuger mit sich sowie diverse andere Haltungsprobleme. Dagegen hilft nur Bewegung. Bedenken Sie vor einer Hüftoperation, dass diverse Muskeln und Bänder beschädigt werden. Häufig tauchen die Probleme nach einer gewissen Zeit wieder auf, sofern wir nicht unsere Bewegungen/Haltung ändern. Innerlich wie äußerlich.

Yogatherapie, Osteopathie, Feldenkrais, meditatives Gehen helfen ebenso wie ein Richtungswechsel im Leben.

Ischialgie

Bei einer Ischialgie ist unser längster und dickster Nerv gereizt. Er verläuft von der unteren Lendenwirbelsäule bis zu den Füßen. Sie erinnern sich, der größte und dickste Planet Jupiter und Schütze mitten in der Milchstraße? Deshalb ist die Ischialgie Schütze zugeordnet. Wird dieser Nerv gestört, treten plötzlich stechende Schmerzen auf. Keine Sorge – es sind nicht immer die Bandscheiben. Manchmal klemmt der Piriformis, ein eher kleiner Muskel zur Stabilisation des Hüftgelenks, den Ischias ein und ist für die Schmerzentstehung mitverantwortlich. Sehr häufig liegt die Ursache des Ischias-Schmerzes aber in zu starken Spannungszuständen der Muskeln und Faszien. Da der Ischias-Nerv den Oberkörper mit dem Unterkörper verbindet, geht es auch darum, die »Bauchgefühle« in Handlungen umzusetzen.

Verändern Sie Bewegungsabläufe und Ihr Sitzen, trainieren Sie die Faszien mit dem Fokus auf Rücken, Hüfte, Beine. Äußerlich erwärmende Öle, zum Beispiel Soli 21 oder Retterspitz, helfen auch oft. Wenn alles nichts nutzt, wirken meist Schmerztherapie und Osteopathie.

Lebererkrankungen

Betrachten wir unsere Leber als Schütze-Organ, so repräsentiert sie den Sitz der Lebensfreude. Inzwischen wissen wir, dass unser ganzer Körper (besonders der Darm) unsere Lebensfreude beeinflusst, weil alles miteinander verbunden ist.

Leber, Suche und Sucht sind eins. Einige Lebererkrankungen entstehen aufgrund einer Suchtproblematik wie Missbrauch von Alkohol oder anderen Substanzen. Unsere Gesellschaftsform lädt geradezu zum Kompensieren ein. Alkoholismus ist nach wie vor ein großes Tabuthema.

Die Leber repräsentiert den Sinn im Leben. Sie ist ein Organ mit unglaublicher Regenerationsfähigkeit. Und sie ist unser wichtigstes Stoffwechselorgan. Sie speichert Blutzucker, entgiftet und unterstützt bei der Blutgerinnung.

Lebererkrankungen sind begleitet von Melancholie, tief sitzender Wut, Müdigkeit, Antriebslosigkeit bis hin zu depressiven Verstimmungen. Der Sinn des Lebens wird infrage gestellt. Aber die Sinnfrage will beantwortet werden. Zumindest das eigene Leben soll einen Sinn haben.

Lebererkrankungen fordern uns auf, gesunde Grenzen zu ziehen. Und sehr genau zu unterscheiden, was uns guttut und was uns schadet. Was uns Kraft gibt und was uns Kraft raubt. Unsere Leber gibt Hinweise und weist uns dabei die Richtung.

Wir können die Leber hervorragend unterstützen durch zahlreiche alternative Therapien sowie die Aktivierung des Lebermeridians (siehe die Übung bei Schütze auf Seite 106). Im Vordergrund steht natürlich, die Schadstoffe zu reduzieren (Alkohol etc.). Vegane Ernährung, Sport, Leberwickel, Leber- und Gallenreinigung nach Dr. Clark, Mariendistel, Süßholz, Artischocke, Mistel, Vitamintherapie – all das sind unterstützende Möglichkeiten.

Leistenbruch

Wie der Name schon nahelegt: Ein Leistenbruch erfordert den Bruch mit dem bisherigen Leistungsvermögen. Wir tragen zu schwer an etwas. Also: Ballast abwerfen und die Faszienbahnen nach Verheilen des Bruchs oder nach der OP durch gezielte angeleitete Übungen wieder stärken und lebendiger werden lassen.

Manie – Depression

Schütze folgt auf Skorpion – und ist sozusagen das Licht am Ende des Tunnels. Was jedoch nicht bedeutet, dass Schütze-Menschen immer optimistisch und gut gelaunt unterwegs sind. Dennoch laufen Sie lieber auf der Sonnenseite. Sie lieben die Übertreibung, in einem oder auch in allen Lebensbereichen.

Eine Depression mit Manie schleudert Menschen durch ein Leben, das keinerlei Normalität zulässt. Auf die manische Phase, in der sie sich in ihrer Genialität meist sogar sehr wohlfühlen, folgt der Absturz. Gleichgewicht und Maß gehen verloren. Ich habe viele manische Menschen mit verschiedenen Stärkegraden kennengelernt. Manche Manie fällt in unserer Gesellschaft bzw. manchen Berufsgruppen kaum auf, bedarf aber psychologischer Behandlung. Im günstigsten Fall wird es möglich, dass die Manie-und-Depression-Achterbahnfahrt des Lebens in eine akzeptable Symptomfreiheit gelangt. Manie gleicht einem Flug des Ikarus, bei dem er sich verbrennt. Oder der Geschichte des Prometheus, der den Göttern das Feuer stahl. Wir sind grenzenlos. Und durchbrechen eine Schallmauer.

Helfen können Traumatherapie und ihre körperorientierte Form Somatic Experience, Gesprächs- und Verhaltenstherapie, aber auch eine Veränderung des Lebensstils. Gemeinschaft, Ruhe und Natur sollten zum Zuge kommen.

Oberschenkelprobleme oder -bruch

Die Oberschenkel werden dem Zeichen Schütze zugeordnet, können aber auch als Symbol des Zeichens Schütze (halb Mensch, halb Pferd) angesehen werden. Wie Sie bei der Mythologie von Schütze lesen konnten, symbolisiert Schütze sowohl den triebhaften, übertreibenden Charakter als auch das »Darüberstehen« mithilfe philosophischer Ansätze. Alles rund um den Oberschenkel erinnert daran, weniger unserer Triebnatur als vielmehr dem ganzen Spektrum unseres Menschseins zu folgen – mit Reife, Würde, Werten und Philosophie.

Phobien

Unsere Seele ist unglaublich schlau. Ich ordne die Phobien den Schützen zu, weil Schütze-betonte Menschen nur sehr selten und ungern zeigen, dass sie Unterstützung brauchen. Schütze sucht nach Lösungen, nicht nach Ursachen, das erledigen eher die Steinböcke, Krebse, Skorpione oder Jungfrauen. Schütze braucht Freiheit und möchte deshalb auch unabhängig von Hilfe allein klarkommen.

Phobien wirken etwa wie zugeschnürte Angstpäckchen, die sich dann in einem Bereich ausbreiten können und nicht mehr kontrollierbar sind. Als Flugangst, Agoraphobie, schlimmstenfalls als soziale Phobie. Alle anderen Lebensbereiche bleiben problemfreie Zonen, doch das Leben wird eingegrenzt. Phobien breiten sich eher aus, als dass sie von allein wieder verschwinden. Hilfe ist deswegen sehr oft notwendig. Gute Ergebnisse erzielen EMDR (Eye Movement Desensitization and Reprocessing), Wingwave, Verhaltenstherapie, Hypnose und Traumatherapie.

Stress

(siehe ab Seite 132)

Suchterkrankungen

(siehe Sucht auf Seite 135)

STEINBOCK ♑

Alter und seine Gesundheitsthemen

Keiner kommt lebend hier raus und dem Steinbock ist das von Anfang an klar. Älter zu werden ist nichts, was wir aufhalten könnten, doch wir können dem Sich-alt-Fühlen etwas entgegensetzen. Astrologie entspricht und entspringt der Lehre der Rhythmen. Das Leben ist ein Spiel der Gezeiten. Lassen wir uns darauf ein, fließt die Energie weiter. Mit Blick auf das Alter sowie viele Erkrankungen sind die Seelenhygiene und eine positive Lebenseinstellung besonders hilfreich, um diese Rhythmen zu begrüßen und mitzugehen. Befinden wir uns in einer gewissen Erwartungshaltung, dass im Alter alles ganz schrecklich es wird, erhöhen wir die Wahrscheinlichkeit, dass sie sich erfüllt.

Älter zu werden bedeutet zum Beispiel nicht, dass Sie in Ihren Bewegungen eingeschränkt sein müssen. Doch sobald Sie aufhören, in Bewegung zu sein, versteifen Sie sich schneller als in jungen Jahren. Das Alter erfordert von uns noch mehr Fürsorge, Pflege und gute Gedanken, die gute

Gefühle erzeugen. Das Alter setzt erst dann ein, wenn Sie aufhören, neugierig zu sein. Die Begeisterung versiegt, wenn Sie sich vornehmlich mit Vergangenem beschäftigen. Saturn und Steinbock fordern Reife und Rückgrat von uns. Steinbock fördert auch die Disziplin, die uns behilflich dabei sein kann, in Bewegung zu bleiben: geistig – körperlich – seelisch.

Angst- und Panikstörungen

Bei den Mythologien des Ares (Mars) und der Aphrodite (Venus) habe ich auf deren Liebesgeschichte hingewiesen. Aus dieser Verbindung gingen drei Kinder hervor. Die Zwillinge dieses Paares hießen Phobos und Deimos, übersetzt Angst und Schrecken bzw. Panik. Angst und Panikstörungen katapultieren Menschen aus bisherigen Lebensstilen heraus. Einer Angst und Panikstörung liegt ein Trauma zugrunde. Verhaltens- und Psychotherapie können helfen, reichen jedoch nicht an die Ursachen heran. Unser Nervensystem braucht Hilfe, damit aus der Angst keine Panikstörung wird, damit sich das Trauma lösen kann, aus dem Körper weicht und unsere Seele verlässt. Erfolgreich dabei sind Somatic Experience nach Peter Levine, Veränderung des Lebensstils, Trauma-Yoga, Hypnose, EMDR.

Anorexia nervosa

In Griechenland wünscht man sich Kali Orexie, den guten Appetit, wenn das Essen beginnt. Bei einer Anorexia nervosa wird die Situation des gemeinsamen Essens gemieden, verweigert, doch die eigenen Gedanken kreisen stetig ums Essen bzw. Nicht-Essen. Wir steigen aus und verweigern uns dem Essen, hungern und magern ab: ein Ausdruck dessen, was auch innerlich stattfindet. Die Nahrung, die uns bisher angeboten wurde, ist nicht das, was uns nährt. Eine selbstzerstörerische Reise beginnt, inklusive Abführmittelmissbrauch, Depression, narzisstischen Eigenbeobachtungen, Suizid auf Raten.

Magersucht erfordert eine Therapie mit Familienkontext. Häufig sind Missbrauchsthematiken in der Vita zu finden. Es ist der Wunsch, besser gesagt der Zwang, sich aus gesellschaftlichen Kontexten herauszubewegen, auf Missstände aufmerksam zu machen, den Druck, die Angst und die auferlegten Zwänge im eigenen Leben wegzuhungern. Hier braucht es therapeutische Hilfe und Körperarbeit, damit wir uns in unserem Körper wieder wohl und zu Hause fühlen. Inmitten unserer zunehmenden Adipositas-Gesellschaft zeigt sich außerdem das Bedürfnis, etwas Besonderes zu sein. Die wirklichen Potenziale finden keinerlei Ausdrucksform. Es ist ein krankhafter Ehrgeiz, der kein Ventil findet, außer im Verzicht und in der Verweigerung (siehe auch Ernährung, ab Seite 126).

Arthrose

Arthrose ist keine Alterserscheinung, sondern ein Problem von Fehlspannungen im Körper. Jedes Gelenk im Körper ist gleich aufgebaut und besteht aus Knorpel, Gelenkkapsel und Gelenkflüssigkeit. Letztere wird über Zug und Druck gebildet. Bei zu wenig und falsch ausgeführten Bewegungen nehmen die Spannungszustände zu, sodass es innerhalb der Muskeln und Faszien zu Schmerzen kommt. Durch die Auflösung dieser Spannungen, zum Beispiel per Schmerztherapie, wird die Fehlspannung aufgelöst. Nachhaltiges »richtiges« Bewegen führt dazu, dass die Bewegung wieder in Gang kommt und wir wieder Geschmeidigkeit erreichen können.

Das Verkehrteste, was Sie bei Arthrose tun können, ist, die betroffenen Gelenke zu schonen. Arthrose symbolisiert das Steif- und Starrwerden, mit dem wir im Alter rechnen. Denken Sie um! Bleiben Sie in Bewegung und lassen Sie sich helfen. Unsere Gelenke brauchen Zug und Druck, sie wollen ernährt und bewegt werden. Wenn Sie sie stilllegen, gleichen sie einer Lokomotive auf dem Abstellgleis, die zu rosten beginnt. Achten Sie immer darauf, genug zu trinken, weil Ihr Körper auch genug Wasser braucht, um geschmeidig zu bleiben. Außerdem liebt er die Abwechslung in Übungsreihen.

Es helfen Schmerztherapie, Bewegung, Shalakki (zum Beispiel indischer Weihrauch in Kapselform) und äußerlich angewandte Arganölmischungen.

Bandscheibenvorfall

Viele Menschen erleiden einen Bandscheibenvorfall, ganz ohne es zu merken. Bei anderen kommen quälende Schmerzen dazu, ausgelöst durch Übersäuerung sowie Fehlspannungen und starke Verkrampfungen an Faszien und Muskeln. Die Bandscheiben dienen als Puffer zwischen unseren Wirbelkörpern, eine Art Gallertkern. Sie werden nur durch Zug und Druck genährt, profitieren also passiv von Bewegungen.

Den allermeisten Bandscheibenvorfällen geht ein Warnschmerz voraus. Nehmen Sie ihn ernst! Behandeln Sie Ihren Körper nicht wie einen Apparat, der funktionieren muss, aber irgendwann altert und in Reparatur (OP) muss. Betrachten Sie Ihren Körper als lebendigen Organismus, der sich täglich selbst repariert. Fehlhaltungen und Fehlspannungen werden durch eine Operation nicht aufgelöst! Schmerzmittel blockieren das bewusste Wahrnehmen. Bei einem Bandscheibenvorfall fehlt uns ein Puffer. Ein Lebensbereich ist überstrapaziert worden. Steinbock neigt zu Überforderung, weil er sich über Leistung definiert.

Schmerztherapie, fasziales Training, Bewegung, Muskelaufbautraining und auch Basenfasten helfen.

Chronische Erkrankungen

Das Wort »chronisch« leitet sich von Chronos ab, der Zeit und dem Gott Kronos aus der griechischen Mythologie, der zum Zeichen Steinbock gehört und uns bei Saturn begegnet. Er stürzte seinen Vater und teilte sich mit seinen Brüdern die Welt. Alles rund um Steinbock hat mit den Themen Verantwortung, Eigenverantwortung, Disziplin, Strenge und Anerkennung zu tun.

Chronischen Erkrankungen und Schmerzen geht in den meisten Fällen eine akute Phase voraus, die nicht gesehen, anerkannt oder versorgt worden ist. Wir stellen die Leistung vor unsere vitalen Bedürfnisse. Eine chronische Erkrankung bringt nun besondere Herausforderungen mit sich. Wir werden in die Verantwortung genommen, mit diesem Begleiter das Leben zu verbringen oder uns auf einen meist längeren Weg in Richtung Heilung zu begeben. Wir können uns damit total identifizieren und so aus Verantwortungen aussteigen, die wir nicht mehr weiter tragen wollen oder können. Schuldzuweisungen, meist uns selbst gegenüber, sind kontraproduktiv. Werden wir lieber zum Spezialisten für den Themenbereich, der sich zeigt.

Aus eigener Erfahrung sage ich, dass eine chronische Erkrankung viele Lebensveränderungen mit sich bringt, die durchaus eine Verbesserung des Bisherigen bewirken können. Ein chronischer Prozess ist ein tief sitzendes unbewusstes Thema, das uns jedoch zu uns führen kann, weg von falschen Selbstbildern, die weiterhin schaden würden.

Depressionen

Steinbock und Saturn konfrontieren uns mit Alter und Tod. Depressionen lassen uns aus der Vitalität aussteigen, nicht bewusst, sondern oft schleichend. Steinbock-Betonungen bergen eine Ernsthaftigkeit, die im Umfeld häufig nicht gewürdigt wird. Steinbock sieht die Schattenseiten, erkennt das, was fehlt und schiefläuft, ist beschäftigt, flüchtet vor oberflächlichen Aktivitäten und steht oft unter Leistungsdruck. Grundsätzlich streben wir nach Anerkennung und boykottieren uns zugleich selbst.

Depressionen können jedem Tierkreiszeichen zugeordnet werden. Immer mehr Menschen erkranken daran – aus vielfältigen Ursachen. Beim Steinbock sind Depressionen sehr hartnäckig, da er sie meist schon aus der Familie mitbringt. Steinbock ist Erde und heilt über den Körper. Um aus Depressionen herauszufinden, sind eine Körpertherapie und Bewegung unverzichtbar und besonders effektiv, ganz gleich ob Yoga, Tanzen, Aquafitness, Schwimmen, Massagen, Surfen oder was Sie sonst mögen. Bedenken Sie, dass der Darm (Jungfrau) und seine Gesundheit sehr wesentlich zu einer guten Stimmung beitragen.

Haarausfall

Unsere Haare sind Melder. Sie erzählen viel über den Charakter eines Menschen, seine Verfassung und Vitalität. Gleichzeitig sind sie auch Schmuck. Haar ist lebendig und schöne Haare sind ein Zusammenspiel aus guter Pflege, Ernährung und innerem Wohlgefühl. Haarausfall ist ein wichtiges Warnsignal, dem wir von innen heraus begegnen sollten, anstatt alle möglichen äußeren Tinkturen draufzutröpfeln. Haare überleben uns, sie bleiben auch dann noch, wenn wir gehen. Dem kreisrunden Haarausfall geht in den meisten Fällen ein Trauma oder Schock voran, der behandlungsbedürftig ist.

Naturfriseure bieten eine wunderbare Alternative, um Haarthemen anders zu betrachten. Sie sind wichtige Ratgeber rund um Haar und Haarausfall und bieten gute Alternativen zum Herkömmlichen. Probieren Sie auch MSM – Methylsulfonylmethan, eine Schwefelverbindung.

Knieprobleme

Knieprobleme konfrontieren uns mit den Themen Verantwortung und Demut und bedeuten Unsicherheit bezüglich der eigenen Größe. Kann ich mich voll aufrichten? Knieprobleme können nicht isoliert betrachtet werden. Wir brauchen ein solides Fundament, um ein Knie zu stärken. Fangen Sie bei den Füßen an! Wie stehen Sie? Wie gehen Sie? Nutzen Sie wirklich den ganzen Fuß? Das Absenken des Fußinnengewölbes bringt einen unguten Druck auf den Meniskus, X- oder O-Beine können entstehen. Fehlendes Abrollen der Füße bringt auch Belastungen für das Knie. Stärken Sie Ihre Füße, stärken Sie Ihre Basis. Wählen Sie mehrere Ansätze: Fußgymnastik, andere Schuhe, Oberschenkel trainieren, um dem Knie Entlastung zu bieten. Achtsames gehen. Schmerztherapie. Soli 21 äußerlich, bei Entzündungen Retterspitz.

Knochen- und Skeletterkrankungen

Der Körper hat rund 206 Knochen. Ihre Festigkeit resultiert aus Be- und Entlastung sowie Genetik. Auf dem Skelett baut alles andere auf. Knochenthemen sind also Basisthemen. Knochen schützen die Organe. Knochen stehen auch für Grenzen. Form und Statik ergeben sich aufgrund des Knochenaufbaus. Ohne Knochen keine Blutkörperproduktion. Gute Knochen – gutes Blut! Übergewicht schadet dem ganzen Knochengerüst sowie den Gelenken.

Grünes Gemüse liefert viel Kalzium. Beugen Sie Übersäuerung vor, damit das Kalzium im Knochen nicht angegriffen wird, und achten Sie auf Vitamine und Mineralstoffe. Präparate wirken nie so gut wie die Zufuhr durch gesundes Essen. Setzen Sie auch auf Bewegung, fasziales Training und Sonnenlicht! Auch die »goldene Milch« hilft – siehe Rezepte im Internet.

Nägel

Nägel sind, ähnlich dem Haar, gute Melder und Gesundheitsspiegel. Brüchige Nägel oder andere Auffälligkeiten sind hilfreich, um Mangelerscheinungen zu erkennen.

Kieselsäuregel (Silicea) fördert gesunde Nägel, Haare und Haut ebenso wie MSM.

Osteoporose

Osteoporose muss nicht sein! Jede Frau in den Wechseljahren hat Angst davor. Eine Knochendichtemessung und Blutuntersuchung können diese Sorge erst einmal beschwichtigen. Unsere Knochen bauen auch vor den Wechseljahren ab. Ganz besonders dann, wenn sie keine Impulse in Form von Bewegung bekommen. Fitness, die Spaß macht, hält uns gesund. Knochenmasse baut nicht nur wegen Kalzium- oder Östrogen-Veränderungen ab. Wir brauchen Bor, die Vitamine C und D sowie Spurenelemente, Magnesium, Mangan, eventuell auch ergänzendes natürliches Progesteron, um gesunde Knochen zu erhalten. Glauben Sie nicht alles, was der »Mainstream« behauptet, sondern informieren Sie sich bei frauenfreundlichen Spezialistinnen. Steinbock bedeutet Eigenverantwortung, Rückgrat und gesunder Pragmatismus. Osteoporose zeigt auch, dass unser Lebensgerüst bröckelt, es uns an Sicherheit im Leben mangelt. Fragen Sie sich: Was brauche ich wirklich, um mich stabil und wohlzufühlen?

Rücken

(siehe Seite 130 f.)

Wechseljahre

Über die Wechseljahre wurde auf Seite 182 schon einiges gesagt. Die Verbindung zum Steinbock ist die Tatsache, dass wir mit der Vergänglichkeit und unserem Alter konfrontiert werden. Wechseljahre bieten die Chance, zu einer neuen Sicht, Heilung und einer gewissen Weisheit zu kommen.

Zähne

Die Zähne können als Resonanzkörper seelischer und körperlicher Zustände angesehen werden. Zahnprobleme tauchen zwar plötzlich auf, doch meist als Begleiterscheinungen einer aufreibenden Phase. Zähne zu zeigen erfordert Mut im übertragenen Sinne und beinhaltet Intimität, beispielsweise den Mund zu öffnen und den Zahnarzt in eine unserer Höhlen hineinschauen zu lassen. Unser Kiefermuskel ist der stärkste im Körper. Rund um den Kiefer zeigen sich viele Verspannungen. Zahnbehandlungen können alte Traumata aktivieren. Wählen Sie Ihren Zahnarzt gut aus! Zähne erzählen viel über uns und speichern unsere Lebensgeschichte. Die Alternativen sind noch etwas spärlich, doch es gibt sie. Bei den Zähnen setzen wir uns am stärksten mit den Themen von Reife, Verantwortung, Alter, Belastbarkeit auseinander. Ernährung und Zahnhygiene sind die Bausteine für den gesunden Zahn.

WASSERMANN ♒

Asthma

Interessanterweise tritt Asthma sehr häufig bei Menschen auf, die innerhalb des Systems Familie eine besondere Position innehaben. Das kann bis zu der Befürchtung reichen, gar nicht wirklich zur Familie zu gehören (Wassermann-Thema).

Asthma kann als Symbol dafür gesehen werden, dass der Betroffene keine geistigen Ausdrucksmöglichkeiten finden kann. Eine systemische Therapie wie eine Familienaufstellung kann zunächst helfen, sich über die Rolle im eigenen Clan bewusster zu werden.

Asthma kann heutzutage schulmedizinisch recht gut behandelt werden. Zusätzlich zur herkömmlichen Therapie ist es jedoch ratsam, bestimmte Lebensmittel zu meiden, weil Asthma häufig in Verbindung mit Allergien gegen bestimmte Lebensmittel auftritt. Als Asthma-Patient sollten Sie daher minderwertige tierische Eiweiße und Fette in Ihrer Ernährung meiden. Unterstützend wirken roher Kohlsaft, rote Paprika und direkt bei Asthmaanfällen Süßholzsirup. Die Moosbeere, in destilliertem Wasser gekocht, zerdrückt und von der Schale befreit, hilft ebenfalls, Asthmaanfälle zu überwinden. Auch mit Akupunktur werden gute Erfolge erzielt.

Epilepsie

Wassermann ist das Zeichen, das am liebsten alles Herkömmliche sprengen will. Wassermann-Erkrankungen stehen daher in direktem Zusammenhang mit dem Thema Freiheit sowie mit Rollenvorgaben, geistigem Austausch, dem Wunsch, unkonventionelle Wege zu gehen, mit Gruppenzugehörigkeit und der Fähigkeit, sein Anderssein ausleben zu können.

Jedes Wassermann-Gesundheitsthema braucht alternative Herangehensweisen und lädt zum Forschen ein, um wissenschaftlich neue Erkenntnisse in die Welt zu bringen. Epilepsie kann zusätzlich zu den Anfällen motorische, soziale, psychische und berufliche Probleme mit sich bringen.

Helfen können eine ketogene Diät, bei der Kohlenhydrate radikal vermindert werden, Yoga, Entspannungstechniken, um gut zu schlafen, eine Veränderung des Lebensstils, um den eigenen Rhythmus kennenzulernen und zu leben, sowie Aromatherapie.

Fibromyalgie

Wassermann hat ein Motto: Geist über Materie. Wie Sie wissen, brauchen wir für ein gesundes Leben aber ein ausgewogenes Zusammenspiel zwischen Denken und Fühlen – Kopf und Bauch. Ohne Körper keine Heilung. Noch dazu gibt es ein auslösendes Moment, das durchaus eine allergische Reaktion gewesen sein kann oder ein Trauma (Trennung, Tod, Kündigung ...). Der Körper gerät in einen Daueralarmzustand. Wir steigen aus. Um Schmerzen, ganz besonders die wandernden, zu reduzieren, ist die fasziale Arbeit von unschätzbarem Wert, denn 80 Prozent aller Nervenenden verlaufen in den Faszien (siehe auch Seite 129 f. und Seite 162 f. bei Sternzeichen Krebs).

Kopfschmerzen/Migräne

Umwelteinflüsse, Ernährung, Bewegung, Körperhaltung, Gedanken, Lebensstil, Schlaf-Wach-Rhythmus: Es kommt vieles zusammen, das bei Kopfschmerzen und speziell bei Migräne unter die Lupe genommen werden will. Über den Schädel, den gesamten Rücken, Po, Oberschenkel, Waden bis unter die Fußsohle verläuft die rückwärtige Faszienbahn. Sobald wir an dieser Bahn »arbeiten« und Dehnungsübungen in den Alltag integrieren, können wir im günstigsten Fall die Schmerzen reduzieren oder auch loswerden.

Die Migräne ist ein Nervengewitter. Das Nervensystem ist von anderen Dingen in Beschlag genommen. Somatic Experience nach Peter Levine und Traumatherapie können diesen dauernden Alarmzustand durchbrechen. Das Zusammenspiel unserer Hormone hat ebenfalls einen direkten Einfluss auf Kopfschmerzen.

Nervenentzündungen

Nervenentzündungen haben die verschiedensten Ursachen. Sehr häufig kommt es infolge eines mechanischen Engpasses zu einer Überreizung und Entzündung bestimmter Nerven, zum Beispiel beim Karpaltunnelsyndrom, im Schulterbereich oder auch in der Lendenwirbelsäule. Ist dies der Fall, brauchen wir sogenannte Engpassdehnungen, um dem Nerv wieder mehr Platz zu schaffen.

Nerven gehören zu Wassermann und dieser wiederum ist das Symbol für Veränderung. Bei toxischen Nervenentzündungen

(Vergiftungen) kann der Homöopath gut weiterhelfen. Die Mykotherapie (Pilztherapie) kann den Körper entgiften. Mykotherapie wird momentan zahlreich erforscht, weil viele Antibiotika nicht mehr wirken und die Hilfe in der geheimnisvollen Welt der Pilze gesucht wird. Wassermann bedeutet auch Fortschritt. Kein Wunder, dass ausgerechnet hier nun auf Pflanzliches umgestiegen wird. Die Mineralerde Zeolith ist ebenfalls ein Reinigungsmittel, das den Körper durchputzt. Wie bei fast allen Gesundheitsthemen sollte der Körper in einen basischen Zustand gebracht werden, damit die Therapien einen fruchtbaren Boden finden.

Schienbeinverletzungen

Wer kennt ihn nicht, den Schlag gegen das Schienbein, ob beim Sport oder an der Bettkante? Plötzlich hauen wir irgendwie dagegen und der Schmerz jagt nur so durch den Körper – ein klares Signal für Hast und überhöhte Geschwindigkeit. Die Schienbeinverletzung gleicht einem plötzlichen Stoppschild im Beschleunigungsprozess. Fragen Sie sich, wovor Sie weglaufen. Fragen Sie sich, wo in Ihrem Leben Veränderung ohne Turbogang möglich ist.

Probieren Sie DMSO (Dimethylsulfoxid, siehe Seite 123).

Sprunggelenkserkrankungen

Das Sprunggelenk repräsentiert die Möglichkeit zu springen. Sämtliche Probleme mit diesem Gelenk sind ein klares Symbol dafür, dass es an der Zeit ist zu springen. Aus einer Lebensstruktur heraus, in etwas Neues, oft Unbekanntes hinein. Sprunggelenkserkrankungen stehen für das Chaos am Anfang der Veränderungen. Für die Ungewissheit, der wir uns im Leben immer wieder aussetzen werden, wenn wir in Bewegung bleiben. Es hilft DMSO (siehe Seite 123). Stärken Sie die Muskulatur der Füße, Waden und des Schienbeins.

Wadenkrämpfe

Unsere Beine sind natürlich zum Laufen, Gehen, Springen, Tanzen da. Unser häufig bewegungsarmer Alltag bringt viele Muskelverkürzungen mit sich. Sitzen bedeutet eine Verkürzung und damit Überlastung des Wadenmuskels. Krämpfe entstehen durch Überlastung: Der Körper verselbstständigt sich, er krampft, um diesen verkürzten, gestressten Muskel wieder in einen entspannten Zustand zu bringen.

Alles rund um Wade, Sprunggelenk und Schienbein wird Wassermann zugeordnet. Ein Wadenkrampf symbolisiert den Wunsch nach Abwechslung und Entspannung an der richtigen Stelle, um in anderen Bereichen wieder mehr Spannung und Neugier zu integrieren.

Gegen Wadenkrämpfe helfen Dehnungsübungen an Wade und Fuß, zum Beispiel mithilfe der Faszien-Rolle. Unser Körper will Neues ausprobieren, neue Bewegungsabläufe, er liebt die Abwechslung. Viele Menschen greifen zu Magnesium, wenn Krämpfe auftauchen. Ein Krampf ist jedoch häufig ebenfalls ein Warnschmerz, er möchte auf etwas aufmerksam machen, was unter Fehlspannung steht. Falls der Krampf wirklich durch Überlastung und Überreizung entsteht, hilft Magnesium. Langfristig hilft das Schüßler-Salz Nr. 7 besser als andere Präparate.

FISCHE ♓

Adipositas

Adipositas tritt hier im Zusammenhang mit dem unbewussten Wunsch nach Schutz auf. Der dicke Panzer soll helfen, das, was an Persönlichkeit, Sensibilität, feiner Wahrnehmung vorhanden ist, zu verstecken und zu schützen. Wir schließen uns in einen Körper ein. Wir verstecken uns vor dem Leben und versuchen, der eigenen Wahrnehmung zu entkommen. Diesen tieferen Ursachen beizukommen hilft jede Form der Gesprächs- und Verhaltenstherapie. Versuchen Sie, Lebensveränderungen zu begrüßen, Ihr Essen zu normalisieren – zuckerfrei – und Sport langsam zu integrieren (siehe auch Seite 151 bei Stier).

Allergien

(siehe auch bei Jungfrau Seite 171)

Angststörungen

Über die Entstehung und Behandlungsmöglichkeiten der Angststörung habe ich bereits bei Krebs geschrieben (siehe Seite 161 f.).

In Bezug auf das Zeichen Fische bleibt noch zu sagen, dass Fische und neptunbetonte Menschen häufig eine Hypersensibilität in sich tragen, die den Alltagseinflüssen nicht gewachsen ist. Überforderung sowie unverarbeitete Lebensthemen tragen dazu bei, eine Angststörung zu entwickeln. Zum Beispiel als Folge einer überbehüteten Kindheit, bei der sich die Ängste der Eltern auf das Kind übertragen, kann sich das bei einem Kind auch als Angststörung zeigen. Es glaubt dann, dem Leben mit all seinen Gefahren nicht gewachsen zu sein. Allen Angststörungen ist ein gemeinsamer Nenner zu eigen: fehlendes Vertrauen. Angststörungen bei Fische können die Folge davon sein, in der eigenen Wahrnehmung ständig infrage gestellt zu werden.

Autoimmunerkrankungen

Autoimmunerkrankungen symbolisieren immer den Wunsch nach wahrer Verbindung, innerlich wie äußerlich.

Es ist nicht verwunderlich, dass Frauen deutlich häufiger von Autoimmunkrankheiten betroffen sind als Männer. Eine Autoimmunerkrankung bedeutet: Das Abwehrsystem greift körpereigenes Gewebe an. Infektionen und Stress begünstigen diese Abwehrreaktion. Frauen bewegen sich in einer patriarchalisch-christlich geprägten Gesellschaft. Seit der Emanzipation, die auf jeden Fall viel Gutes mit sich brachte, stehen Frauen jedoch noch stärker unter Druck. Viele Frauen fühlen sich inmitten dieser Doppel- oder Dreifachbelastung, der sie sich täglich stellen, nicht wirklich wohl bzw. es bleibt ihnen für das Fühlen kaum noch Zeit. Autoimmunerkrankungen tragen das »Nicht-richtig-Sein« in sich.

Der Stimme des eigenen Körpers wieder mehr zu vertrauen, sich von Rollenmustern zu trennen, die schaden und Ihnen nicht entsprechen – das sind die ersten Schritte in Richtung Heilung. Als Frau mit einer Autoimmunerkrankung lohnt es sich, Hilfe zu suchen, zum Beispiel in Form einer Gesprächstherapie, um die eigenen tiefsitzenden Glaubenssätze zum Frausein in einer von Männern dominierten Welt herauszufinden. Laut verschiedenen Studien entwickeln Frauen Autoimmunreaktionen vor allem nach der Geburt oder innerhalb der Menopause. Beides sind wichtige Veränderungen im Leben einer Frau. Während die Schulmedizin dies ausschließlich den veränderten Hormonen zuschreibt, wäre es ratsamer herauszufinden, was eine Frau wirklich während dieser Übergänge und Veränderungen braucht, anstatt weiterhin zu funktionieren oder im Leistungskorsett die wahren Bedürfnisse hintanzustellen.

Borreliose

Ob akuter oder chronischer Verlauf – die Schulmedizin ist davon überzeugt, dass es bei Borreliose ohne Antibiotika nicht geht. Doch es gibt Alternativen. Borreliose wird häufig spät erkannt. Beim Zeichen Fische oder Neptun kommt es häufig vor, dass eine Krankheit nicht oder spät erkannt wird. Nicht erkannte Krankheiten tragen dazu bei, dass sich die Betroffenen zunehmend falsch oder hilflos fühlen.

Ein Zeckenbiss trägt die Thematik der Energiesauger im Umfeld mit sich. Viele Betroffene beschreiben eine Ärzte-Odyssee, ohne Diagnose, die letztlich dazu führt, alternative Heilmethoden auszuprobieren, die unser Leben verändern. Wir lernen zum Beispiel ganz andere Menschen kennen, verändern alte Ansichten, vertrauen mehr auf den eigenen Körper. Hauptthema bei Borreliose und Parasiten: eine gesunde Abgrenzung finden und gleichzeitig verbunden bleiben.

Alternativen zu Antibiotika sind Kardenwurzeltinktur, Mykotherapie, Traditionelle Chinesische Medizin, Schwitzhütten, Sauna, Photonentherapie, Ozontherapie, Laserblutbestrahlung, basische Ernährung.

Fußerkrankungen

Unsere Füße tragen uns durchs Leben und sind extremen Belastungen ausgesetzt. Dennoch werden sie wenig bis gar nicht beachtet. Dabei sind sie jedoch sehr komplex aufgebaut: In den Füßen befinden sich mehr Sinneszellen als in unserem Gesicht. Das Skelett des Fußes besteht aus sage und schreibe 26 Knochen und 60 Muskeln. Bänder und Sehnen halten all das zusammen. Die Plantar-Faszie der Fußsohle ist dicker als alle anderen Faszien im Körper.

Füße geben uns Stabilität, tragen uns, schaffen Bewegung, sind Ausdruck unserer Evolutionsgeschichte. Sie sind die Verbindung zu unserer Natur. Füße verändern sich im Laufe des Lebens, sie »wachsen«, denn die Elastizität des Fußes kann nachlassen – bei zu hoher Gewichtsbelastung natürlich noch eher. Während wir uns viel mit unserem Aussehen und dem Gesicht befassen, vernachlässigen wir unsere Füße häufig. Wir zwängen sie in falsche Schuhe, verstecken sie in Socken, geben ihnen wenig Aufmerksamkeit. Viele Menschen fassen ihre Füße sogar ungern an. Der Fuß ist das Symbol für unsere Spiritualität, unsere Verbindung zu allem, was war. Er symbolisiert unser Verhältnis zu unseren Ahnen.

Fußbeschwerden können Sie selbst lindern durch: Massagen, Fußtraining, Barfußschuhe, Barfußlaufen, Yoga, Fußpflege, Fußreflexzonentherapie, Faszien-Bälle zur Entspannung der Fußsohle, basische Fußbäder, DMSO in Verbindung mit Soli 21.

Lymphstau

Das Lymphsystem gleicht einem Abwassersystem im Körper. Es zirkuliert und produziert mehr als fünf Liter Lymphe täglich. Durch die linke Schlüsselbeinvene wird sie in den Blutkreislauf eingeleitet.

Die Lymphe wird zwischen den Faszien abgeleitet. Abbauprodukte werden aus den Zellen herausgebracht, Aufbaustoffe in die Zellen hinein. Körperliche Verspannungen und Bewegungsmangel führen zu einem schlechteren Lymphfluss, weil die Faszien verkleben. Die Lymphknoten, von denen wir rund 600 im Körper haben, sind für unser intaktes Immunsystem wichtig. Krankheitserreger werden in die Lymphknoten gespült, dort werden Immunzellen aktiviert und die Produktion von Antikörpern beginnt. Thema der Lymphe ist: Im Fluss bleiben – alles ist mit allem verbunden.

Regen Sie den Fluss der Lymphe an durch Lymphdrainage, Faszien-Training mit Rollen, Bewegung, Massage. Achten Sie auf Ihren Wasserhaushalt: Trinken Sie also immer genug.

Parasiten

Parasiten konfrontieren uns mit dem Thema Schmarotzer und Energiesauger im Umfeld oder eigenem parasitärem Verhalten. Wie viel Hilfsbereitschaft möchten Sie leben? Wie hoch sind Ihre Erwartungen dem Umfeld gegenüber? Parasiten sind ein Symbol dafür, dem natürlichen Fluss von Geben und Nehmen nicht zu vertrauen.

Häufig können wir Parasiten durch gezielte Ernährung aushungern, zum Beispiel durch eine spezielle Möhrendiät, das Weglassen jeglicher tierischer Proteine, kurzfristig auch von Kohlenhydraten oder durch eine Mykotherapie. Es ist nicht immer zwingend eine Antibiotika-Kur vonnöten.

Schmerzen – chronisch und akut

(siehe Schmerzen auf Seite 132)

Suchterkrankungen

(siehe Sucht auf Seite 135)

Vergiftungen

Paracelsus sagte: »Alle Dinge sind Gift und nichts ist ohne Gift, allein die Dosis macht's, dass ein Ding kein Gift sei.« Er meinte auf Heilpflanzen und -methoden. Bei Vergiftungen sind wir nicht mehr imstande, für uns Richtiges vom Falschen zu unterscheiden. Erste-Hilfe-Maßnahmen, die im Internet zu finden sind, sind mit Vorsicht zu »genießen«. Vergiftungen mahnen uns, unsere Wahrnehmung zu schulen, unsere Intuition zu beachten. Eine Vergiftung kann als Warnung gesehen werden, dass wir den Kontakt zu unserem wahren Selbst verloren haben.

Virusinfekte

Alle Viren brauchen einen Wirt. Sie können sich ohne Wirt nicht vermehren. Ein Virus symbolisiert den Wunsch nach Symbiose bei gleichzeitigen Abhängigkeitsthemen. Unsere Welt besteht aus Verbindungen. Unsere Evolutionsgeschichte ist die Geschichte von Symbiosen, die unser Überleben sicherten. Je nach Virus gilt es, diesen Bereich besonders zu schützen und alles Umliegende zu stärken. Häufig werden Viren mit einem Medikament nicht direkt bekämpft, das Ausbreiten des Virus wird verhindert oder die Begleitsymptome gemildert. Falls Sie sich für eine herkömmliche Therapie entscheiden, braucht der Körper besonderen Schutz und Wiederaufbau, damit das System wirklich gesunden kann. Der Wunsch nach einer Symbiose bleibt. Es ist sinnvoll, eigene Abhängigkeitsverhältnisse zu prüfen und eventuell aufzulösen oder zu verändern. Das gelingt jedoch nie über den Kopf. Der Verstand mag uns helfen, etwas einzusehen, doch tief im Inneren bleibt der mächtige Wunsch nach der Verbindung. Virusinfekte, besonders chronische oder langfristige, weisen uns darauf hin, dass wir besser in uns hineinhören sollten, um zu gesunden.

ASTROMEDIZIN UND ELEMENTEN-LEHRE

EMBODIMENT – KOPF UND BAUCH ZUSAMMENBRINGEN

In den letzten Kapiteln haben wir die Planeten als Symbol für Persönlichkeitsanteile kennengelernt – sowie die Sternzeichen mit ihren entsprechenden Körperregionen und Krankheitszuordnungen. Aus diesen Beschreibungen wird bereits ersichtlich, wie komplex und vielfältig all das ist, was ich als »Universum in uns« beschreibe.

In vielen Therapieformen spielt das Zusammenwirken von Geist, Seele und Körper eine untergeordnete Rolle. Seit einigen Jahren scheint sich dies jedoch zu ändern und der Begriff »Embodiment« taucht immer häufiger auf. Embodiment bedeutet vereinfacht ausgedrückt, einen Zusammenhang zwischen Leib (Körper, Materie und Gehirn) und Seele (Fühlen, Empfinden, Psyche, Denken) zu schaffen und die Wechselwirkungen zwischen Leib und Seele zu erkennen und zu berücksichtigen.

Die Psychodramatherapeutin und Trainerin Dr. Maja Storch hat auf diesem Gebiet viel geforscht, experimentiert und entwickelt. Sie beschreibt auch, dass wir zwei unterschiedliche Bewertungssysteme in uns tragen: den Verstand und unser emotionales Erfahrungsgedächtnis mit Sitz im limbischen System. Sehr treffend sagt sie dazu, ein gutes Selbstmanagement basiere darauf, die oben beschriebenen Persönlichkeitsanteile, sprich Kopf (Verstand) und Bauch (Erfahrungsgedächtnis), unter einen Hut zu bringen. Die Lösung liege schließlich darin, dass Kopf und Bauch in einem guten Austausch stehen und miteinander kommunizieren. Dafür sei es ratsam, in unserer Wahrnehmung feiner zu werden, uns mehr Zeit zu lassen. Der Kopf sei in aller Regel um einiges schneller mit Worten, Denken und Beurteilen als der Bauch mit Gefühlen und Spüren. Das gute Miteinander bestünde darin, dass wir sowohl unsere Gefühle und körperlichen Empfindungen wahrnehmen und respektieren als auch den Verstand, unsere Gedanken oder logischen Schlussfolgerungen.

In der Poesie und Philosophie, in den alten Schriften findet sich dieses anhaltende Dilemma der Menschen mannigfach wieder. Der Kopf sagt: »ja«, das Herz sagt:

»nein«. Und umgekehrt! Die Astrologie geht noch weiter: Die Mythologie bietet kulturelle Muster, anhand derer wir uns orientieren können.

Bei dem »System« Astrologie oder der astrologischen Anschauung finden sich zehn Planeten auf zwölf verschiedene Zeichen verteilt. Diese zeigen in sehr kompakter Form auf, was uns begegnen kann, was wir mitbringen, über welche Ressourcen wir verfügen, wie wir in die Kraft kommen und vieles mehr. Es gibt sozusagen gar nichts, was der Astrologie fremd wäre. Alles kann zugeordnet und dementsprechend mit bestimmten Planeten und Zeichen in Verbindung gebracht werden.

Während das Embodiment die Wechselwirkung von Kopf und Bauch eingehend untersucht, bewegen wir uns im Rahmen der Astrologie auf einem noch größeren Feld. In der Astrologie geht es darum, zehn verschiedene Persönlichkeitsanteile unter einen Hut zu bringen. Kopf und Bauch spielen dabei eine grundlegende Rolle. Unzählige Beratungen haben mich gelehrt, dass bei den meisten von uns der Kopf dominiert, während Empfindungen, Bedürfnisse und Gefühle warten müssen. Doch was auch immer wir denken, planen, besprechen, kreieren: Alles, was wir auf der kognitiven Ebene angehen und erfahren, ist schließlich in unseren Körper eingebettet. Nicht nur das: Alles Kognitive führt zu körperlichen Auswirkungen. Denn Kopf und Bauch stehen in einer ständigen Interaktion. Umso interessanter wird es, wenn wir nun durch Krankheit auf den Körper aufmerksam gemacht werden.

Astrologie, Psychologie, Philosophie – doch was ist mit dem Körper?

Als ich 1990 mit dem Studium der Astrologie begann, eröffneten sich neue Welten für mich. Doch je länger ich mich damit beschäftigte und in die Arbeit mit Klienten einstieg, desto mehr beschlich mich das Gefühl, trotz guter und hilfreicher Beratungen außer Erklärungsmodellen und Anregungen wenig anbieten zu können, was den Klienten praktisch und dauerhaft dazu verhelfen könnte, all das, was auf ihrem inneren Bauplan verzeichnet ist, auch lebendig werden zu lassen. Alles zu verwirklichen, was wir im kosmischen Gepäck haben, grenzt tatsächlich an Utopie. Doch zumindest verhilft uns die Mehrzahl der gelebten Anteile, die wir ins Leben integrieren, zu einem glücklicheren Leben.

Körper und Geist stehen in einem ständigen Austausch. Sobald wir mit Krankheit konfrontiert sind, sind wir mit dem Körper konfrontiert, der für unser Wohlbefinden eine große Rolle spielt. Mit körperlichen Beschwerden ist es umso schwerer, geistig »auf der Höhe« zu sein.

Wir müssen uns dem Körper widmen, um zu gesunden, ihn mehr beachten und auf vieles achten, was bei bester Gesundheit selbstverständlich war. Schon der funktionelle Ausfall eines gebrochenen Zehs sorgt zum Beispiel für eine abweichende Statik im gesamten Skelett.

Was auch immer weh tut und auf sich aufmerksam macht, wir »funktionieren« nicht mehr wie bisher. Dies erklärt die Aussage vieler Patienten, dass eine Krankheit ihnen geholfen hat, ein besseres Leben als vorher zu führen – vor allem jenen, die ihre körperlichen Bedürfnisse über einen längeren Zeitraum vernachlässigt hatten. Je mehr wir darauf eingehen, desto sensibler wird unser Wahrnehmungssystem, desto mehr gelangen wir zu Ganzheit.

In der Astrologie fehlte mir der Aspekt der Körperarbeit. Aus diesem Grund begann ich, diese in meine Beratungen einzubeziehen, und mixte die Beratungen mit verschiedenen anderen Erfahrungsmöglichkeiten. Mit erstaunlichen Ergebnissen: Da ich mit vielen Klienten dauerhaft arbeitete, konnte ich nun beobachten, dass Übungen, die den Körper einbezogen, sowie die Hypnose oder inneres Reisen, eher langfristige Veränderungen bewirkten als das reine Gespräch. Zu jener Zeit hatte ich ebenfalls damit begonnen, ausdauernd und kontinuierlich meine eigene Körperarbeit genauer zu erforschen.

Viele Menschen befinden sich in engen Zeitkorsetts und haben von vornherein eine ablehnende Haltung, wenn es darum geht, mit Sport anzufangen oder Lieblingsspeisen von der Menükarte zu streichen. Viele Menschen fühlen sich von Krankheit bestraft. Sie fragen sich, was sie wohl falsch gemacht haben oder warum nun ausgerechnet sie mit diesen Beschwerden genervt und gepeinigt werden. Krankheit löst Angst aus. Eine normale Reaktion, dennoch bewirkt all dies Schwächung und bringt uns noch mehr ins Denken und Analysieren. Doch sobald wir unser Denken verändern, verändern wir auch die körperlichen Reaktionen und umgekehrt.

Kurze Körperpause – immer wieder

Stehen Sie jetzt für einen Moment auf und legen Sie das Buch beiseite. Recken und dehnen Sie sich und strecken Sie Ihre Arme dann nach oben. Gehen Sie bitte mit gestreckten Armen ein paar Schritte im Raum herum, auf den Zehen und Fußballen. Nehmen Sie währenddessen ein paar Atemzüge: durch den Mund ausatmen, durch die Nase einatmen. Und seufzen Sie einmal laut.

Alles beginnt, wie so viele große Dinge, mit dem ersten kleinen Schritt. Die kleine Übung hilft Ihnen, selbst in einem angespannten Büroalltag kurze Pausen einzulegen und damit für eine Spannungsregulation im Körper zu sorgen.

Da die meisten von uns sehr viel sitzen, erzeugen wir im Körper eine gewisse Erstarrung. Bei anstrengender Kopfarbeit bekommen wir vom Körper und dessen Zustand nur noch wenig bis gar nichts mehr mit. Falls wir dann noch mit den Gedanken abschweifen, unsere Tätigkeit infrage stellen oder uns vorbeten, was wir alles anders machen »müssten«, ist das Desaster perfekt. Der Zustand »Sitzen im Büro, Liegen im Bett und wieder von vorn« bietet wahrlich keine besonderen Gesundungsmöglichkeiten. Doch auch hier ist Land in Sicht, weil die Zahl der Firmen mit betrieblicher Gesundheitsförderung steigt.

Auch Sie können etwas tun, indem Sie sich immer wieder strecken, dehnen, ein paar Schritte gehen und das Fenster für kleine Atemübungen öffnen. Gestalten Sie Ihre Mittagspause angenehm und gesund – gutes Essen plus ruhiges Spazierengehen mit den Kollegen. Wie konnte es soweit kommen, dass wir unseren Körper so wenig bis gar nicht mehr wahrnehmen? Der Begriff »Körperarbeit« oder »In-den-Körper-Spüren« ist für viele Menschen negativ besetzt. Kopfarbeit wird nebenbei bemerkt um einiges besser bezahlt als jede andere körperliche Tätigkeit.

ELEMENTENLEHRE UND ASTROLOGIE

Vielleicht haben Sie schon eine vage Vorstellung davon, welche Planeten Sie eher dem Kopfbereich zuordnen würden und welche eher dem Bauchbereich. Wenn ich von einem Planeten spreche, meine ich diesen als Synonym für einen Persönlichkeitsanteil. Wir alle tragen unterschiedliche Persönlichkeitsanteile in uns, nur jeweils bei jedem anders verteilt. Dennoch bleibt der Grundtenor gleich: Im selben Kulturkreis geboren, sind die Bedingungen, die wir vorfinden, in der Basis gleich. Es gibt Grundbedürfnisse, die bei uns allen gleich sind. Die Frage ist: Welchen Weg wähle ich, um diese zu befriedigen? In der Astrologie und Astromedizin schauen wir uns zunächst die Aufteilung der Planeten in den verschiedenen Elementen an. Der Astrologie werden vier Elemente zugeordnet:

- Feuer – Widder, Löwe, Schütze
- Erde – Stier, Jungfrau, Steinbock
- Luft – Zwillinge, Waage, Wassermann
- Wasser – Krebs, Skorpion, Fische

Sobald Sie sich ein Horoskop erstellen – das ist inzwischen kostenfrei und einfach übers Internet möglich –, werden Sie in Skalen abgebildet die Verteilung Ihrer Elemente wiederfinden. Bei manchen Menschen sind diese gleichmäßig verteilt, anderen fehlt ein Element komplett oder eins der Elemente dominiert. So kann es zum Beispiel sein, dass Sie als Wassermann zum Luftelement gehören, das Erdelement jedoch besonders stark vorhanden ist. Für die Gesundheit und bei der Auswahl der therapeutisch wirksamen Möglichkeiten ist dies ein wichtiger Aspekt.

Temperamente und Charakter

Ob der Kopf oder der Bauch dominiert – darüber könnten wir nun spekulieren, was die Zuordnung zu den Sternzeichen betrifft. Wenn wir die Elemente kennenlernen, werden bestimmte Temperamente deutlicher. Manche Menschen beschreiben sich als kopfgesteuert, manche als intuitiv. Bei anderen siegt meistens die Vernunft. Kopf oder Bauch – wer trifft tatsächlich die Entscheidungen? Das wirklich Entscheidende für eine Gesundung ist: Wir brauchen die bewusste Interaktion zwischen Kopf und Bauch. Solange wir den Körper vernachlässigen oder nicht einbeziehen, kann keine Veränderung stattfinden.

Temperament stammt aus dem Lateinischen (*temperamentum* = das richtige Maß; oder *temperare* = mäßigen, mischen). Ein Optimum ist dann gegeben, wenn ein Mensch ausgewogen alle vier Temperamente lebt und sich diese bei ihm im Gleichgewicht befinden. Das ist jedoch bei den wenigsten von uns der Fall. Unsere Temperamente sind unterschiedlich. Sie auszudrücken, so wie es uns entspricht, ist gar nicht so leicht. Häufig wird es dadurch erschwert, dass bestimmte Attribute, die mit den Elementen einhergehen, auf mehr Anerkennung und Wohlwollen stoßen als andere – und wir durch diese – auch gesellschaftlichen – Vorgaben, häufig versuchen, so zu sein, wie wir gar nicht sind.

Sie können es an sich selber testen. Macher sind zum Beispiel meist beliebter und bewunderter als Müßiggänger. Früh aufstehende Sportskanonen finden mehr Beifall als gemütliche Langschläfer. Falls wir jedoch ursprünglich Langschläfer sind und uns nun in einen Wind-und-Wetter-Frühsportler verwandeln, geht es uns zunächst gut. Wenn wir den Langschläfer in uns jedoch dauerhaft vernachlässigen, bringt es uns in eine Dysbalance. Die Astrologie ist grundsätzlich um Wertfreiheit bemüht. Betrachten Sie Astrologie als Menschenkunde, in der alle Platz haben und es kein »besser« oder »schlechter« gibt. **Das Einzige, was es gibt, sind Unterschiede. Ist dies verstanden, wird vieles leichter.**

Die Elementenlehre geschichtlich betrachtet

»Und wer sie nicht kennte, die vier Elemente, ihre Kraft, ihre Eigenschaft, wäre nicht Meister über die Geister.« Besser als der große Goethe in seinem *Faust I* kann man die Bedeutung der Elemente eigentlich gar nicht zusammenfassen. Doch deren Wertschätzung und auch ihre Nutzung für die medizinische Behandlung hat schon viel früher begonnen.

Empedokles von Agrigent begründete die antike Elementenlehre. Er bezeichnete die vier Elemente als Wurzelkräfte. Erst Platon entwickelte den Begriff »Elemente«. Paracelsus, der diese Zuordnungen reformierte, indem er sie den Planetenkräften zuordnete, beschrieb sie als die vier Mütter aller Dinge, die aus dem Chaos am Anfang der Welt entstanden sind.

Die Gelehrten Aristoteles und Agrippa von Nettesheim würzten all dies noch mit Zuordnungen von warm und feucht oder trocken und kalt. Aus diesem Gemisch entstand dann die Humoraltherapie, die Lehre der Körpersäfte: Sie bildete die Grundlage damaliger Diagnosen und Therapiesysteme. Hippokrates entwickelte verschiedene Ausleitungssysteme und Anreicherungstherapien – je nachdem, welches Element zu stark oder zu schwach war. Nun ergab sich aus der Lehre der Körpersäfte die Zuordnung eines Temperaments: Melancholiker, Sanguiniker, Choleriker, Phlegmatiker. Sternzeichen, Planeten, Naturwesen und Organe fanden in diesem Ordnungssystem nun ihre Platzierung.

Paracelsus lehnte die ursprüngliche Elementenlehre, die Lehre der Körpersäfte, insofern ab, weil weder Signaturenlehre und astrologische Zuordnungen noch Heilkunde mit chemischen Substanzen einbezogen wurden. Sein Weltbild stand in engem Zusammenspiel mit der Astronomie und der Astrologie. Seiner Meinung nach verursachte kein Körpersaft ein Temperament, sondern der Planet war die Ursache.

In der heutigen aufgeklärten Zeit teilen noch immer viele Menschen die Ansicht, dass ein Planet etwas verursacht. Diesen Ansatz vertrete ich keineswegs! Erinnern Sie sich an die Analogie? Und die kosmischen Gesetzmäßigkeiten? Wie oben, so unten. Mikrokosmos und Makrokosmos. Betrachten wir die Elemente der Chemie, so zeigt sich: Wie außen, so innen.

Außen gleicht innen

Schauen wir uns die Erde an und vergleichen sie mit uns Menschen, so finden wir dieselben Elemente:

Feuerkraft = Lebenskraft

Im Zentrum unserer Erdkugel befindet sich ein riesiger Feuerkern. Unserem menschlichen Kern entspricht das Herz, als zentrale Pumpstation, die die Versorgung des Körpers aufrechterhält. Immer wieder kommt es auf der Erde zu Vulkanausbrüchen – das Feuer, das Magma, dringt nach außen. In der Erde finden sich viele dieser Feueradern und wir können sie gleichsetzen mit unseren Blutgefäßen.

Erde = organisches Leben

Unsere Erdkugel wird in Richtung Oberfläche zunehmend fester. Nur so kann sie ihre Form halten. Wir Lebewesen verfügen über mehrere Hautschichten, um eine Form zu bekommen und das Innere zu schützen. Die Haut ist das größte Organ in unserem Körper. Unsere Form, der aufrechte Körper, besteht in seiner Stützfunktion aus Knochen und Knorpel.

Wasser = verbindendes und versorgendes Leben

Diese feste Erdoberfläche ist jedoch zu zwei Dritteln von Wasser bedeckt. Unser gesamter Körper hat einen Wasseranteil von ca. 70 Prozent. Je älter wir sind, desto geringer ist er. In Lymphe, Zellen und auch im Blut – überall ist Wasser zu finden. Untersuchen wir das Körperwasser, dann finden sich sogar ähnliche Mineralien wie im Wasser der Erde.

Luft = versorgende, sättigende Umgebung

Das Luftelement ist in uns als eigener Luftraum vorhanden: die Lunge und das Sauerstofftransportsystem. Es gleicht außerdem unserer Atmosphäre, unserer Aura. Ohne Luftzufuhr wäre keines der oben beschriebenen Elemente lebensfähig. In der indischen yogischen Lehre wird das Element Luft Prana genannt, der große Lebensvogel. Bis zum Tod bleibt in uns immer ein Atemzug zurück, selbst wenn wir vollständig ausatmen. Dieser letzte Atem weicht erst aus uns heraus, wenn wir sterben. Die Luft mit der entsprechenden Sauerstoff-Sättigung um uns herum ermöglicht das Leben auf unserem blauen Planeten.

Die Faszination des Vierersystems

Die Elementenlehre begegnet uns immer wieder, so zum Beispiel bei Fritz Riemann in *Grundformen der Angst*. Rudolf Steiner, der Begründer der Anthroposophie, entwickelte die vier Grundtypen Sanguiniker, Choleriker, Melancholiker und Phlegmatiker weiter – die übrigens auch über ihre Physiognomie erkennbar sind.

C. G. Jung entwickelte aus diesem Vierersystem psychologische Typen. Er unterschied in extrovertiert und introvertiert sowie in vier verschiedene Bewusstseinsfunktionen: Denken, Fühlen, Empfinden, Intuieren. Einmal mehr zeigt sich, das C. G.

Jung, wie andere neugierige Visionäre und Forscher, der Zeit vorauseilte. Denn auch in heutigen neuen »Systemen« finden sich diese Typen. Es gibt sowohl die extrovertierten, also nach außen gerichteten, Denker sowie die introvertierten, nach innen gerichteten Denktypen als auch den extro- und introvertierten Fühltyp, den extro- und introvertierten Empfindungstyp sowie den extro- und introvertierten Intuitionstyp.

Welcher Typ sind Sie? Bei welchem Element finden Sie sich wieder?

- Intuition = Feuer
- Denken = Luft
- Fühlen = Wasser
- Empfinden = Erde

Unsere Vorstellung von Denken, Fühlen und Empfinden ist klar. Bei der Intuition wird es nebulös. Intuition wird häufig in falschen Zusammenhängen genannt, in der Esoterik begegnet uns Intuition sehr häufig – und auch da oft in falschen Zusammenhängen. Intuition heißt unmittelbares, nicht auf reflektierendes Denken gegründetes Erkennen sowie Eingebung, Ahnung.

Die Charaktereigenschaften bedeuten nach C. G. Jung Folgendes:

- Denktyp extrovertiert = objektiv und produktiv
- Denktyp introvertiert = kreativ, kritisch, wirklichkeitsfremd
- Fühltyp extrovertiert = kontaktfreudig, angepasst, konventionell
- Fühltyp introvertiert = still, unzulänglich, tiefgründig
- Empfindungstyp extrovertiert = realistisch, kritiklos, genussorientiert
- Empfindungstyp introvertiert = verschlossen, passiv
- Intuitionstyp extrovertiert = spekulativ, inspirierend
- Intuitionstyp introvertiert = visionär, künstlerisch

Womit identifizieren Sie sich? Mit mehreren der angeführten Typen? Das kann sehr gut sein, denn im Laufe unseres Lebens entwickeln wir einiges weiter, was an Potenzial in uns bereits vorhanden ist. Oder aber wir lassen das Potenzial verkümmern, etwa weil wir nicht die richtigen Lebensumstände vorfinden.

Viele von uns sind Mischwesen, denn ein Horoskop besteht schließlich nicht nur aus einem Element oder einer Planetenstellung. Es ist jedoch häufig so, dass eines der Elemente dominiert, dass Denken oder Bauch dominiert oder manche Persönlichkeitsanteile mehr gelebt werden als andere.

Zuordnungen aus der alten Elementenlehre

Nachfolgend finden Sie einige Zuordnungen, die in der alten Lehre für die Wahl der Therapie eine große Rolle spielten. Man wollte Krankheiten so behandeln, dass zuerst die Elemente ins Gleichgewicht kommen. Heute betrachten wir all das umfassender, verbinden Körper, Seele und Geist und gehen nicht deterministisch ran. Weitere Zuordnungen aus der Astromedizin:

- Feuer = cholerisch = gelbe Galle
- Wasser = phlegmatisch = Schleim
- Luft = sanguinisch = Blut
- Erde = melancholisch = schwarze Galle

Wir haben heute viel mehr Wissen über den Körper und seine Körpersäfte. Die Zuordnung der Säfte können wir vereinfacht und anders ausdrücken:

- Feuer = cholerisch = Blut
- Wasser = phlegmatisch = Wasser
- Luft = sanguinisch = Atem
- Erde = melancholisch = Körper und Knochen

In Fritz Riemanns *Grundformen der Angst* begegnen wir dieser Aufteilung der vier Elemente und vier Temperamente noch einmal in anderer Ausformung:

- Feuer = hysterisch = Angst vor der Notwendigkeit
- Wasser = depressiv = Angst vor Selbstwerdung
- Luft = schizoid = Angst vor Hingabe
- Erde = zwanghaft = Angst vor Veränderung
- Feuer – der Reiz des Neuen, Mut, Wagnis
- Wasser – Sehnsucht, Liebe, Hingabe
- Luft – Individuum sein, Selbstbewahrung, Ich-Abgrenzung
- Erde – Sehnsucht nach Dauer, Vertrauen, Hoffen
- Feuer – männlich
- Wasser – weiblich
- Luft – männlich
- Erde – weiblich

Zusätzlich zu diesen vier Elementen, die in allen Kulturen auftauchen, ergab sich noch ein sogenanntes fünftes Element. Die Griechen nannten es das »Ätherische«, das Himmlische. Geister, Engel, Gottheiten oder Heilige. Im Unterschied zu allen anderen Elementen ist das fünfte unabhängig von den verschiedenen Entwicklungsphasen, damit generell unabhängig und unveränderlich. Für uns, hier und heute, nennen wir es: das höhere Selbst.

MEINE NEUE ELEMENTENLEHRE

Während meiner Arbeit und aller meiner Recherchen über die Elemente habe ich eine neue Herangehensweise und Zusammensetzung der Elemente und ihrer Zustandsformen entwickelt. Sie finden diese im Folgenden nach jeder der ausführlichen Elemente-Beschreibungen. Diese Zuordnung beschreibt die Sternzeichen auf eine ganz neue Art. Bisher habe ich derartige Zuordnungen noch nirgends gefunden. Es handelt sich also um eine vollkommen neue Betrachtungsweise!

Wir befinden uns bei dieser Beschreibung nun in unserem innersten Kern. Für Heilung und Bewusstsein ist er die Grundvoraussetzung: unser innerster Kern, der beschreibt, was wir sind und brauchen, um wirklich da zu sein – mit uns und für die anderen. Die zu sein, die wir wirklich sind. Ohne uns dafür besonders anzustrengen.

Den Sternzeichen werden die Zustandsformen **kardinal, fix** und **veränderlich** zugeordnet:

- »Kardinal« bedeutet: kraftvoll, willensstark, initiierend, zielorientiert.

Zugehörig sind: Widder, Krebs, Waage, Steinbock.

- »Fix« bedeutet: Bestehendes bewahren, ausbauen, verbessern, realitätsorientiert.

Zugehörig sind: Stier, Löwe, Skorpion, Wassermann.

- »Veränderlich« bedeutet: erneuernd, verändernd, wechselhaft, optional.

Zugehörig sind: Zwillinge, Jungfrau, Schütze, Fische.

Durch die Zustandsformen lassen sich bei den gleichen Elementen noch einmal unterschiedliche Temperamente, Anlagen und Attribute festmachen.

Element Feuer

Das Element Feuer begegnet uns natürlich bei den Feuerzeichen. Feuer bedeutet Initiativkraft im Jetzt. Eine starke Feuerkraft repräsentiert viel Schöpferenergie, die nach außen drängt – die in uns pulsiert und nicht selten, aus astromedizinischer Sicht, Entzündungen hervorrufen kann. Feuerrituale wie der Feuerlauf wurden als Initiationsriten in einigen Ländern sogar verboten. Kein Wunder! Die Teilnahme an einem Feuerlauf setzt unglaublich wilde Kräfte frei.

Knüpfen wir an die Mythologie des Prometheus an, so wird klar, dass es schon damals eine Grenzüberschreitung war, den Göttern das Feuer zu stehlen. Denn damit waren die Menschen göttergleich: Sie brauchten dann keine Schöpfer mehr, sie wurden unabhängig und ihre eigenen Schöpfer. Dies gilt auch für Feuermenschen. Sie sind grenzüberschreitend und schöpferisch. Feuerbetonte Menschen brauchen für ihre Gesundheit Selbstbestimmung und kreative Spielwiesen.

Feuerkraft kann nicht gebändigt werden. Falls doch, ist der Preis dafür sehr hoch. Alles Akute und Entzündliche im Körper ist häufig eine Folge langer Unterdrückung der oben genannten Notwendigkeiten, im eigenen Potenzial zu bleiben. Feuer wirkt sich schnell destruktiv aus. Haben Sie schon einmal ein freies Feuer entzündet? Wenn es wirklich zündet, wird es schnell unkontrollierbar. So auch dieser Menschentyp, der im schlimmsten Fall, gleich einem Aschehäufchen, aus der Erschöpfung nicht mehr herausfindet, nachdem er richtig »gebrannt« hat. Dem Begriff »Burn-out« haftet deshalb auch eine gewisse Bewunderung an. Selbst wenn es diesen Menschen im Burn-out selber ausgesprochen mies geht: Sie haben im Gegensatz zu anderen für etwas gebrannt, waren meist auf der Überholspur unterwegs, mit Durchhaltevermögen und Selbstbewusstsein. So zumindest das weitverbreitete, teilweise positive Bild dieser Erkrankung. »Erschöpfungsdepression« hört sich nicht so hip an.

Es ist eine Überlegung wert, seine Maßstäbe zu überprüfen und zu fragen, ob die Masse an Aktivität den eigenen Wert ausmacht. Spüren Sie einmal nach, wie es bei Ihnen ist. Was verbinden Sie mit dem Begriff »für etwas brennen«? Wie weit würden Sie gehen, wie weit sind Sie schon gegangen? Inwieweit ist es erstrebenswert, den eigenen Rhythmus aufzugeben, die Bedürfnisse zu vernachlässigen, um über sich selbst hinauszuwachsen, Grenzen aufzusprengen? Wann wird es destruktiv?

Feuer kann schnell in Destruktion umschlagen. Es ergeben sich Ambivalenzen, falls die Sonne, der Kern der Persönlichkeit, in einem ganz anderen Element steht. Für uns alle ist es wichtig, immer wieder bei uns anzukommen. Das bedeutet bei der Sonne, in unserem Kern.

Menschen mit betontem Feuerelement sind allseits beliebt und werden oft beneidet. Feuermenschen zünden, entfachen Flächenbrände, motivieren andere, reißen sie mit, bewegen etwas – und lassen genauso schnell wieder alles fallen.

Feuer ist an Lebendigkeit und Schnelligkeit nicht zu übertreffen. Es kann jedoch, gleich einem trockenen Zweig, in Nullkommanichts abfackeln. Ein Feuermensch muss für etwas brennen – doch nicht im Dauerzustand. Und schon gar nicht im Dauerzustand mit Druck. Genau dann, vor allem, wenn dieses Brennen nicht der Eigeninitiative entspricht, entstehen zum Beispiel hoher Blutdruck oder das Risiko einer Herzerkrankung, nicht selten auch eine Suchtthematik. Damit das Feuer weiterlodert, benötigt man nun Hilfsmittel.

Falls das eigene Feuer jedoch ständig auf kleiner Flamme gehalten wird oder vielleicht schon erloschen ist, weil die Themengebiete des Lebens keine Begeisterung mehr entzünden können, kann es zur totalen Motivationslosigkeit aus Langeweile kommen: zum sogenannten »Bore-out«. Übermäßig feste Strukturen, vorgefertigte Konzepte und zu viel erzwungene Anpassung sind für einen Feuertypus kontraproduktiv, wenn er gesund sein und bleiben soll. Ein Feuer-Mensch braucht unbedingt sein eigenes Experimentierfeld.

Kardinales Feuer – Widder – initiierende Intuition

Der Widder hat wirklich mächtig Power unter der Haube. Er ist nicht nur das erste Zeichen des Tierkreises, sondern gehört auch noch zu den initiierenden Feuerzeichen. Zusätzlich ist er ein kardinales Zeichen. »Kardinal« bedeutet, eine ursprüngliche und anstoßende Kraft im Kosmos-Paket zu haben. Dadurch wird noch einmal deutlich, wie wichtig es ist, dass Widder-Menschen ein selbstbestimmtes und kraftvolles Leben führen können.

Den Ursprung für Krankheit finden wir bei Widder-Menschen vor allem aufgrund von Wut und Ärger. Stellen Sie sich vor, in Ihnen lodert ein Feuer, das keinerlei Möglichkeiten hat, sich im Außen auszudrücken. Die innere Hitze beginnt, sich auszubreiten. Es bedeutet jedoch nicht zwingend, dass Sie ihr ganzes Umfeld zusammenfalten und andere unter Ihnen leiden. Sport und andere Möglichkeiten, sich körperlich auszutoben, sind einfach ein Muss. Doch gehören Sie zu denen, die ständig in Aktion sind und nie zur Ruhe kommen, dreht sich dies nun um und wendet sich gegen Sie. Brennen Sie also auch mal auf kleiner Flamme, sorgen Sie für Ruhepausen, guten Schlaf und ruhigere Betätigungen, die Körper, Seele und Geist auftanken. Nehmen Sie auch etwas von anderen Menschen an.

Widder heilt übers Machen. Und zwar darüber, das zu tun, was er wirklich will. Der freie Wille heilt ihn.

Fixes Feuer – Löwe – festigende Intuition

Löwe lebt seine Lebenskraft, indem er das, was da ist oder geschaffen wurde, belebt und weiterhin entfacht. Löwe ist nicht unbedingt ein Zeichen, das die Veränderung liebt. Jeder Löwe braucht sein eigenes Königreich. Es fällt ihm schwer, sich anzupassen oder unterzuordnen. Krankheit kann jedoch auch entstehen, wenn er keine Aufmerksamkeit für sein Tun bekommt. Es kränkt seinen Stolz, wenn er um Anerkennung ringen muss, führt ihn vielleicht sogar in eine innere Erstarrung, wenn er sich nicht gesehen fühlt. Er braucht für seine Identität Klarheit und eine gewisse Sicherheit. Mut und Beifall sind sein Treibstoff, der sein inneres Feuer am Brennen hält.

Doch trotz seines Wunsches nach Sicherheit und nach einem eigenen Reich, in dem er sich ausleben kann, braucht Löwe auch die Lust dazu. Hat er die einmal gefunden, verhält er sich sogar ähnlich wie Stier: Er kann schwer loslassen, es sei denn, die Lust verblasst.

Risikobereitschaft wird ihm gerne zugesprochen. Die hat er, und zwar mit den richtigen Fängern an der Seite: Löwen sind gute Teamplayer, wenn sie eine besondere Position einnehmen können – bestenfalls die führende. Das Lustprinzip spielt auch bei der Auswahl der passenden Therapiemaßnahmen eine große Rolle. Wenn es keinen Spaß macht, wird es für Löwe schwierig, etwas anzunehmen.

Veränderliches Feuer – Schütze – erneuernde Intuition

Schütze repräsentiert Weitblick. Sobald er in ein bereits bestehendes Gefüge kommt, holt er das Allerbeste aus allem heraus. Bei Schütze zählt die Perspektive auf das, was kommen und entstehen kann. In seinen Betrachtungen ist Schütze oft den anderen voraus, kann Abstand nehmen und schafft Perspektive. Er baut nicht unbedingt ganz Neues auf, sondern verbessert all das, was da ist – inklusive seiner Mitmenschen.

Es geht dem Schützen bei seinem Schaffen nicht um die Anerkennung anderer, sondern um Sinnhaftigkeit. In jedem von uns wohnt Schöpferkraft. Sie drückt sich bei den Feuerzeichen besonders sichtbar aus. Schütze bringt von den drei Feuerzeichen die größte Zurückhaltung mit. Er kann keinem anderen folgen, sondern braucht die eigene Intuition. Krankheit entsteht hier bisweilen aus Überforderung, was ein Schütze selber nicht so wahrnimmt, wenn er für etwas »brennt«.

Schütze-Menschen möchten selber zu den Lösungen gelangen. Deshalb erreichen sie Ratschläge, auch noch so gut gemeinte, selten. Für alle Feuerzeichen ist es eine Herausforderung, das richtige Maß zu finden, das ihrem Körper und dessen wahren Möglichkeiten entspricht. Schütze will über sich selbst hinauswachsen, deshalb erscheint ihm jede Mäßigung wie eine Bestrafung, der er sich gerne widersetzt.

Über philosophische Ansätze ist er zu erreichen. Schütze braucht den Glauben an Heilung und seine eigenen Maßstäbe, um dorthin zu gelangen. Ein ausgetretener Pfad, Therapien, die alle wahrnehmen, sind ihm ein Gräuel. Am allerliebsten verändert und mixt er selber, was zu ihm passt.

Element Luft

Das Luft-Element gilt bei vielen als unverständlich und ist mit Attributen wie der Unzuverlässigkeit und dem Flüchtigen verbunden. Luft ist nichts zum Anfassen oder Herstellen, sondern einfach da – wie unser Denken. Über die Luft wird viel transportiert, dennoch bleibt all das unsichtbar. Luft verfügt über eine große Flexibilität.

Luft drückt sich nicht durch große Taten, Aktionen oder das Machen aus. Doch sie entspricht und entspringt dem Geist, den wir häufig nur wenig nutzen. Hier begegnen wir dem Kopf: dem Denken, den Worten, den Revolutionen, der Atmosphäre, die wir mit unseren Gedanken schaffen – sowohl in uns als auch um uns herum. Worte, Gedanken, Ideen, Perspektiven, Vorstellungen, Erklärungen, vom Kopf erzeugte Bilder, Freiheit und Weite bringen Luft ins Schwingen. Unsere geistigen Kapazitäten sind häufig fehlgeleitet oder nicht genutzt. Jeder Mensch, der schon einmal eine schwere Krise oder Krankheit durchlaufen hat, weiß, wie wichtig die Gedanken für die Heilung sind.

Zu viel Luft erzeugt Stürme, schwere Unwetter und kann genauso destruktiv wirken wie die anderen Elemente, wenn sie aus der Balance geraten. Luft-Menschen brauchen den regen und vor allem anregenden Austausch, damit die »Belüftung« stimmt. Ihre Toleranz anderen Menschen gegenüber ist oft sehr groß, doch genau das brauchen sie auch, um gesund zu bleiben oder zu gesunden. Erklärungsmodelle bei Krankheit sind für sie nur dann hilfreich, wenn sie einen neuen Denkansatz mit sich bringen. Die Verbindung des Geistes zum Körper muss hier oft erst hergestellt werden, weil der Kopf meist dominiert.

Die Heilung findet bei Luft-Menschen über die Einsicht statt, sich aus all dem, was an Möglichkeiten vorhanden ist, etwas wählen zu können. Und zwar mit der Freiheit der Selbstbestimmung.

Luft-Menschen lieben die Anregung von außen, doch sie lieben es nicht, bestimmt zu werden. So sind auch Luft-Menschen selten dafür geschaffen, weisungsgebunden zu handeln. Das Recht auf Selbstbestimmung und ein eigener autonomer Bereich müssen erhalten bleiben. Sie brauchen erst die Erfahrung, dass sie über den Körper den Geist erreichen können.

Ähnlich dem Feuer, das durch dauerhaftes Brennen in der Erschöpfung landet, kann sich auch ein Luft-Mensch durch seinen geistigen Dauerbetrieb Schaden zufügen. Für uns alle ist es wichtig, den Geist zu lenken – und uns mit dem Denken nicht zu stark zu identifizieren. Für Luft-Menschen ist es ein Muss, die geistige Aktivität in den Körper umzulenken und so ein Gleichgewicht zwischen den Kopf- und Bauchkräften zu schaffen. In der Stille zu sein, diese bestenfalls selber erzeugen zu können, gilt als wichtiger Schritt, um erschöpfte Ressourcen wieder aufzutanken. Luft gleicht einer unberechenbaren Lebendigkeit. Neben dem Sprechen, den passenden Ausdrucksmöglichkeiten, stellt sich die Balance auch darüber ein, gut zuhören zu können. Schnelligkeit, bisweilen auch Sprunghaftigkeit, braucht zwar stetig neues Futter, doch unser Körper entwickelt die besten Heilungsmöglichkeiten in den Pausen.

Der Austausch ist für jeden Luft-Menschen wichtig: die Ausdrucksmöglichkeit seiner Überlegungen und Gedanken. Ergibt sich auf diesem Gebiet eine Dysbalance, bringt dies Krankheit mit sich. Passende Therapien sind durchaus die Gespräche während der Heilungsprozesse, die Annahme dessen, was ist, die Vorstellung davon, zu gesunden. Und nicht zuletzt: gehört und verstanden zu werden. Im Geiste verbunden zu sein ist wichtiger als Kontakt auf der körperlichen Ebene.

Veränderliche Luft – Zwillinge – erneuerndes Denken

Manchmal ergibt sich schon allein durch die Überschrift der Leitfaden, was diese Menschen brauchen, um mit Krankheit umzugehen oder zu gesunden. Es gibt wohl kaum ein Zeichen, das so stark wie Zwillinge den freien Geist braucht. Sie hören sich gerne alles an, bei der Bewältigung einer Krise benötigen sie jedoch Auswahlmöglichkeiten und lassen nur wenige Menschen so dicht an sich heran, dass sie tun würden, was ihnen geraten wird. Jede selbst getroffene Entscheidung dagegen ist für Zwillinge stärkend und baut sie auf. Als Nahestehende können wir häufig nicht leicht tolerieren, dass diese Luft-Menschen zwar zuhören, doch nur wenig annehmen. Doch wir können sie immerhin weiter mit interessanten und spannenden Heilungsmöglichkeiten füttern, um ihren Horizont zu erweitern.

Wenn sich ein Zwillinge-Mensch in seinem Gedankengestrüpp verirrt, hilft nur noch der Humor, um seinen Geist aus destruktiven Schleifen herauszulocken. Das Fokussieren auf nur ein Thema wirkt sich wenig förderlich aus. Lassen Sie Zwillinge selber entscheiden, worüber gesprochen wird. Gutes Zuhören lässt das Vertrauen in den Gesprächspartner wachsen. Falls Sie vom Humor eines Zwillinge-Menschen überrascht werden, bei vielleicht sogar bedrohlicher Lage, dann lachen Sie mit. Humor ist ein wichtiger Heiler. Er transportiert Leichtigkeit, aus der heraus meist sogar Lösungen sichtbar werden.

Kardinale Luft – Waage – initiierendes Denken

Das Sternzeichen Waage wird sehr häufig so dargestellt, als könnten die in diesem Zeichen geborenen Menschen keine Entscheidungen treffen. Dabei finden wir bei Waage sehr häufig starke Entscheidungsträger, Initiatoren und Führungspersönlichkeiten. Am schmerzlichsten finde ich es, wenn ein Waage-Mensch von sich selber sagt: »Ich bin Waage und deshalb kann ich mich nicht entscheiden.« Hier zeigt sich, was häufig passiert, wenn wir einem Menschen nur oft genug sagen, wie er angeblich ist. Irgendwann glaubt er es selbst, Widerstand zwecklos. Widerstand ist wahrlich auch nicht das, was Waage verwirklichen will. Bei ihr geht es um die Wiederherstellung des Gleichgewichts. Es braucht Balance und Ästhetik, damit Waage sich entfalten kann.

Waage-Menschen sind initiierende Denker. Sie sind Ideengeber, Mediatoren und bringen das zusammen, was zusammenpasst. Dabei verlieren sie nicht den Blick auf das Gesamtgefüge. Ein Waage-Mensch braucht die Vorstellung vom Gesamtbild. Er lebt von der Idee. Er gleicht einem Denkanstoß auf sehr sanfte Art. Seine Eintrittskarte dafür ist die Sympathie, meist sind Waage-Menschen Sympathieträger. Ein Konflikt kann für einen Waage-Menschen ein starker Auslöser für Krankheit sein. Zu viel Kritik und mangelnde Wertschätzung, fehlendes Wohlwollen bringen ihn ins Defizit – aber auch das Verbiegen und Gefallen-Wollen. Dysbalance und das lange Verweilen in Ambivalenzen führen in die Krankheit.

Falls Waage-Menschen sich zu stark an andere anpassen, kann sich dies ebenfalls in Krankheiten ausdrücken. Für einen Waage-Menschen ist es wichtig, anderen nicht gefallen zu müssen. Der daraus resultierende Druck lässt ihn sonst immer weiter von der ursprünglichen Kraft seines initiierenden Denkens abweichen, bis er sich irgendwann selbst nicht mehr erkennt.

Fixe Luft – Wassermann – festigendes Denken

Vielleicht liegt es daran, dass wir das Luftelement nicht gut erfassen können, dass Wassermann oft als freiheitsliebender Revoluzzer dargestellt wird. Er ist ein fixes Sternzeichen und braucht gewisse Sicherheiten, um die eigene Kraft des festigenden Denkens entfalten zu können. Zu viele Umbrüche im Außen helfen einem Wassermann jedenfalls nicht, um in die eigene Kraft zu kommen. Anders zu sein, sich nicht zugehörig zu fühlen, setzt dem Wassermann zu. Denn Gleichgesinnte, besser gesagt Gleichdenkende, zumindest auf der Welle des Gedankenblitzes, liefern ihm den Treibstoff, um Erkenntnisse und Visionen in Worte zu fassen. Wassermann denkt um die Ecke und erfasst in großer Schnelligkeit Zusammenhänge, die anderen verborgen bleiben. Eine permanente Überreizung des Nervensystems oder auch die Unterspannung führen häufig in Krankheit.

Ein Wassermann will die Funken der Idee in sich sprühen lassen und damit auch ins Außen gehen. Er fühlt sich aber schnell eingeschränkt, besonders durch kleingeistige Menschen.

Einen Wassermann-Menschen in Not erreichen Sie nicht mit dem Vorbeten irgendwelcher Kausalitäten. Wassermann kann den Kontakt zum eigenen Körper komplett verlieren. Bisweilen muss er einen plötzlichen »Einschlag« erleben, um wieder wahrzunehmen, dass sein Körper mindestens genauso wichtig ist wie der Geist, der in ihm wohnt. Außergewöhnliche Heilmethoden sprechen ihn an. Er braucht immer das Gefühl, etwas im Team zu beschließen, und kann sich nicht einfach so den anderen überlassen. Das Bewahren des eigenen Rhythmus ist dringend und elementar.

Element Erde

Mit dem Element Erde kommen wir nun zur Manifestation. Erde bedeutet Materie. Erde bedeutet Realität und den Gebrauch unserer Sinne. Hier geht es nicht um Vorstellungen, Ideen oder Visionen, sondern ums praktische Tun. Erde ist ganz da, bzw. ist es für Erd-Menschen sehr wichtig, »da« zu sein. Sie sind von Natur aus sehr körperverbunden – das Erdelement schafft es, dass sie über den Körper Wohlbefinden erlangen. Falls ein Erd-Mensch zu stark über den Verstand, die Philosophie oder die Logik geht und dabei alles Körperliche vergisst, dann verlässt er sich selbst umso mehr. Das kann jedoch durchaus passieren. Dies gilt natürlich, wie uns die Beschreibung der anderen Elemente lehrt, bei allen von uns. Ohne die Verbindung von Geist und Körper ist keine Heilung möglich.

Erde-Menschen profitieren und gedeihen am meisten durch Körperarbeit. Ähnlich dem Grashalm, der nicht schneller wächst, wenn man daran zieht, braucht Erde – neben dem Element Wasser – Zeit. Einige der Erdzeichen sind jedoch durch Schaffen und Tun so eingespannt, dass sie ins Rennen kommen. Um in diesen Leistungsmarathons zu bestehen, schaffen sich Erdzeichen meist ein Feld, in dem sie sich dafür belohnen. Sie federn das Zuviel mit der Aussicht auf Genuss und Belohnung ab.

Das kann im günstigsten Fall etwas sein, was ihnen guttut, wie zum Beispiel Sport. Im ungünstigen Fall sind es Dinge, die eher schaden – ganz nach der Devise »nach getaner Arbeit das Bier, die Schokolade«. Das ist ab und zu völlig okay, doch ein sich ständig wiederholendes Belohnungssystem, das zum regelmäßigen Ritual wird, kann ihnen auch schaden.

Etwas geschafft zu haben, ist für die Zeichen dieses Elements ein wichtiges Lebenselixier. Erde hat die Fähigkeit zur Anpassung. Erde ist das, worauf wir uns bewegen, sie stellt die Grundlage unseres Seins dar. Frühere Kulturen sahen in der Erde die große Göttin, Mutter Erde, Gaia. Heute ist dies noch bei Naturvölkern oder im Schamanismus zu finden. Wir verhalten uns der Erde gegenüber jedoch so, als wäre sie unser Eigentum. Wir richten großen Schaden an, machen uns alles zunutze und betreiben Raubbau. Kein Wunder, dass wir zeitgleich dasselbe mit unseren Körpern (Erdelement) tun. Wie im Großen, so im Kleinen.

Es verwundert nicht weiter, dass, sobald die Sprache auf Körperarbeit kommt, ein leicht spöttisches Raunen durch die Menge geht. Doch unser Bewusstsein für Körper, Seele und Geist nimmt zu. Zum Beispiel wird das mit der wachsenden Yogabewegung sichtbar, deren Freunde sich nicht nur auf Yogamatten dehnen und strecken, sondern oft auch andere Ernährungsformen, bewussteren Umweltschutz und achtsamen Umgang mit den anderen Lebewesen pflegen. Erd-Menschen brauchen all das, um gesund und heil zu werden. Ihr körperliches Wohlbefinden ist für sie der Schlüssel zur Veränderung der Dinge. Erde lebt sich über das Empfinden.

Während viele der anderen Elemente manches gar nicht mehr wahrnehmen, stehen Erd-Menschen im stetigen Kontakt zu ihrem körperlichen Empfinden. Teilweise so stark, dass für kaum etwas anderes genug Raum bleibt. Erd-Menschen brauchen viel Zeit für Aufenthalte draußen in der Natur, gutes Essen, Sport oder lange Spaziergänge. Wie oben beschrieben ist es fatal, wenn ihr Belohnungssystem ihnen schadet, sie an Körper und Masse zunehmen und sie ihre ursprüngliche Körperlichkeit verlieren.

Ein Mensch mit viel Erde im Horoskop oder ein Erdzeichen-Geborener kann den ganzen Tag mit Körperlichkeit verbringen. Es sind Landmenschen, die nicht selten andere wieder zu deren Natur hinführen. Schauen wir uns die Erde im Verhältnis zu den anderen Elementen an, so ist sie deren Kräften am stärksten ausgesetzt. Feuer kann Erde verbrennen, Wasser sie überfluten, Luft kann sie im Sinne des Sturms verwüsten. Andererseits: Damit ein Boden fruchtbar wird, braucht es die Luftanreicherung, sodass Humus entstehen kann. Es braucht die Sonne, das Feuer, für das Gedeihen und das Wasser zum Befruchten.

Fixe Erde – Stier – festigendes Empfinden

Ein Stier gibt gerne zu, dass er Sicherheit braucht. Was ihm weniger klar ist: dass er Sicherheit im Empfinden sucht, in seiner Herde, seinem Clan. Seine meist warme und sinnliche Art lädt andere Menschen ein, bei ihm zu bleiben. Dennoch ist dies, wie wir wissen, keine Garantie auf Ewigkeit, die der Stier aber durchaus anstrebt. Ähnlich dem Löwen ist sein Antrieb die Lust, allerdings die Lust auf dauerhaftes, stabiles Empfinden. Dafür zeigt er durchaus Veränderungsbereitschaft. Hat er einmal etwas gefunden, was ihm Genuss und Wohlbefinden verschafft, lässt er nur sehr schwer wieder davon ab.

Stiere gehören für mich zu den kompromisswilligsten Zeichen. Mit Venus als Zeichenherrscher sind sie an Konflikten nicht interessiert. Es sei denn, ihr Revier, ihr Ressort ist bedroht. Stier frisst vieles in sich hinein. Im wahrsten Sinne des Wortes. Sein Belohnungssystem funktioniert durch Essen, Trinken, Sex oder lieb gewonnene Gewohnheiten, deren Haltbarkeitsdatum schon länger überschritten ist. Tatsächlich haben Wiederholungen durchaus ihren Sinn: Der Geist kann pausieren, der Körper genießen. Wir holen uns wieder, was guttut.

Stier heilt über den Körper. Stier ist Körper, Symbol für Sinnlichkeit, die gelebt sein will. Ausgestattet mit einem Körper, der unbedingt bewegt sein will. Therapie kann wenig fruchten, wenn sie als Bestrafung empfunden wird.

Die Kunst des richtigen Weglassens ist nicht für jeden Stier der geeignete Weg. Konflikte lösen zu können und die Wertschätzung des Körpers ohne Belohnungen sind jedoch ein wichtiger Schritt, um zu gesunden. Löse und binde: Diese alte Gesetzmäßigkeit kann einem Stier helfen, sich zu festigen und auch wieder loszulassen, um sich dann neu zu festigen. Schenken wir ihnen Vertrauen, sodass durch das Aufgeben eines verfestigten Rituals ein neues und anderes gefestigt werden kann.

Veränderliche Erde – Jungfrau – erneuerndes Empfinden

Jungfrauen sind am Wohl ihrer Mitmenschen sehr interessiert. Sie haben die

Gabe, eigene Interessen zurückzustellen und sich einzubringen, solange das fruchtet, was sie einbringen. Als Erdzeichen brauchen sie sichtbare Beweise dafür. Die gelungene Arbeit am und mit dem Körper, bei anderen und sich selbst, befriedigt sie. Jungfrau ist im Gegensatz zu Stier bereit zum Verzicht – solange eine Erneuerung stattfinden kann, eine Klärung, eine Verbesserung, solange das Empfinden anders wird. Empfinden bezieht sich hier tatsächlich auf das eigene sehr sensible Empfinden. Ihre feine Wahrnehmung ist so stark, dass sie sich darin verlieren können.

Nicht selten schützen sich Jungfrauen mehr, als auf etwas zuzugehen und sich überraschen zu lassen. Bei Jungfrau entsteht Krankheit durch den Verzicht, die maßlose Mäßigung vitaler Bedürfnisse, die das eigene Empfinden befruchten. Als Erdzeichen Körperlichkeit und Sichtbarkeit suchend, verweilen sie bisweilen zu lange in einem Detail, halten zu viel aus, verlieren den Überblick. Kontrolle und Perfektion können Krankheitsauslöser sein.

Die Ruhezeiten sind bei Menschen dieses Zeichens extrem wichtig, weil sie nur langsam verdauen. Gesundung geschieht, wenn sie eine realistische Einschätzung ihrer Kräfte bekommen und wissen, was sie erfüllt – wenn ihre inneren Wenns und Abers abgebaut werden und der Überblick bewahrt bleibt. Jungfrauen brauchen Zeit für ihren Körper und das Empfinden. Sobald sie in ihr Erneuern vertrauen, vertrauen sie auch allem im Außen mehr und müssen sich nicht mehr ständig schützen.

Kardinale Erde – Steinbock – initiierendes Empfinden

Steinbock befindet sich im Tierkreis am höchsten Punkt und repräsentiert die Gesellschaft. Während Krebs an der tiefsten Stelle ihm gegenübersteht, wandert er auf hohen Bergen. Dies hat vielleicht dazu geführt, den Steinbock als kaltes, karriereorientiertes Wesen darzustellen. Kaum ein Steinbock wird sich dagegen wehren. Vorurteile gehören für ihn in die Kategorie Dummheit und sind ihm keine Energieverschwendung wert.

Steinbock-Geborene brauchen meist Zeit, um ihr Potenzial des initiierenden Empfindens zu entfalten. Steinbock will als kardinales Zeichen andere bewegen. Er bringt starke Führungsqualitäten mit, hat das Bedürfnis, einer Berufung zu folgen, und sieht sich ganz klar in Verbindung zur gesellschaftlichen Entwicklung.

Als Erdzeichen sind diese Sternzeichen häufig von großer Gestalt und mit kraftvollem Körperbau ausgestattet. Steinbock wird oft als karriereorientiert beschrieben, was hingegen selten erwähnt wird, ist seine starke Sinnlichkeit. Sie bleibt jedoch unsichtbar für das Umfeld, weil Steinbock ungern etwas von sich preisgibt und wenigen Menschen vertraut. Wer an Wiedergeburt glaubt, kann davon ausgehen, dass Steinbock eine sehr alte, weise Seele mitbringt, wenn er hier ankommt. Die tiefen Empfindungen, die in ihm schlummern und sich aus altem Wissen und Erfahrungen speisen, finden zunächst nur wenig Ausdrucksmöglichkeiten. Diese müssen erst geschaffen werden, und das gelingt über den Körper und Körperarbeit am besten. In jungen Jahren kann Steinbock sich dem jugendlichen Leichtsinn nicht wirklich mit Genuss hingeben, sondern eher, um seine mitgebrachte Schwere zu vergessen. Deshalb neigen Steinböcke dazu, etwas zu leisten und zu beweisen, um sich zu erden, oder sie verpulvern die erstarrte Kraft im Widerstand. Sobald Steinbock seine Tiefen über das Empfinden auslotet, wird es leichter.

Ein fehlgeleiteter Steinbock stolpert von einer Überforderung in die andere, um festzustellen, dass er ohne eigenes Empfinden auch bei anderen nichts initiieren kann. Steinbock braucht Tiefe und Ruhe, um sein Potenzial zu entdecken. Und als Erdzeichen natürlich den passenden Nährboden zum Gedeihen. Nach vielen Jahren empfindet und findet er die Schätze in sich selbst. Krankheit entsteht aus Überforderung und dem dauerhaften Gefühl der Erfolglosigkeit oder durch zu viel Pflichterfüllung, die keine Zeit für Sinnlichkeit mehr zulässt. Heilung geschieht über Selbstliebe.

Element Wasser

Mit dem Element Wasser, ohne das auf Erden kein Leben möglich ist, verbinden viele Menschen hauptsächlich Gutes. Es erinnert uns an Meer, Badeseen und Sommer. Doch es steht auch für Sturm, Überschwemmungen und Unwetter. Wasser kann verdampfen oder zu Eis frieren. Unsere Gefühle ebenfalls. Wie kostbar Wasser ist, wird immer mehr Menschen bewusst. Da unser Körper einen Wasseranteil von 70 Prozent hat, können wir durchaus das Wort »Schwingung« benutzen, um zu beschreiben, welcher Austausch ganz ohne unser Zutun täglich mit unserem Umfeld geschieht.

In der Astrologie, mit Blick auf die Elemente, ist Wasser das Symbol für das Fühlen. Im Fluss zu sein bedeutet, mit seinen Gefühlen in Kontakt zu stehen. Dies geschieht unbewusst sowieso, doch bewusst wird es, wie wir bereits wissen, häufig vom Denken unterdrückt. Mit dem Fühlen ist es ähnlich wie mit dem Körper. Es wird in unserer vom Denken dominierten Welt etwas belächelt und verkopft. Doch Wasser bahnt sich immer seinen Weg. Ein schönes Beispiel für die starke Kraft von Wasser ist es, wenn Sie einen Eimer voll ausschütten und dann zuschauen, wie sich das Wasser in alle Richtungen verteilt.

Viele Erkrankungen entstehen tatsächlich, neben der Übersäuerung des Körpers, dadurch, dass Menschen zu wenig Flüssigkeit zu sich nehmen. Genügend Wasser zu trinken ist ein sehr großer Bonus für unsere Gesundheit. Vor allem gutes Wasser, das unser wunderbares Kraftwerk Körper am Laufen hält. Erde und Wasser ergeben zusammen Fruchtbarkeit.

Wasser ist ebenfalls eingebettet in Erde. Das Wasser unseres Organismus ist in den Körper eingebettet. Wasser ist lebendig und wechselhaft. Gefühle ebenfalls. Gefühle zu festigen gelingt natürlich, dennoch unterliegen sie weiterhin Schwankungen, die von den Betroffenen meist als störend empfunden werden. Das Wasserelement ist unberechenbar. Unsere Gefühle ebenfalls. Noch dazu reagieren Wasser-Menschen auf alle Gefühle ihrer Umgebung. Bei manchen von ihnen, wie bei Fische-Geborenen, ist es bisweilen sogar schwer, die eigenen Gefühle von Fremdgefühlen unterscheiden zu können. Wasser-Menschen brauchen viel Raum für ihre Gefühlswelt. Ihr starkes Fühlen braucht genauso viel Respekt wie große Denkanstöße oder praktische Ratschläge. Gefühle entbehren der Logik und brauchen keine Erklärung.

Ein Wasser-Mensch benötigt den direkten Draht zu seinem Bauchgefühl. Doch wie jeder Fluss, das Meer und die Seen braucht ein Wasser-Mensch auch die Begrenzung – ein gutes Gefäß, um das, was an Gefühlen da ist, halten zu können und darin nicht vollkommen unterzugehen. Wasser ist ausufernd. Wasser begegnet uns auch durch Tränen. Es fällt vielen Menschen schwer, zu weinen. Dabei hat Weinen eine sehr starke reinigende Wirkung. Zurückgehaltene Gefühle bilden zeitweise einen Stausee in uns.

Weinen oder Schwitzen gleichen dann dem Ziehen des Stöpsels, wenn das Wasser in der Badewanne nicht mehr frisch ist.

Wasser-Menschen brauchen den Lebensfluss. Sie fließen gerne mit anderen zusammen. Das Gefühl, verstanden zu werden, gehört zu ihrer Heilung dazu. Krankheiten bahnen sich bei ihnen ihren Weg, wenn es sonst kaum Ausdrucksmöglichkeiten gibt oder kein Flow mehr stattfindet. Alles, was den Stoffwechsel und Wasserhaushalt balanciert und in Schwung bringt, trägt zur Heilung bei. Da uns bei Krankheit häufig viel Zuwendung zuteilwird, ist dies für den Wasser-Menschen gefährlich: Es kann passieren, dass sich die Seele dann vornehmlich über Krankheit Zuwendung erhofft. Symptome sind bei Wasser-Menschen oft sehr deutlich, weil sie in direktem Zusammenhang zu seelischen Prozessen stehen. Sie zeigen starke körperliche Reaktionen auf das, was seelisch passiert. Wasser-Menschen beginnen ihre Sätze oft mit: »Mein Gefühl ist …« Nehmen wir diese Wasser-Wegweiser, um uns selber wieder mehr in Kontakt zu allem zu bringen, was der Bauch sagt. Und lösen wir uns von den Beurteilungen, was besser oder schlechter ist. Gefühle sind wechselhaft. Doch jeder Wasser-Mensch, der in gutem Austausch zu dem steht, was ihm sein Fühlen sagt, und dieses in Worte zu bringen vermag, kann für andere ein wichtiger Botschafter sein. Solange wir diese Gefühlsäußerungen nicht verurteilen, kategorisieren oder interpretieren, können wir selber durch diesen wertvollen Kontakt wieder mehr ins Fühlen kommen: Weisheit durch Stille.

Kardinales Wasser – Krebs – initiierendes Fühlen

Krebs-Menschen haftet noch immer der Ausspruch »Ein Schritt vor und zwei zurück« an. Krebs befindet sich an der tiefsten Stelle im Horoskop. Er kann in Tiefen abtauchen, die anderen völlig fremd sind. Doch Krebs schöpft aus dieser Tiefe und den Tiefen seiner Gefühle. Für Krebs-Männer ist dies eine besondere Herausforderung: Häufig finden wir hier etwas verschlossene Menschen, die wir nicht verstehen. Kein Wunder, denn gefühlsstarke Männer werden oft mit Schwäche in Verbindung gebracht. Die Verletzlichkeit dieser Menschen ist immens und hochsensible Menschen sind hier zu finden.

Krebs-Menschen lieben es, sich in Bereichen zu tummeln, die andere etwas fühlen lassen. Sie wollen, beispielsweise als Schauspieler oder Psychologen, bei anderen das Fühlen initiieren. Ist das gute Gefühl beim anderen geweckt, wird das eigene auch gleich besser.

Als kardinalem Zeichen begegnen wir Krebs auch häufig in Führungspositionen. Dennoch unterliegen sie als lunares Temperament teilweise ihrer eigenen starken Gefühlswelt, und daraus ergibt sich eine gewisse Wechselhaftigkeit. Diese kann ihnen im Weg stehen, vor allem dann, wenn sie nicht in der Lage sind, den Kopf mit ihrem Bauch kommunizieren zu lassen. Gefühle zu unterdrücken ist Hauptfaktor Nummer eins bei der Krankheitsentstehung. Krebsen fehlt häufig ein realistisches Selbstbild, weil ihre Gefühle anderes erzählen.

Für diese Krebs-Menschen ist es nicht nur wichtig, verstanden zu werden, sondern besonders wichtig, von etwas erfasst zu werden. Als Wasserzeichen brauchen sie die Resonanz ihres Umfelds. Und sie benötigen viel Zeit, um immer wieder in ihre Gefühlstiefen hinuntersinken zu können, weil sie daraus schöpfen. Krebse spüren in Gesprächen sehr schnell, ob nur leere Worte fallen. Hilfreich ist bei diesen Zeichen eine begleitende Gesprächstherapie, um mehr Worte zu finden, mehr Verbindung zwischen Kopf und Bauch zu schaffen. Falls sie langsam hinabsinken in ihren Seelenpfuhl, muss man ihnen von außen wohlwollend tragfähige Rettungsringe, zuwerfen, um ihnen wieder herauszuhelfen.

Fixes Wasser – Skorpion – festigendes Fühlen

Da Skorpion mit vielen Vorurteilen und Projektionen belegt ist, bringen wenige Menschen Skorpion mit Wasser oder dem Fühlen in Verbindung. Jedes fixe Zeichen sucht Sicherheit – Skorpion sucht sie im unüberschaubaren Gefühlsozean. Skorpion-Menschen haben weder Angst vor Tiefe noch Abgrund. Sie sind bereits von Geburt an mit hoher seelischer Belastbarkeit ausgestattet. Als fixe, auch radikale Menschen geben sie alles, um intensive Gefühle zu einem festen Bestandteil ihres Lebens werden zu lassen. Skorpion sucht die seelische Bindung und braucht sie, um gesund zu sein. Wasser gehört jedoch zu den Elementen, die in stetiger Verwandlung sind. Skorpion ist zudem sensitiv ausgestattet und lebt über Gefühle wie alle anderen auch. Mit dem Unterschied, dass man es ihm nicht ansieht.

Denn die Schattenseiten jeder Verbindung und der Nähe sind ihm bewusst.

Skorpion kann in Worte fassen und ist nicht selten fassungslos darüber, welche Gaukeleien ihm begegnen. So wird aus dem Wasserelement das Eis. Skorpion verschließt sich und ist bereit, sich selbst aufzugeben. Nicht für den anderen, sondern um unerreichbar zu werden. Festigendes Fühlen sorgt dafür, dass andere Menschen, die einmal den Gefühlsrausch bei Skorpion mitfühlten, gar nicht mehr davon loskommen. Skorpion festigt und bindet. Das schafft Abhängigkeiten, die wiederum in die Erstarrung führen können.

Skorpion kann sich selbst gegenüber sehr destruktiv werden, wenn sein Fühlen nirgends wahrgenommen oder angenommen wird. Wenn keine Erde da ist, auf der er fruchtbar werden kann. Skorpione gehören zu den stärksten Kämpfern, dennoch sind sie Wasserelement und wollen lieber fühlen. Falls das Leben eines Skorpions keine Gefühle zulässt, kommt es zu Verflachungen und extremen Verhaltensweisen. Skorpion weiß um die großen Zusammenhänge von Zerstörung und Erneuerung. So muss er, gleich vielen anderen fixen Zeichen, bestimmte Sicherheiten immer wieder aufgeben, um endlich das zu festigen, was ihm wirklich entspricht. Skorpion schafft es, viele Menschen zu einem festen Fühlen zu führen. Er braucht dieses Feld, um gesund zu sein. Heilung über Liebe.

Veränderliches Wasser – Fische – erneuerndes Fühlen

Fische sind von vielen Menschen schwer einzuschätzen, denn die Begegnung ist nicht gleichbleibend, sondern veränderlich. Sie gehen in Verbindung, wie es ihrem Element entspricht, jedoch nicht dauerhaft, sondern immer wieder verändert. Sie verbinden sich gerne mit Minderheiten und sorgen so für eine Irritation, weil sie nicht nur mit Menschen, sondern mit den gesamten Gefühlen des Umfelds verbunden sind. Daraus ergibt sich ein Fühlen, das sich immer wieder erneuert. Nicht selten bringt sie dies selber ins Ungleichgewicht: Welchem Fühlen können sie vertrauen? Fische braucht Erde – damit das Ausufernde nicht zum Bedrohlichen wird. Zu viel Vernunft wirkt jedoch erstickend und lässt sie gleich einem versickernden Strom vor sich hin leiden.

Fische-Geborene sind angeschlossen an die Weltenseele, deshalb kann Leiden zu einer Daseinsform werden, die ihnen immer noch das Gefühl gibt, verbunden zu sein. Ihre eigenen Gefühlstiefen und alles, was um sie herum schwingt, in Worte zu fassen und für andere zugänglich werden zu lassen, ist der Lösungsweg.

Fische-Menschen brauchen Reinigungsrituale, weil sie, gleich einem Schwamm, vieles aufnehmen und bisweilen in Strudel hineingeraten, die ihre Seele vollkommen verschwinden lassen können. Eine gesunde Abgrenzung ist hier die Lösung, also die Loslösung von dem, was ihnen schadet. Wie alle Wasser-Menschen brauchen sie mehr Ruhe und Rückzug, um die eigenen Gefühlswelten wieder zu einem Gesamtgefüge zusammenzuführen. Ein Fische-Mensch, der in seiner Gefühlskraft ist, kann auch Steine erweichen und dort den Flow erzeugen, der zur Gesundung fehlt. Fische sind zu großer Anpassung bereit, doch wenn der Verstand die Regierung über ihre Ozeane übernimmt, fühlen sie sich verloren. Verlorenheitsgefühle als vorübergehenden Zustand anzunehmen kann helfen, um aus einem erneuernden Fühlen kein festes Gefüge werden zu lassen: Heilung über Verbindung und Grenze.

ZU GUTER LETZT

Beim Schreiben dieses Buchs erging es mir wie vielen anderen Autoren auch: Nach der anfänglichen Aufregung legt man los, währenddessen beschleicht einen die Angst, es könnte nicht genug sein – um dann festzustellen: Es gibt so viel zu erzählen, dass es viel zu viel würde. Das ist jedenfalls passiert und einige Kürzungen waren nötig.

Mein Sternzeichen ist Steinbock, das neben vielen guten Eigenschaften auch Nebenwirkungen mit sich bringt. Steinbock ist mit einer gewissen Strenge ausgestattet, sich selbst und anderen gegenüber. Was ich damit sagen will: Mir mangelt es selten an Disziplin. Als Kind hatte ich das Glück, draußen spielen zu können und meinem Bewegungsdrang freien Lauf zu lassen. Als Erdzeichen brauchte ich immer das Spüren über den Körper, das hat sich nie verändert. Ich brauchte nie einen Antreiber, um mich zum Sport aufzuraffen. Im Gegenteil, ohne Bewegung fehlt mir etwas.

Mein Interesse für Astrologie wurde durch *Raumschiff Enterprise* geweckt, als mir das erste Mal klar wurde, in einem Universum zu leben. Mein Lebenslauf war holprig, bis ich den für mich richtigen Weg fand. Meine Abenteuerlust hat mich manchmal an entlegene Orte mit schlechter medizinischer Versorgung geführt. Das Interesse an alternativer Medizin entwickelte sich vor allem durch eine Art Notstand, auf sich selbst gestellt zu sein.

Meine Krankheiten haben mich vieles gelehrt. Meine Gesundheit ließ in jungen Jahren zu wünschen übrig. Eine chronische Erkrankung in späteren Jahren, die lange nicht erkannt wurde, forderte über Jahrzehnte unglaublich viel Kraft, Durchhaltevermögen, Zuversicht und den Mut, weiterhin an Heilung zu glauben, nicht aufzugeben, kein Opfer zu sein. Einige meiner Erkrankungen brachten es mit sich, dass sie über einen langen Zeitraum nicht erkannt wurden, sodass ich auf meine Intuition vertraute und mir selber half. Krankheit gehört zum Leben dazu. Es gibt keine strafenden Götter oder Schuldorganisationen, die einen peinigen wollen. Unser Körper ist unser Tempel und wir erhalten wichtige Botschaften über ihn. Dieses Buch enthält Vorschläge zur Gesundung und Anregungen, um in einen positiveren Zustand zu kommen sowie die Verbindung zu schaffen zwischen

Körper, Seele, Geist und dem Universum, in dem wir leben. Meine Begeisterung für das Wunderwerk Mensch ist genauso groß wie die Begeisterung für unser Universum. Nach einer ernst zu nehmenden Diagnose im positiven Zustand zu bleiben, benötigt Zeit. Dennoch ist es von unschätzbarem Wert, die Gedanken nicht unentwegt auf Probleme zu richten und währenddessen das Gute zu übersehen. Wir können umdenken: Unser Gehirn ist dazu in der Lage, unser Körper auch. Es reicht häufig nicht aus, das »Problem« zu beseitigen, wenn die Ursachen bleiben.

Ich habe großen Respekt vor der Medizin und den vielen Ärzten, die passioniert forschen und für die Menschen und ihre Not da sind. In einigen Fällen war ich sehr dankbar für die »Chemiekeule«, wie ich Medikamente nenne. Doch ein Medikament allein wird keine Heilung bringen.

Es gibt eine Evolutionstheorie, die darauf gründet, dass die Symbiose, die funktionale Verbindung verschiedener Organismen zu neuen Lebensgemeinschaften, einen wichtigen Anteil an unserer Vielfalt und unserem Überleben hat.

»Kooperation« und »Verbindung« sind die Zauberworte in diesem Zusammenhang. Die Welt krankt an der fehlenden Verbindung. Doch solange wir recht haben wollen oder in Schuldzuweisungen verhaftet sind, begeben wir uns lediglich in einen Kampf, der inneren Unfrieden, Streit und letztlich Stress mit sich bringt. Schul- und Alternativmedizin können Hand in Hand gehen. Solange einer den anderen anklagt, kann keine Lösung, keine gute »Symbiose« entstehen. Was nützen uns die neuen Technologien, um genau zu überprüfen, ob wir krank sind, wenn es keine ganzheitlichen Gesundungsansätze gibt?

Das Interesse für die Astrologie und Astromedizin ist jedenfalls ungebrochen. Wie schön, wenn sich mehr verbindet, um uns Menschen gesünder, bewusster und glücklicher werden zu lassen. Astrologie ist die Lehre von Mensch und Kosmos, kein Bewertungssystem, um zu katalogisieren, wer der Beste ist. Wenn wir den Kosmos in uns entdecken, werden wir neugierig auf den Kosmos in anderen. Unsere Toleranz kann wachsen, wir können uns austauschen und teilen, um gemeinsam zu heilen.

In diesem Sinne

Ihre Kirsten Hanser

DANKSAGUNG

Man gewinnt die Liebe nicht ohne ein riesiges Danke im Herzen, sagte Arnaud Desjardins. Ich bin sehr dankbar dafür, während meines gesamten Buchprojekts von vielen Menschen unterstützt worden zu sein. Ich danke dem Irisiana Verlag für die Chance, ein Buch über Astrologie und Medizin veröffentlichen zu können. Insbesondere Nina Sahm und Nikola Teusianu.

Danke an Ulrike Schöber, dank der ungewollte Kürzungen erträglich wurden und vieles im Text schnittiger wurde. Danke an Anna Cavelius, die ich zur richtigen Zeit am richtigen Ort traf. Danke an Sarah Franz, für ihren schnellen gut gelaunten Profi-Einsatz kurz vor dem Abgabetermin. Ich danke all meinen wirklich guten Freunden, die auf mich verzichtet haben und mich dennoch unterstützten und bestärkten. Ein besonderer Dank geht an meine Familie, die immer hinter mir steht, jederzeit ein offenes Ohr hat und schöne gemeinsame Stunden zum Auftanken schenkt. Einen großen Dank an meine Tochter Sinah, mit der ich mich über medizinische Themen austauschen konnte und deren Sicht immer wieder eine große Bereicherung für mich ist. Danke an Gregor, für die Begleitung und guten Pausen. Danke an Holly und Schlomo, die der Natur und allen Instinkten viel näher sind als wir Menschen. Danke an all meine Yogaschüler und Yogalehrer fürs Ausprobieren, Praktizieren, Teilen und Meditieren.

Danke an all meine Lehrer. Danke an das Universum, das einfach da ist und weiterhin geheimnisvoll bleibt.

WEITERFÜHRENDE LITERATUR

Maja Storch/Benita Cantieni/Gerald Hüther/Wolfgang Tschacher, Embodiment, Hogrefe, Göttingen 2017

Hajo Banzhaf, Zwischen Himmel und Erde, Königsfurt-Urania Verlag GmbH, Krummwisch 2009

Joachim Bauer, Das Gedächtnis des Körpers, Piper Verlag GmbH, München 2007

David Emerson/Elisabeth Hopper, Trauma-Yoga, G. P. Probst Verlag GmbH, Lichtenau 2012

Fritz Riemann, Grundformen der Angst, 36. Auflage, Ernst Reinhardt Verlag, München/Basel 2003

Barbara l. Fredrickson, Die Macht der guten Gefühle, Campus Verlag, Frankfurt/New York 2011

Peter A. Levine, Sprache ohne Worte, Kösel Verlag, München 2012

Dr. med. Petra Bracht/Roland Liebscher-Bracht, Der Schmerzcode, LNB-Verlag 2010

Dr. med. Christiane Northrup, Frauenkörper, Frauenweisheit, Goldmann Verlag, München 2010

Giulia Enders, Darm mit Charme, 4. Auflage, Ullstein, Berlin 2014

Rüdiger Dahlke, Der Mensch und die Welt sind eins, Heinrich Hugendubel Verlag, München 1994

Gerald Hüther, Biologie der Angst, Vandenhoeck & Ruprecht, Göttingen 1997

Jürgen H. R. Thomar, Die Krebs-Kur nach Rudolf Breuss, nach Bezugsdokument: Standardwerk Rudolf Breuss »Krebs/Leukämie und andere scheinbar unheilbare Krankheiten mit natürlichen Mitteln heilbar, Ratschläge zur Vorbeugung und Behandlung vieler Krankheiten«, Merk Verlag, Wangen 1990

David Servan-Schreiber, Das Anti-Krebs-Buch, Goldmann Verlag, München 2012

C. Norman Shealy, Die große Enzyklopädie der Heilkunde, Könemann, Köln 1999

Olaf Rippe/ Margret Madejsky/Max Amann/ Patricia Ochsner/Christian Rätsch, Paracelsusmedizin, 2. Auflage, AT Verlag, Aarau Schweiz, 2002

Barbara G. Walker, Das geheime Wissen der Frauen, Arun Verlag, Uhlstädt-Kirchhasel, 2003

DIE AUTORIN

Die renommierte Astrologin Kirsten Hanser deutet seit mehr als 12 Jahren die Konstellation der Planeten im SAT.1-Frühstücksfernsehen und schreibt regelmäßig für diverse Zeitungen und Magazine. Sie beschäftigt sich seit den neunziger Jahren intensiv mit Astrologie und Yoga. Nach der Ausbildung am Astrologie-Zentrum Berlin folgten zahlreiche weitere Aus- und Weiterbildungen in den Bereichen Astromedizin, Homöopathie, Hypnose, NLP, Naturheilkunde, Cranio-Sakral- sowie Körpertherapie und Schmerztherapie.

AstroZEN – die Verbindung von Yoga und Astrologie – hat Kirsten Hanser selbst entwickelt. Sie lebt und arbeitet in Berlin und betreibt eine eigene Praxis. Neben Vorträgen und persönlichen Beratungen und Coachings bietet sie auch Yogaunterricht und Yogareisen an.

REGISTER

IMPRESSUM

1. Auflage

Das vorliegende Buch ist sorgfältig erarbeitet worden. Dennoch erfolgen alle Angaben ohne Gewähr. Weder Autorin noch Verlag können für eventuelle Nachteile oder Schäden, die aus den im Buch gegebenen Hinweisen resultieren, eine Haftung übernehmen.

Sollte diese Publikation Links auf Webseiten Dritter enthalten, so übernehmen wir für deren Inhalte keine Haftung, da wir uns diese nicht zu eigen machen, sondern lediglich auf deren Stand zum Zeitpunkt der Erstveröffentlichung verweisen.

Bildnachweis

Bildredaktion und Leitung der Fotoproduktion: Anka Hartenstein
Fotografie: Johannes Rodach
Haare/Make-up:
Corina Friedrich/www.les-artists.com
Für die freundliche Unterstützung der Fotoproduktion danken wir: Kamah Yoga (www.kamahyoga.com)

Weitere Bilder:
Alle Aufmacherfotos:
Getty Images/Stocktrek Images
Illustrationen: Josefine Britz, bis auf die Illustration auf S. 134: Ulrike Ziesche
Covermotive: shutterstock/Triff, shutterstock/whiteMocca, shutterstock/thewet nonthachai
Autorenfoto: Robert Recker

Projektleitung:
Nina Sahm und Nikola Teusianu

Lektorat: Ulrike Schöber, Dortmund

Layout: Josefine Britz, Martin Knipping

Korrektorat: Susanne Schneider

Satz: Knipping Werbung GmbH, Berg am Starnberger See

Umschlaggestaltung:
Geviert – Büro für Kommunikationsdesign, München

Druck und Bindung: Alföldi, Debrecen

Printed in Hungary

MIX Papier aus verantwortungsvollen Quellen FSC® C010328 www.fsc.org

Verlagsgruppe Random House FSC®-N001967

ISBN 978-3-424-15338-5